JN081524

最強 龍穴パワースポット

RYUKETSU POWER SPOTS

はじめに

ここ数年、パワースポットを訪れることが大きなブームになっています。それは、人々が大地の生気を体感することでパワーを得るという、昔からの自然の摂理にあらためて気づいたからかもしれません。大地の発する生気を吸収し、それを自分の運に変えていく。風水では古くから言われ、実践されてきたことが、今の世であらためて見直されているというのはとても意味のあることですし、たいへんうれしく思っています。

ただ、最近感じるのは、そうしたブームの中で「パワースポットで御利益」という安易な考え方が広がり、土地に関する感謝や畏敬の念が損なわれはじめているのではないかということです。土地に対する感謝の気持ちや、人はみな自然の気に守られて生きているのだということを、パワースポットという聖なる土地で、みなさんにもう一度感じ取っていただければと心から願っています。大地の生気は、人に大いなる運をもたらしてくれます。本書が、みなさんを今よりもっと幸せな人生へと導くきっかけになればうれしく思います。聖なる大地からの贈り物をしっかりと受け取って、みなさんの運に変えていってください。

李家幽竹

最強 龍穴パワースポット 増補決定版 ◎目次

Chapter 7 中国・四国地方

Chapter 8
九州・沖縄地方

Chapter 9
旅行風水の基本

Chapter 1

パワースポットをもっと知りたい!

龍穴パワースポットとは

人の体に無数の血管や気の通り道(経絡)があるように、大地にも生気の流れる道があります。風水では、その生気の流れる道を通って大地に隆起した山脈を「龍脈(りゅうみゃく)」と呼び、生気が大地から溢れ出た噴出点を「龍穴(りゅうけつ)」と呼びます。

風水でいうパワースポットとは、この龍穴のこと。龍穴からは強力な生気が吹き出ていて、その生気を受けることで、人は強大な運を手に入れることができるといわれています。龍穴の生気を受けるために、時の権力者たちは遷都し、王宮や墓所などを建設し、さまざまにパワースポットを用いてきました。パワースポットに触れることは、自分自身の中に眠る潜在的な運気を目覚めさせるとともに、その土地から吹き出る強力な運気を得ることにつながるのです。

パワースポットがもたらす運

パワースポットから生気を受けることで、人は自分自身の細胞を活性化させ、眠っている運気を呼び覚ますことができます。また、自分の環境に足りない運を補充することができるため、今の自分を大きく変えるパワーを得ることができます。

大地の持つパワーは強大なので、パワースポットに出かけることは、自分の望む運気を手に入れるための有効な方法です。ただし、土地には性格があり、仕事に関するパワーが強い場所で恋愛のお願いなどをしても、土地の性質に合わない運気は与えてくれません。自分の欲しい運と土地の持つ性質をきちんと調べてから出かけましょう。

また、パワースポットには「陰と陽」があります。「陽」のパワースポットは幸せを与え、「陰」のパワースポットは不幸を及ぼします。本書で紹介しているパワースポットはすべて、人を幸福へ導く「陽」のスポットですが、有名な場所のなかにも人を不幸へ誘う「陰」のパワースポットは存在します。見極めが難しい場合は、自分自身がイヤな気持ちのする場所に近づかないよう注意が必要です。

パワースポットが生まれるしくみ

パワースポット=龍穴は、特定の地理的条件が整って初めて生まれます。風水でいう龍穴は、一般的に四神相応と呼ばれる土地が基本。四神とは、北の玄武、南の朱雀、東の青龍、西の白虎というそれぞれの方位を守る神獣のことで、その四神が集合し守護する土地を「四神相応の地」と呼びます。

「四神相応の地」の地理的条件は、北に祖山(太祖山)と呼ばれる気の発生源となる生気に満ちた山があること。東に青龍砂という生気旺盛な山脈が流れ、西に白虎砂というなだらかな山脈が連なること。南にはなだらかで安定感のある案山と、案山より大きくて勢いのある朝山があり、その内側に明堂水(水龍)という川や湖、海などの水がある地形です。そして、その中心となる部分に龍穴が生じるとされています。

四神相応の地は、龍穴の生じる地理的条件を満たした最もベーシックな地形で、このほかにも何千と龍穴が生じる基本地形があり、図a~cはその一例です。龍穴パワースポットは、そうした地理的条件の下に生じているため、宗教的な観点や言い伝えによる「よい土地」や、スピリチュアルな感性においてのパワースポットは、風水でいうパワースポットとはまったく異なります。

また、土地の気は常に変動しているので、選定した龍穴の場所が変わってしまうことがあり、それは20年周期で生じます。ただし、神社仏閣は構造上、気の流れを防ぐ囲いがあるため、力の強弱は変わっても、龍穴が移動してしまうことはありません。本書で紹介しているパワースポットに神社仏閣が多いのは、そのような理由によります。また、北海道など、山脈に生気がある自然スポットにパワースポットを選定できない理由は、囲いがなく土地の気が動いてしまうからです。囲いのないスポットでは、パワースポットが大きく移動してしまうケースも少なくありません。

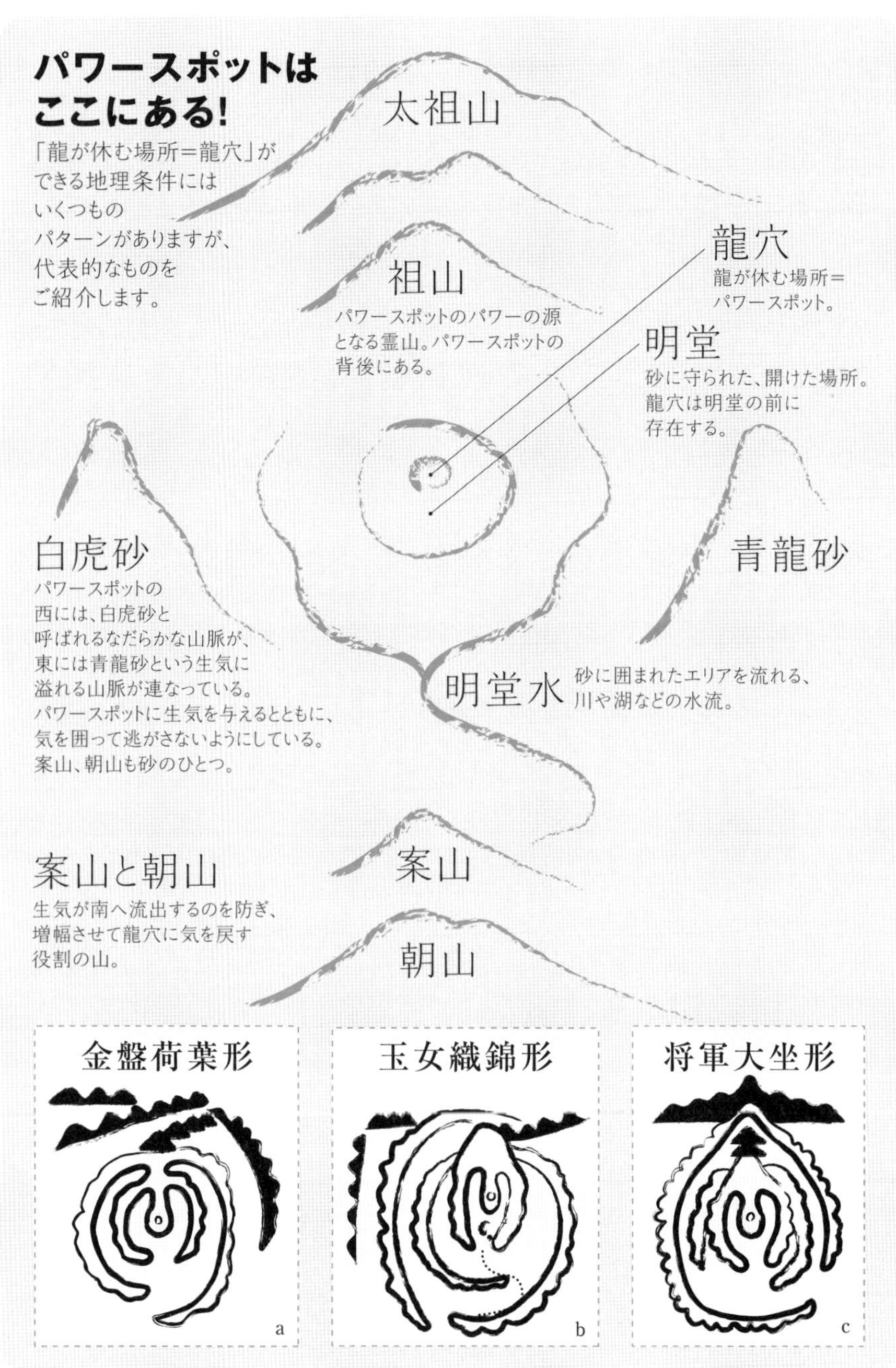
パワースポットは
ここにある!
「龍が休む場所＝龍穴」が
できる地理条件には
いくつもの
パターンがありますが、
代表的なものを
ご紹介します。
太祖山
祖山
パワースポットのパワーの源
となる霊山。パワースポットの
背後にある。
龍穴
龍が休む場所＝
パワースポット。
明堂
砂に守られた、開けた場所。
龍穴は明堂の前に
存在する。
白虎砂
パワースポットの
西には、白虎砂と
呼ばれるなだらかな山脈が、
東には青龍砂という生気に
溢れる山脈が連なっている。
パワースポットに生気を与えるとともに、
気を囲って逃がさないようにしている。
案山、朝山も砂のひとつ。
青龍砂
明堂水
砂に囲まれたエリアを流れる、
川や湖などの水流。
案山と朝山
生気が南へ流出するのを防ぎ、
増幅させて龍穴に気を戻す
役割の山。
案山
朝山
金盤荷葉形
a
玉女織錦形
b
将軍大坐形
c

山の形でパワーを見分ける

霊山の形はさまざまで、形によってそれぞれ異なる性質の気を持ちます。

勢いのある山脈や、木のように高くそびえ立つ山。

【木の気を持つ山の運気】

成長や発展、やる気など、パワーの源となる運気を与えてくれる。言霊の力を得られるため、「木」の気を持つ山の影響を受けた土地では、声に出したり、心で唱えた言葉が現実になりやすく、自分を向上させる願いが叶いやすい。

「火」の気を持つ山

富士山のような象徴的な山や、ギザギザと尖った形をしている山。

【火の気を持つ山の運気】

生命力やステイタス、カリスマ性を強めてくれる。強いオーラを与えるパワーがあり、「火」の気を持つ山の影響を受ければ、指導力や存在感を得ることができる。また、浄化力も強く、悪い運を一掃してくれる。

「土」の気を持つ山

山頂が平らで、台形の形をした山。

【土の気を持つ山の運気】

ベースを強固にしてくれる。また、変化を促し、自分の土台に蓄積された悪運をリセットしてくれるため、運気を根本的に変えたい人が訪れると強い力を発揮する。結束を強める力や家庭を守る力も併せ持つ。

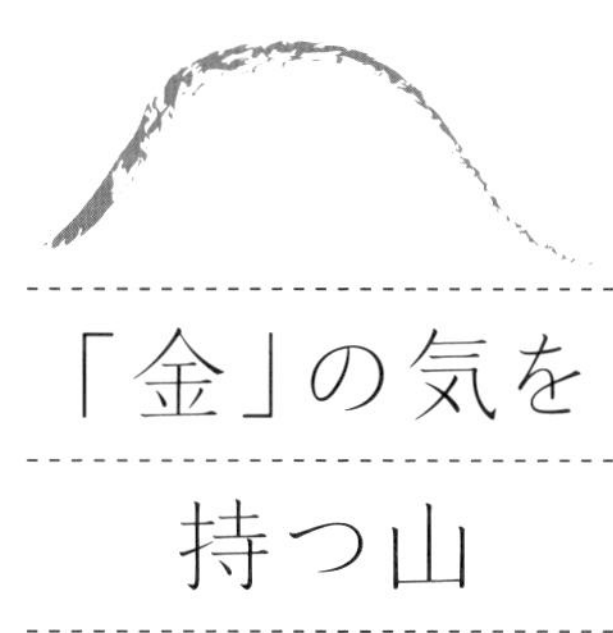

お椀をひっくり返したような丸い形をした山や岩山、金が採掘される金山など。

【金の気を持つ山の運気】

豊かさや楽しみ事の運気を与えてくれる。幸福感をもたらし、今の生活をよりよくしてくれる力もある。気は穏やかだが、山の生気を強くため込んだ場所に位置することが多く、その姿を眺めるだけでも運気をもらえる。

「水」の気を持つ山

ひだのようにうねった稜線を持つ山。緩やかな起伏があり、波打って見える山。

【水の気を持つ山の運気】

人との絆を強め、愛情を深める運気を与えてくれる。また、体にたまった水毒を流す力があり、病気や精神的なストレスを回復させるパワーもある。女性が訪れると、愛情に溢れる縁を導き、容姿を美しくしてくれる。

パワースポットに出かけよう！

パワースポットの選び方

風水では土地は人と同じように「生きているもの」と考えます。そのため、土地を選ぶときに最も大切なのは、その土地と自分との相性となります。パワースポットを訪れて、その場所を好きと思えなかったり、違和感を覚えるようなら、たとえそのスポットの持つ運気が自分に必要でも、自分に合う場所はほかにあるのかもしれません。人間関係と同様に、土地にも「縁」があるのです。

まずは自分の欲しい運を持ったスポットを訪れ、そのときの自分の感覚を大切にしましょう。訪れる前に、その場所の写真を見たり、その土地をイメージして感じた気持ちを優先するのも有効です。大好きな場所と思えたら、頻繁に訪れ、土地との縁を築いていくことで、その土地の持つ運気をより吸収することができます。

訪れたいスポットがあるのに、どうしても出かけるチャンスが巡ってこないときは、今の段階でその土地に呼ばれていない可能性があります。パワースポットは、人を選ぶことがあるからです。そういう場合は、3カ月以上過ぎてから再度プランを立てると、スムーズに訪れることができるはずです。それでもその土地に呼ばれないときは、しばらく

はその土地から運をもらえないので、ほかのパワースポットに出かけるなどして、さらに時間をおいてみましょう。

訪れる時間は大事

パワースポットは、訪れる時間にルールがあります。最も陽の気に満ちた時間帯の、早朝から午後2時までがベストで、遅くても午後4時までにはその敷地に入ることが大切です。

光があれば必ず影ができるように、強力な光を発する場所＝パワースポットは、時間帯によっては強力な闇を発することがあります。午後4時というのはちょうど陰陽の入れ替わる時間帯。パワースポットに流れる気が陰に変わる時間の前に必ず訪れましょう。特に午前中は気が生まれ、土地が生気を最も発するので、効率的に運気を吸収することができるのです。

ただし、夜祭りや大晦日など、その場所が稼働しているときは、午後4時以降に訪れても問題ありません。また、ライトアップして光を発しているときも、悪い影響を受けることはありません。

マナーを守って訪れる

パワースポットを訪れるときには、心や所作にマナーが必要です。

その土地のものを勝手に持ち帰る、立ち入り禁止の場所に足を踏み入れる、ご神体を傷つける、ゴミを路上に捨てるなど、マナー違反の行動は厳禁です。たとえ誰も見ていなくても「天」は見ていて、そのような行動をとる人にはどんな運も与えられません。

また、自分の欲しい運のために、自分勝手な行動や、ほかの人を思いやらない行動をとる人も、負のパワーに取り込まれます。目先の御利益にとらわれた、ガツガツした行動は避けましょう。

出かける前の準備と現地での行動

パワースポットで効率よく運気を得るには、出かける前の準備や、その土地での開運行動が大切です。より有意義にスポットに接するためにも、ぜひ実践してください。

□朝、入浴する

体を清浄にして出かけると、その土地に好かれます。シャワーだけでもいいので、体を洗い流して出かけましょう。

□朝食を抜かない

朝の時間の過ごし方は、パワースポットで運を得られるかどうかを決定します。朝は早起きして、ゆとりを持って行動しましょう。特に、朝食を抜くなど朝に空腹感を覚えると、土地からの生気を受けづらくなるので注意してください。

□初めての土地では白を身に着ける

自分が訪れたことのない、初めてのパワースポットへ出かけるときは、洋服や下着などのいずれかに白を身に着けましょう。白は土地の気を受け入れるカラーで、初対面の土地と自分の気を合わせてくれる作用があります。特にインナーやトップスに白を取り入れると効果的です。

□生気を吸収しやすい服装で出かける

パワースポットの生気は、女性の場合は胸元から入ってきます。タートルネックやスカーフなどで胸元を隠さず、少し開けることがポイントです。男性の場合は襟元から生気が入ってくるので、ピッタリしたトップスは避けましょう。

□天然石を身に着ける

パワースポットへは天然石を身に着けて出かけましょう。石が土地の生気を吸収し、帰った後もしばらく土地の生気を得ることができます。アクセサリーなど、直接肌に着けるものがおすすめです。

パワースポットでの過ごし方

□気に入った場所では30分滞在する

初めて出かけた場所が気に入ったら、最低30分は滞在を。その土地との縁を深めることができます。

□ゆっくり歩く

大地の気は緩やかに流れています。いつもの倍くらいのペースでゆっくり歩いて、土地の気の動きと合わせましょう。

□自分の言霊を告げる

パワースポットでは、自分の名前や住所、年齢、感謝の言葉、願い事を言霊できちんと伝えることが大切です。特に名前は、自分自身を表す言霊。名前を告げずに願い事をしても、天や大地に届きません。神社仏閣ではない自然スポットでも同様です。

□わき水を飲む

わき水はその土地に流れる水龍そのものです。訪れた土地にわき水があれば、いただいて運気を吸収しましょう。温泉水なども同様です。

□写真を撮る

お気に入りのスポットでは、その土地を背景に自分の写真を撮りましょう。土地の気と自分の気をシンクロさせることができます。一人で出かけた場合は、風景だけでも写真に撮って、その土地の気を持ち帰りましょう。

□深呼吸をする

パワースポットに流れる生気を体内にしっかり吸収させるには、深呼吸をするのがポイント。パワーの強い場所や自分の気に入ったスポットに立って、ゆっくり呼吸しましょう。効果的に気を体内に取り込める「風水呼吸法」をぜひ実践してください。

1 足を肩幅に開き、直立する。

2 息を吸いながら、地から足を伝って「気」が入ってきているとイメージする。

3 おなか（丹田（たんでん））のあたりまで気を上らせ、腰から背中を通って頭の上で止める。そこでいったん息を止め、3秒そのままで、気の流れをおなかの下まで落とし、3秒キープする。

4 息を吐きながら、すとんと脱力したように肩を落とし、力を抜く。息は吐ききる。

5 これを4回続ける。

丹田

□マイナスな言霊に触れない

人の悪口やグチなど悪い言霊を発することで、その土地の生気を吸収できなくなります。軽いうわさ話でも、人を傷つけたり中傷するような言霊は避けましょう。

□「好きではない」と思った場所へは近づかない

たとえパワースポットでも、「好きではない」「落ち着かない」と感じたら、そこは自分に必要な場所ではありません。よい生気を受け取るためには、自分の感覚を信じることが大切です。

□神社仏閣は必ず正面から入る

神社仏閣では、正しい「入り口」から訪れないと、気をスムーズに吸収できません。駐車場など脇から入った場合は、一度正面から入り直しましょう。

「瑞兆」という現象について

パワースポットに出かけると、ごくまれに、普通では起こりえないような自然現象に出会うことがあります。たとえば、風もないのに木々が大きく揺れたり、夏なのに急に雪が降ってきたり、自分の周りにだけ雨が降ったりと、不可思議な現象が生じることを「瑞兆（ずいちょう）」と呼びます。

瑞兆とは、その土地の地霊が「これから運に働きかける」と知らせてくれる事象で、瑞兆に出会った人は、それから3カ月以内、遅くとも半年以内に、大きな運気の変化を受けることになります。ただし、常識では考えられないような不思議な自然現象でなければ瑞兆とはいえず、急に雨が降ってきたという、日常的なレベルの現象では瑞兆とはいえません。

もしも瑞兆に出会ったら、この先起こるであろう大きな変化に対応するため、心の準備をしておくことが大切です。その変化は、信じられないような大きな幸運を連れてきてくれるきっかけとなります。

霊山を見ることで得られる運

霊山は生気の発生源。その姿を眺めるだけで強力な生気を受け、体にたまった悪運を浄化することができます。自分の地盤を大きく変えたいときは、祖山となる霊山を眺めると、運気の流れをよい方向へと導いてくれます。

霊山は近くから全体の姿を眺めると、強力にパワーを受け取れますが、離れた場所でも山の形をしっかり見ることができれば、生気を受け取ることが可能です。霊山の写真からも、強い生気を受けられるので、気に入った霊山の写真があれば部屋に飾ってみましょう。

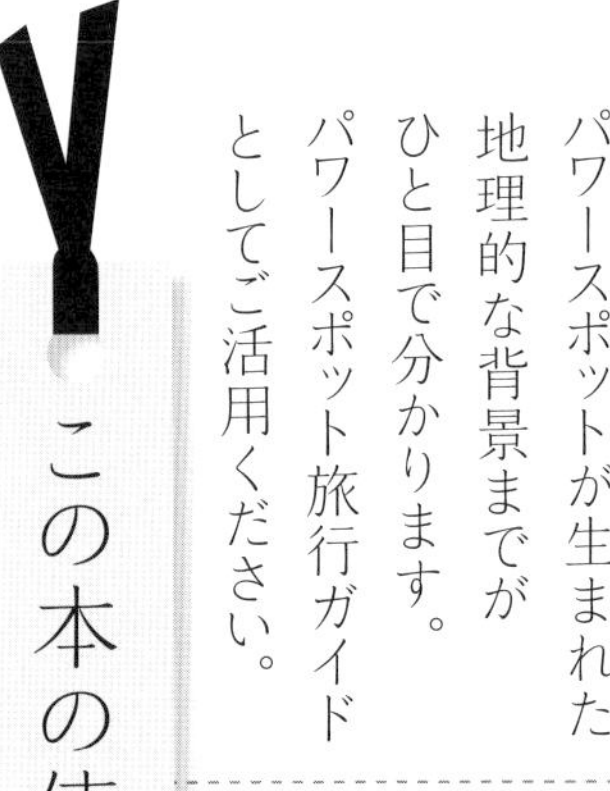

この本の使い方

パワースポットが生まれた
地理的な背景までが
ひと目で分かります。
パワースポット旅行ガイド
としてご活用ください。

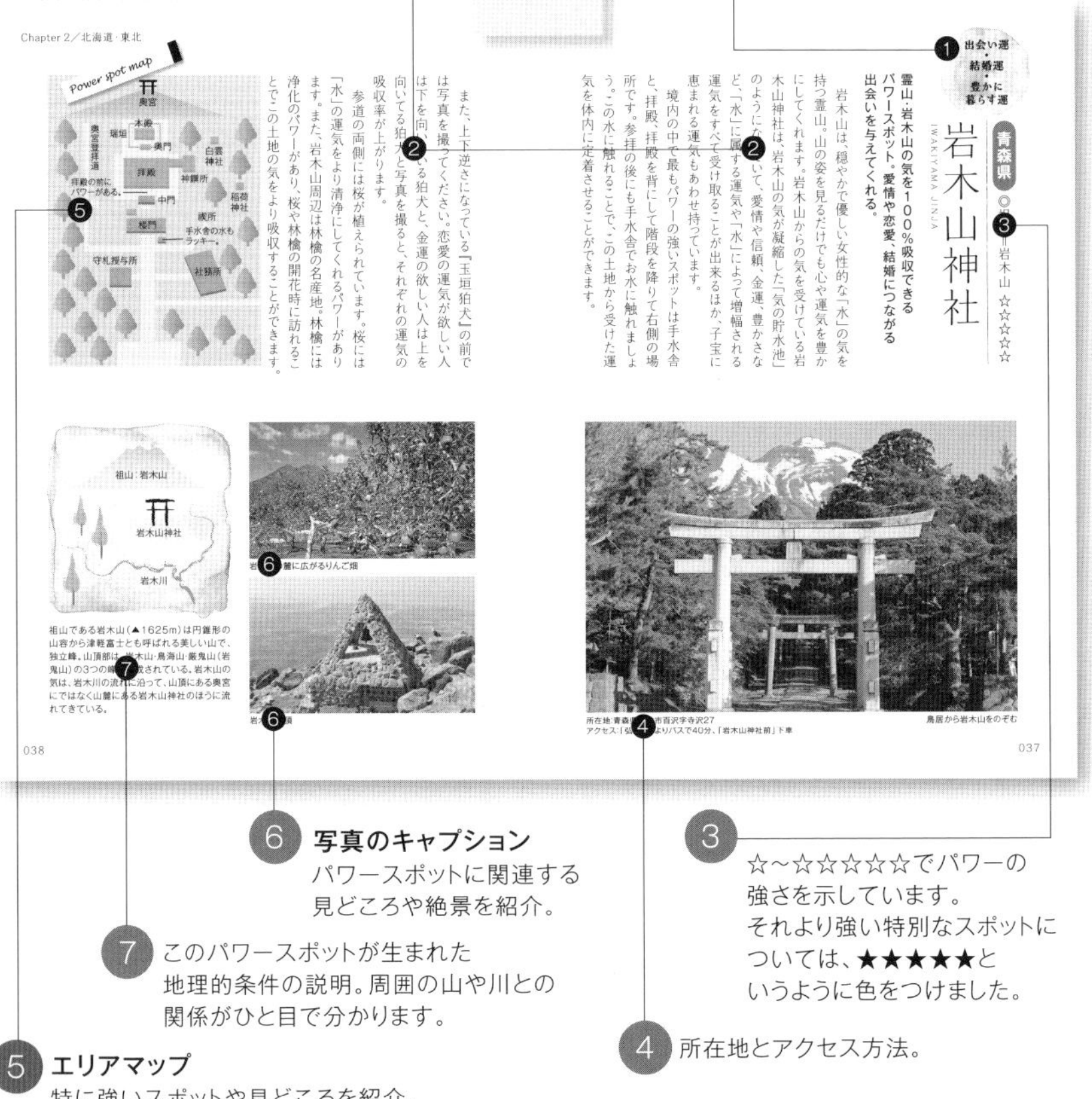

1 このスポットで得られる運
この土地を訪れることで
得られる運を紹介しています。

2 パワースポットの特徴や気の性質、
もらえる運気などを詳しく紹介。
過ごし方のアドバイスも。

Chapter 2／北海道・東北

❶ 出会い運・結婚運・豊かに暮らす運

青森県

岩木山神社

IWAKIYAMA JINJA

◎❸=岩木山 ☆☆☆☆☆

霊山・岩木山の気を100%吸収できるパワースポット。愛情や恋愛、結婚につながる出会いを与えてくれる。

岩木山は、穏やかで優しい女性的な「水」の気を持つ霊山。山の姿を見るだけでも心や運気を豊かにしてくれます。岩木山からの気を受けている岩木山神社は、岩木山の気が凝縮した「気の貯水池」のようにな❷いて、愛情や信頼、金運、豊かさなど、「水」に属する運気や「水」によって増幅される運気をすべて受け取ることが出来るほか、子宝に恵まれる運気もあわせ持っています。

境内の中で最もパワーの強いスポットは手水舎と、拝殿、拝殿を背にして階段を降りて右側の場所です。参拝の後にも手水舎でお水に触れましょう。この水に触れることで、この土地から受けた運気を体内に定着させることができます。

また、上下逆さになっている『玉垣狛犬』の前では写真を撮ってください。恋愛の運気が欲しい人は下を向い❷る狛犬と、金運の欲しい人は上を向いてる狛犬と写真を撮ると、それぞれの運気の吸収率が上がります。

参道の両側には桜が植えられています。桜には「水」の運気をより清浄にしてくれるパワーがあります。また、岩木山周辺は林檎の名産地。林檎には浄化のパワーがあり、桜や林檎の開花時に訪れることでこの土地の気をより吸収することができます。

所在地：青森県❹市百沢字寺沢27
アクセス：「弘❹よりバスで40分、「岩木山神社前」下車

鳥居から岩木山をのぞむ

037

Power spot map

❺

祖山である岩木山（▲1625m）は円錐形の山容から津軽富士とも呼ばれる美しい山で、独立峰。山頂部は、岩木山・鳥海山・厳鬼山（岩鬼山）の3つの峰❼成されている。岩木山の気は、岩木川の流れに沿って、山頂にある奥宮にではなく山麓にある岩木山神社のほうに流れてきている。

岩❻麓に広がるりんご畑

岩❻頂

038

6 写真のキャプション
パワースポットに関連する
見どころや絶景を紹介。

3 ☆～☆☆☆☆☆でパワーの
強さを示しています。
それより強い特別なスポットに
ついては、★★★★★と
いうように色をつけました。

7 このパワースポットが生まれた
地理的条件の説明。周囲の山や川との
関係がひと目で分かります。

4 所在地とアクセス方法。

5 エリアマップ
特に強いスポットや見どころを紹介。

Chapter
2
北海道地方
知床
屈斜路湖
神の子池
摩周湖
阿寒湖
大雪山
美瑛
富良野
住吉神社
西崎山環状列石
ふきだし公園
羊蹄山
洞爺湖
駒ヶ岳神社
大沼国定公園

北海道のパワースポットについて

大自然の生気を広範囲で吸収できるパワースポットの宝庫。

北海道のパワースポットの多くは、自然の中にあって場所を特定しづらいぶん、大自然のパワーが広範囲に放たれています。

大雪山は地理的にも風水的にも北海道の中心といえる山。特に十勝、上川地方は大雪山のパワーを強く受けています。帯広や十勝周辺は日高山脈に守られていて気が内にこもりやすく、土地と気を通わせるのに少し時間がかかるかもしれません。美瑛や富良野は土地全体に気が拡散されていて、観光を楽しむだけで体に気が入ってきます。

羊蹄山は北海道の「首の骨」といえる重要な山。札幌、小樽、函館などを繁栄させてきたのも、羊蹄山の気です。

道東の摩周湖や阿寒湖、屈斜路湖などの湖には、周辺の山からの強い気が満ちています。世界遺産として知られる知床半島も、北海道屈指のパワースポットです。

稚内
礼文島
利尻島
知床半島
大雪山から
放射状に気が
放出されている
上川
旭川
屈斜路湖
阿寒湖
摩周湖
美瑛
大雪山
十勝岳
富良野
根室
小樽
札幌
釧路
洞爺湖に
気がたまって
いる
龍脈
千歳
日高山脈
帯広
十勝
羊蹄山
洞爺湖
昭和新山
有珠山
苫小牧
室蘭
奥尻島
駒ヶ岳
函館
大島

旭岳（▲2291m）などの山々からなる大雪山が北海道の中心。ここから発した気が放射状に各地に広がっている。さらに、要として全体を支えているのが羊蹄山（▲1898m）。道南にある駒ヶ岳（▲1131m）も強い気を発している。

生命力・運の活性化・喜び事 金運

北海道

大雪山、富良野・美瑛

TAISETSUZAN, FURANO, BIEI

◎祖山＝大雪山 ☆☆☆

大雪山は運気を活性化する北海道のパワーの源。美瑛と富良野では観光を楽しむことで明るく希望をもたらす運気が得られる。

旭岳

ファーム富田

大雪山国立公園連絡協議会
所在地:北海道上川郡上川町中央町603
http://www.daisetsuzan.or.jp/kyoudou/

北海道の気の中心である大雪山は、活力に満ちた気を持ち、運気を循環させ、活性化する力があります。

大雪山から流れる気は、放射状に広がっています。同じ大雪山の周辺でも、富良野は楽しみ事をもたらす「金」の気が強く、旭川や上川は清浄化の気が流れています。

大雪山の気を得るには、周辺の自然を堪能するのがおすすめ。山に登らなくても、大雪山の写真を撮るだけで写真に土地の気を写し込むことができます。大雪山の麓にある温泉地に出かけるのも効果的です。

大雪山からの気が流れ込んでとどまっているのが、観光地としても人気のある美瑛と富良野です。明るい気質があり、喜び事や金運をもたらすパワーが周囲に広がっています。

ベストシーズンは、花が咲き、緑豊かな春から夏にかけて。花や植物の生気が土地の気を強め、いきいきとした気が得られます。景色を眺め、おいしいものを食べて、観光を楽しむのがパワーを吸収するポイントです。

美瑛町観光協会
所在地:北海道上川郡美瑛町本町1-2-14
https://town.biei.hokkaido.jp

ふらの観光協会
所在地:北海道富良野市本町2-27
https://www.furano.ne.jp/kankou/

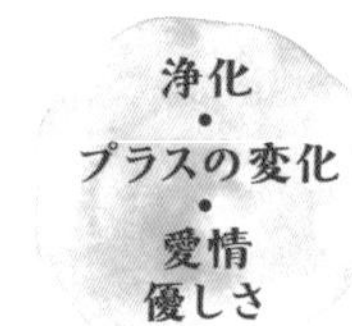

北海道

摩周湖、神の子池

MASHU KO, KAMINOKO IKE

◎祖山＝大雪山 ☆☆☆☆

アイヌ語で「カムイトー（神の湖）」と呼ばれる摩周湖と、その子である神秘の池。運気を変え、浄化する「水」の気を吸収して。

摩周湖は、周囲の山の気が「水」の気と交わりとどまる場所。本来「水」の気は穏やかですが、摩周湖はパワーが強いため、プラスの変化をもたらし、運気をガラッと変えます。

濃い霧がかかる日は「水」の気が空気中に満ちているので、深呼吸をしてパワーを吸収して。晴れた日は展望台に上って摩周湖を眺め、写真を撮るのがおすすめです。

神の子池は摩周湖から流れ込んだ「水」の気を強く発する神気のある池。摩周湖より気質はやわらかく、悪運を浄化する力があります。「愛情を得たい」「きれいになりたい」など、「水」の言霊（ことだま）を発すると願いが叶いやすくなります。

摩周湖観光協会
所在地:北海道川上郡弟子屈町摩周 3-3-1
https://www.masyuko.or.jp

神の子池

神の子池　所在地:北海道斜里郡清里町
アクセス:「緑駅」より車で20分
https://www.kiyosatokankou.com/kaminokoike.html

生命力アップ・ビューティ運・悪運浄化

北海道

屈斜路湖、阿寒湖

KUSSHARO KO,AKAN KO

◎祖山＝大雪山 ☆☆☆

活力を与え、あらゆるものを浄化する湖。温泉に入って「水」の気に触れるのがパワーをしっかり取り込むポイント。

屈斜路湖

阿寒湖ボッケ

屈斜路湖　所在地:北海道川上郡弟子屈町
アクセス:「川湯温泉駅」より車で約10分
https://www.masyuko.or.jp/enjoy/sightseeing/spot/kussharoko

屈斜路湖は生命力を高めてくれるスポットです。面積が大きくパワーを体感しづらいので、船で湖上に出るか、湖畔の温泉や足湯で効果的にパワーを吸収してください。

阿寒湖も「水」の気がある湖で、コンプレックスやトラウマなど運の汚れ、容姿の汚れを洗い流してくれます。湖上に気が集まっているので、遊覧船やボートに乗って湖上でパワーを得るか、温泉に入って体内に気を取り入れましょう。湖面が凍結する冬は「水」のパワーが強まるため、氷上のイベントを楽しむのもおすすめです。

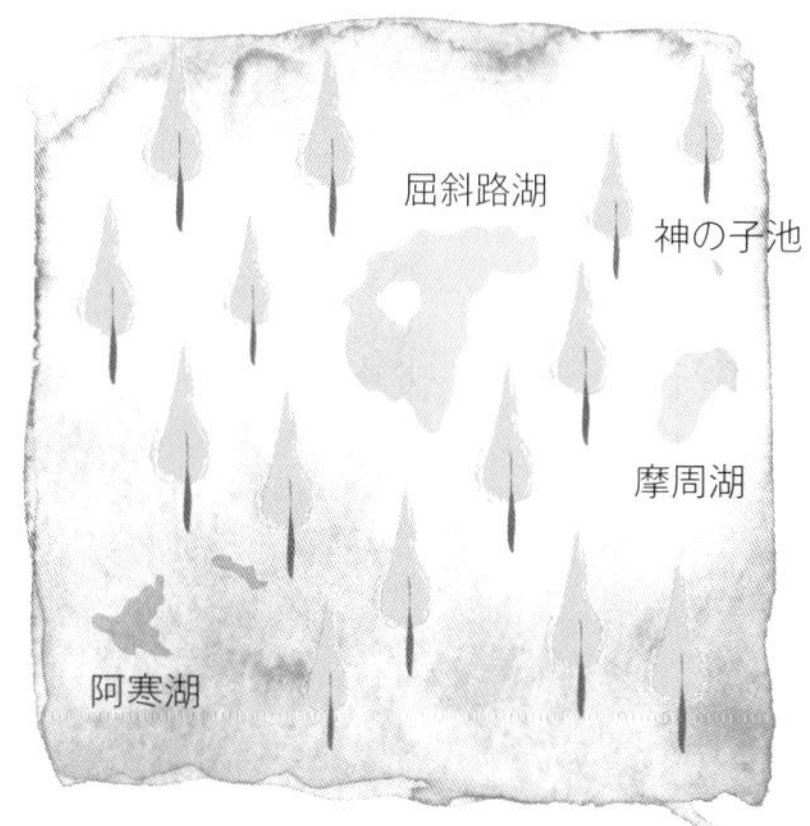

屈斜路湖も阿寒湖も、摩周湖と同じく周辺の山々の気が凝縮されている。さらに、川湯温泉や阿寒湖温泉などの地熱のパワーと「水」の気が合わさることで生気が強まっている。阿寒湖は、南側の阿寒湖温泉の近くの、湖にせり出した公園付近が特に強いパワーを感じられる。

阿寒湖　所在地:北海道釧路市阿寒町阿寒湖温泉
アクセス:「釧路駅」よりバスで約1時間10分
http://ja.kushiro-lakeakan.com

活性化・運気の底上げ・生命力アップ

北海道

◎祖山＝羅臼岳 ☆☆☆☆

知床

SHIRETOKO

強大な力がほとばしる巨大な龍脈。観光するだけで運気が上昇する北海道随一のパワースポット。

Photo by Yuchiku Rinoie

カムイワッカの滝

凍るウトロ港と知床連山

知床斜里町観光協会
所在地：北海道斜里郡斜里町本町29-8
https://www.shiretoko.asia

知床は、あり余るほどの強い活力、生命力を持っています。まるで巨大な龍が勢いよく海に飛び込むかのように、羅臼岳のすさまじいパワーが知床岬に向かって半島全体に溢れ出しています。

実際に知床岬まで行けなくても、観光船に乗って海から知床岬を見るか、羅臼岳周辺の展望台から景色を眺めるだけでも、知床のパワーを吸収できます。

海や山まで足を延ばせない場合は、オシンコシンの滝や知床五湖など、比較的アクセスしやすい観光スポットに立ち寄って気を受け取りましょう。

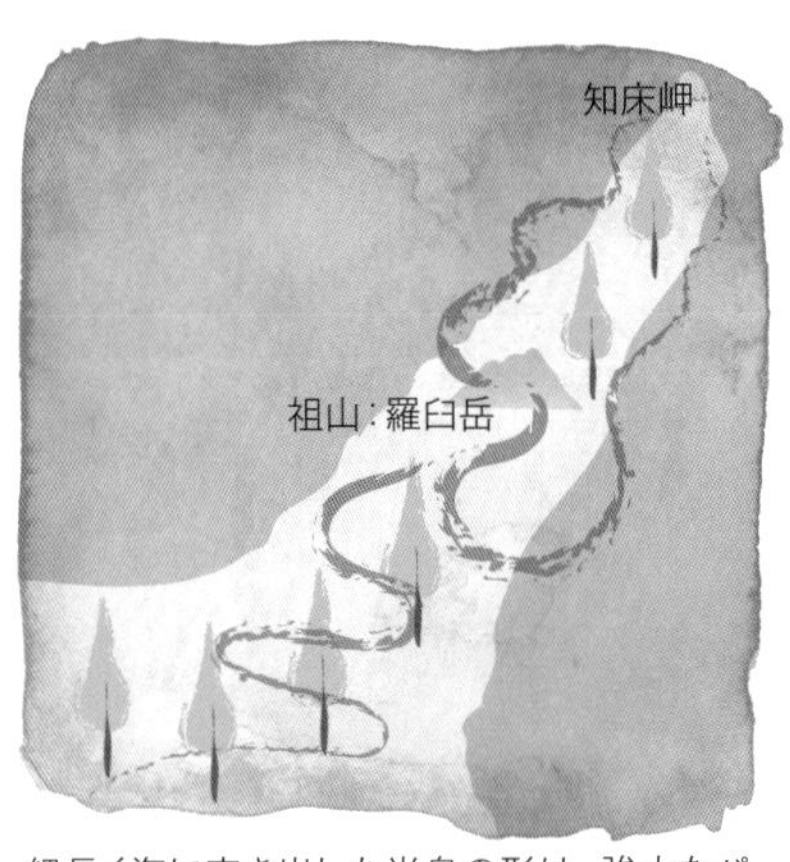

細長く海に突き出した半島の形は、強大なパワーを持つ土地に特徴的な風水地形。半島そのものが大きな龍脈となり、羅臼岳が発する力強いパワーが周辺の地域にも流れ出しながら、半島の突端にある知床岬へと向かっている。
※冬季は交通規制に注意。

北海道

洞爺湖

TOYA KO

◎祖山＝羊蹄山 ☆☆☆☆

運気を好転させたい人におすすめのスポット。島の周囲を船で巡ってパワーを受け取って。

Photo by Yuchiku Rinoie

洞爺湖温泉観光協会
所在地:北海道虻田郡洞爺湖町洞爺湖温泉142
https://www.laketoya.com

洞爺湖は転換やイノベーションをもたらすパワーを持つため、プラスの変化を求める人におすすめです。急激な変化を起こすわけではありませんが、悪いものを浄化し、進むべき方向へと導く力があります。

洞爺湖も湖上で強いパワーを受けられるので、ぜひ遊覧船に乗りましょう。春から秋には湖の中央にある『中島』のうち大島に上陸できますが、パワーが凝縮されているのは上陸できない観音島と弁天島のほう。島の周辺を船で巡ることで運気を吸収することができます。

祖山である羊蹄山（▲1898m）のほか、湖畔にそびえる有珠山（▲733m）の気も洞爺湖に流れ込み、「水」の力で強まっている。湖の中央にある中島（「大島」「観音島」「弁天島」「饅頭島」の4つの島の総称）に気が集まり、特に観音島と弁天島にパワーが集中している。

運の活性化・浄化・愛情良縁

北海道

羊蹄山、ふきだし公園

YOTEIZAN,FUKIDASHI KOEN

◎祖山＝羊蹄山 ☆☆☆

女性的な羊蹄山の「水」の気が満ちたスポット。名水をいただくことで体内に気を吸収できる。

羊蹄山

羊蹄のふきだし湧水

ニセコリゾート観光協会
所在地:北海道虻田郡ニセコ町元町77-10
https://www.niseko-ta.jp

羊蹄山には、清浄な女性らしい「水」の気があり、愛情や良縁、信頼を与えます。また、血を循環させて体を活性化するように、悪運を流し去り、運を再生・活性化してくれます。

羊蹄山の気が周囲に広がっているので、羊蹄山を見たり、ニセコでスキーを楽しむだけでもパワーをもらえます。

羊蹄山の麓はわき水が豊富です。ふきだし公園では、名水として知られる羊蹄山のわき水に触ったり飲んだりして、羊蹄山の生気をダイレクトに受け取りましょう。

「蝦夷(えぞ)富士」とも呼ばれる羊蹄山(▲1898m)は富士山のように裾野が広がっている。発する気も富士山と似てパワーがあり、その気はニセコや洞爺湖のほか、札幌、小樽、余市など広範囲に拡散されている。羊蹄山に降った雨や雪解け水が麓のふきだし公園のわき水となっている。

ふきだし公園　所在地:北海道虻田郡京極町字川西
アクセス:「倶知安駅」よりバスで「京極バスターミナル」下車、徒歩18分
http://www.town-kyogoku.jp/

願いを叶える・地盤を強くする・信頼、絆

北海道

駒ヶ岳神社・大沼国定公園

◎祖山＝駒ヶ岳 ☆☆☆

KOMAGATAKE JINJA, ONUMA KOKUTEI KOEN

心の奥底にある願いを叶える大岩を祭る神社。公園内では名曲のモニュメント付近にパワーが。

大沼国定公園

ご神体の大石

Photo by Yuchiku Rinoie

駒ヶ岳神社　所在地:北海道亀田郡七飯町
アクセス:「大沼公園駅」より徒歩1時間20分
https://www.hakobura.jp/spots/624

大沼の湖畔にある駒ヶ岳神社は、駒ヶ岳噴火の際に落下した石や火山灰が溶け固まった大岩をご神体としています。

心願（心の奥底にある願い）が叶うスポットなので、願い事を唱えながら岩の周囲を歩きましょう。陰陽の変化が激しい土地なので、午前中か、遅くとも午後3時までに訪れるようにしてください。

同じく湖畔にある大沼国定公園には信頼や絆を育てる運気が。名曲「千の風になって」が生まれた公園でもあり、歌のモニュメントのあたりが強いパワーを放っています。

大沼は駒ヶ岳の噴火によってできた湖。羊蹄山（▲1898m）から駒ヶ岳（▲1131m）、さらに津軽海峡へと流れる気が、大沼がある七飯町や函館の付近でいったんとどまり、強いパワーを発している。特に、大沼国定公園には、駒ヶ岳から流れる龍脈がとぐろを巻くように集まっている。

七飯大沼国際観光コンベンション協会
所在地:北海道亀田郡七飯町大沼町85-15
http://onumakouen.com

北海道

住吉神社

SUMIYOSHI JINJA

◎祖山＝余市岳 ☆☆☆☆☆

参道を龍が通り抜ける「水」と「風」の気が合わさった神社。あらゆる良運が得られるおすすめスポット。

小樽の名前の由来になったとされる「ヲタルナイ」と近隣の「タカシマ」の地を守る総鎮守として住吉大神を祭るために150年以上前に創建された、北海道の神社の中では歴史が古い神社です。

小樽周辺を巡回する「風龍」が、「水」の気とともに運気を運び、周囲に運気を循環させています。

風龍からもたらされる運気は縁の運気や豊かさ。風龍に守られたこの土地は、出会いの運気や人間関係運、金運や豊かさとの縁を与えます。

風の運気を受けるポイントは、風を感じること。風龍の気を、海風とともに感じることで強いパワーを得られます。

特に運気の強いのが、龍の気が通っている社殿ま

社殿までの参道
Photo by Yuchiku Rinoie

所在地：北海道小樽市住ノ江2-5-1
アクセス：「南小樽駅」」より徒歩約8分
http://www.otarusumiyoshijinja.or.jp

での長い階段。階段から海を見下ろして、龍の気を吸収しましょう。

風龍は、水の付近で一度止まる性質があるため、手水舎周囲から運気を強く受け取れます。

また、社殿前も強いパワーがたまっていますので、ゆっくりお参りをして運気の吸収を。

住吉神社は、海からの風が通り抜ける気持ちのいいスポットです。気を受けるためにも、海を見下ろしながら風を受け、「気持ちがいい」と感じることが大切です。

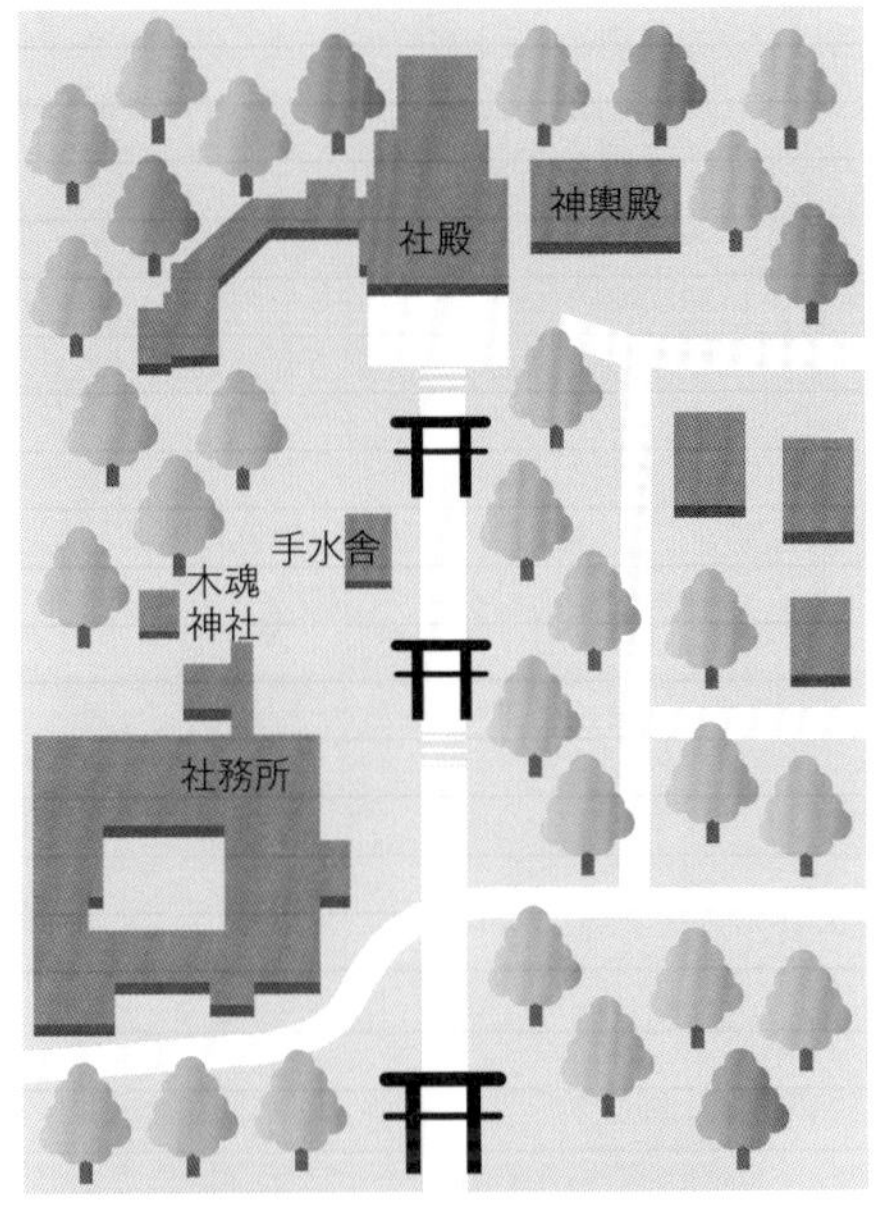

住吉神社から石狩湾を望む

羊蹄山（▲1898m）の気も受けているが、小樽や余市周辺の海を回遊する龍の気の影響も受けている。龍の「水」の気が住吉神社を通っており、そこに「風」の気も合わさっている。

手水舎

Photo by Yuchiku Rinoie

活性化・生命力アップ

北海道

西崎山環状列石

NISHIZAKIYAMA KANJO RESSEKI

◎祖山=余市岳 ☆☆☆

縄文時代の謎めいたストーンサークル。晴れた日に余市の海を眺めて活力を得て。

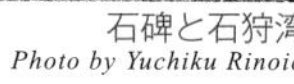

石碑と石狩湾
Photo by Yuchiku Rinoie

所在地:北海道余市郡余市町栄町551
アクセス:「蘭島駅」より徒歩約23分
http://www.pref.hokkaido.lg.jp/ks/bns/jomon/remains_06.html

環状列石(ストーンサークル)のある遺跡で、つくられた目的は定かではありませんが、約3500年前の縄文時代のお墓ではないかともいわれています。強い龍の気があり、全身を活性化し、生命力を与える力があります。

「西崎山ストンサークル」と書かれた石碑の後ろの石付近で特にパワーが体感できます。パワーを受け取るポイントは景色を見ること。海を眺めながら深呼吸しましょう。

古い遺跡なので、晴れた日を選び、午前中か午後早めの明るいうちに訪れてください。

石狩湾
小樽
余市
西崎山環状列石
祖山:余市岳
羊蹄山

小樽や余市周辺の海を循環する龍の気が、西崎山環状列石のあたりで休息するように立ち止まっており、非常に強い龍脈が流れている。数百個の自然石が円形に並べられた遺跡で、ハワイにある神域「ヘイアウ(古代ハワイ人が神への捧げ物をした場所)」ととても近い気を発している。

Chapter 3

東北地方

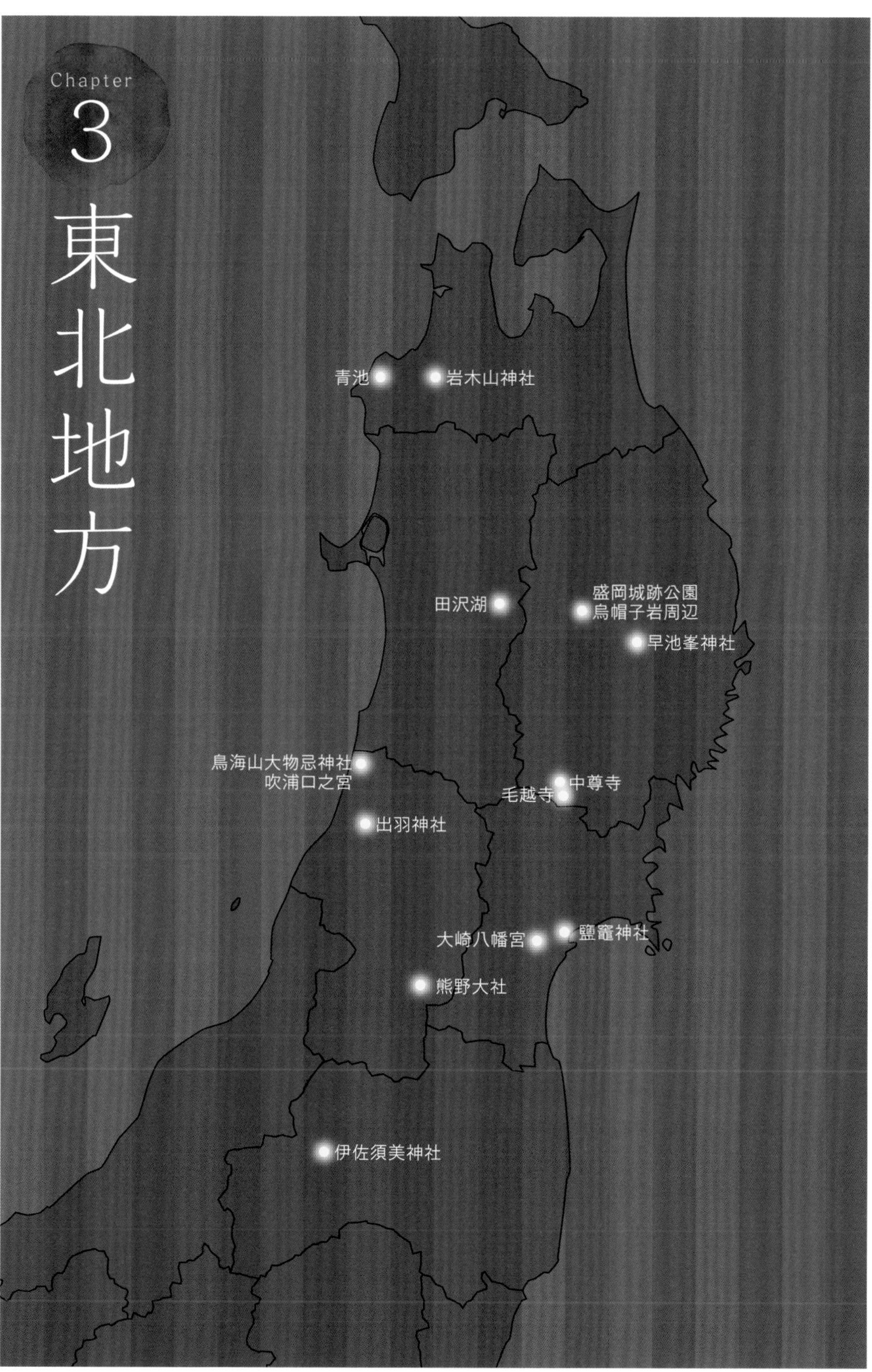

出会い運・結婚運・豊かに暮らす運

青森県

岩木山神社

IWAKIYAMA JINJA

◎祖山=岩木山 ☆☆☆☆☆

霊山・岩木山の気を100%吸収できるパワースポット。愛情や恋愛、結婚につながる出会いを与えてくれる。

岩木山は、穏やかで優しい女性的な「水」の気を持つ霊山。山の姿を見るだけでも心や運気を豊かにしてくれます。岩木山からの気を受けている岩木山神社は、岩木山の気が凝縮した「気の貯水池」のようになっていて、愛情や信頼、金運、豊かさなど、「水」に属する運気や「水」によって増幅される運気をすべて受け取ることができるほか、子宝に恵まれる運気も併せ持っています。

境内で最も パワーの強いスポットは手水舎（てみずや）と拝殿、拝殿を背にして石段を下りた右側の場所です。参拝の後にも手水舎で水に触れましょう。この水に触れることで、この土地から受けた運気を体内に定着させることができます。

鳥居から岩木山を望む

所在地:青森県弘前市百沢字寺沢27
アクセス:「弘前駅」よりバスで40分、「岩木山神社前」下車
https://iwakiyamajinja.or.jp

また、上下逆さになっている『玉垣狛犬（たまがきこまいぬ）』の前では写真を撮ってください。恋愛の運気が欲しい人は下を向いている狛犬と、金運の欲しい人は上を向いている狛犬と写真を撮ると、それぞれの運気の吸収率が上がります。

参道の両側には桜が植えられています。桜には「水」の運気をより清浄にしてくれるパワーがあります。また、岩木山周辺は林檎の名産地。林檎には浄化のパワーがあり、桜や林檎の開花時に訪れることでこの土地の気をより吸収することができます。

祖山である岩木山（▲1625m）は円錐形の山容から津軽富士とも呼ばれる美しい山で、独立峰。山頂部は、岩木山・鳥海山・厳鬼山（岩鬼山）の3つの峰で形成されている。岩木山の気は、岩木川の流れに沿って、山頂にある奥宮にではなく山麓にある岩木山神社のほうへ流れてきている。

玉垣狛犬

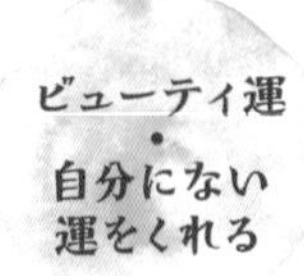

青森県

青池

AO IKE

◎祖山＝白神岳 ☆☆☆☆

白神山地の気が流れ込み、たまり続けている神秘的なまでに青く美しい湖。今の自分に足りない運を与えてくれる。

所在地：青森県西津軽郡深浦町松神
アクセス：「十二湖駅」よりバスで15分、「奥十二湖駐車場」下車
※冬季は入場制限があるので、深浦町観光課に問い合わせを。

世界遺産・白神山地からの生気が集まる場所に池があったために生じたパワースポット。このように偶然に生じたスポットが長くその地にとどまることはまれですが、青池は山に守られた窪地に位置するためか、パワーが移動することなく、白神岳やそれに連なる白神山地の山並みの気を集め続けています。

わき水のため、青く澄みきった青池は、今の自分に足りない運気を与えてくれるパワースポット。運気を変えたいのにそのきっかけをつかめない人や、自分の望むものが分からない人、人生に迷いを感じている人は、ぜひ訪れてこの地のパワーを受け取りましょう。女性が訪れると、容姿を美しくしてくれる効果も期待できます。

ここでは、池を眺めながら心の中で自分の願いを告げましょう。自分の心からの思いを言霊(ことだま)にして告げることで、願いを現実にすることができます。特に午前中が効果的。否定的な言霊はNGなので注意しましょう。言霊を池が吸収するため、その言霊が自分の運気に定着してしまうからです。ほかには、青池をバックに写真を撮るのも運気

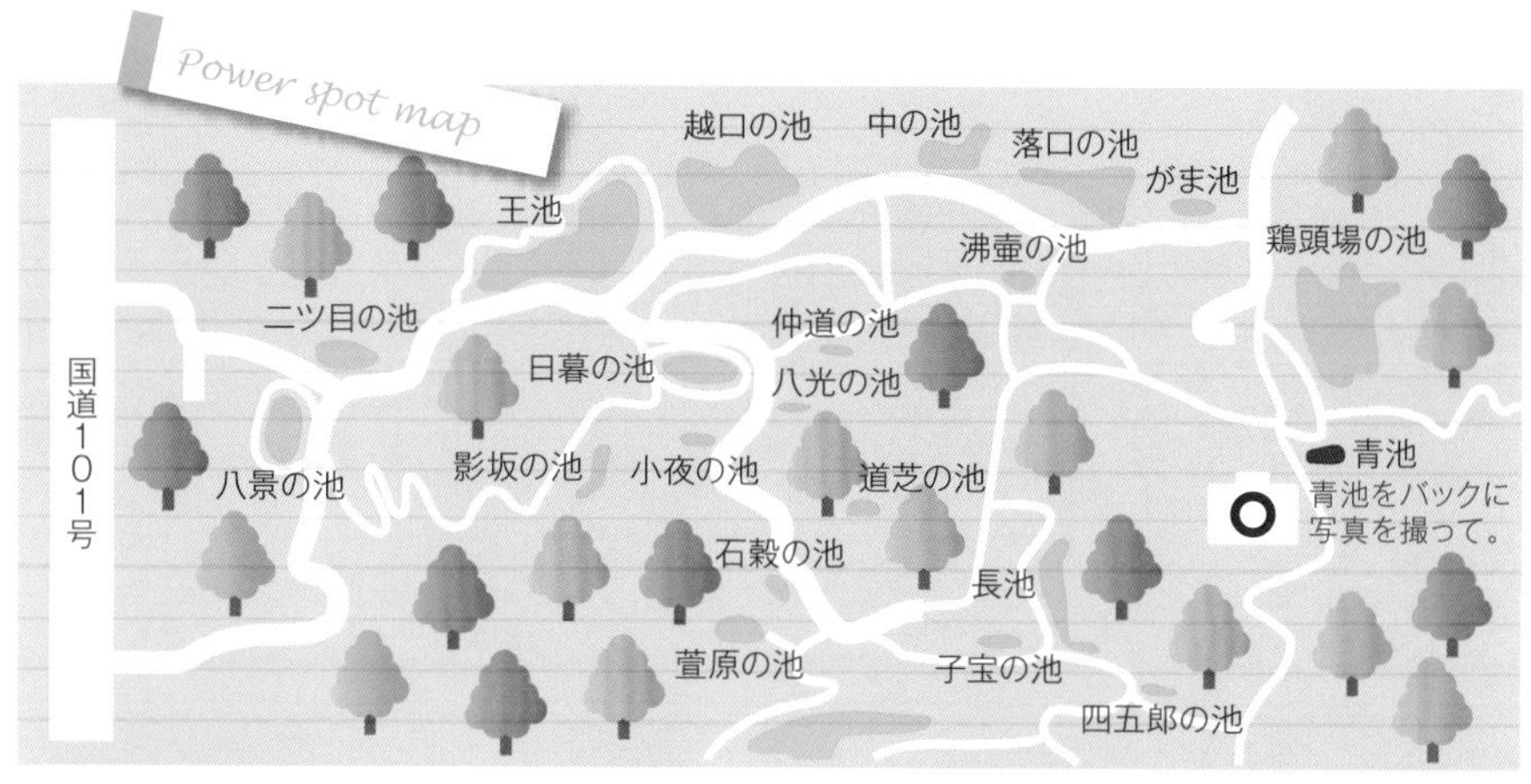

十二湖周辺のブナ自然林

白神岳と白神山地

白神岳（▲1232m）を祖山とし、白神山地のよい気が集まっている。十二湖は、300年前に起きた地震で沢がせき止められてできた湖沼群。山などに囲まれているので、よい気が逃げることなく青池にたまり、長い年月とどまり続けていると思われる。青池だけにパワーがあり、ほかの湖にはパワーがないというのも不思議。

吸収につながります。

白神山地のこのエリアには、青池のほかにも美しい湖がたくさんあるので、十二湖巡りをするのもおすすめです。パワースポットと呼べるのは青池だけですが、そのほかの湖からも水の運気を得られます。白神岳は、人生の転機を与えてくれる山。比較的手軽にチャレンジできるミニ登山コースもありますので、ぜひトライしてください。

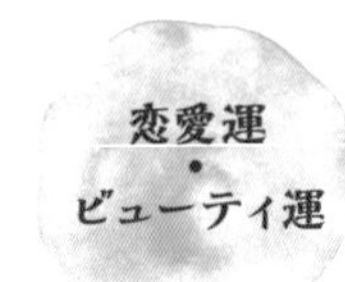

秋田県

田沢湖

TAZAWA KO

◎祖山＝秋田駒ヶ岳　☆☆☆☆

コバルトブルーの美しい湖は充実の運気や喜びを与えてくれる。湖畔で夕日を眺めると豊かな金運をもたらす。

豊かな「水」の気を持つパワースポット。湖を眺めているだけで水毒が流れ、運気を清浄にするパワーを与えてくれます。

祖山である秋田駒ヶ岳や龍脈に連なっている烏帽子岳（えぼし）は、ともに優しく穏やかな気を持つ山です。その山の持つ運気が湖に凝縮されているため、この土地は女性的な優しさを持つパワースポットとなっています。

田沢湖で運気を吸収するためには、ゆっくりと過ごすことが大切。せかせかと慌ただしい行動は、運気の吸収を妨げます。

田沢湖は湖自体が強大なパワースポットですが、この地で最も気を体感できるのが御座石（ござのいし）神社の

たつこ像と秋田駒ヶ岳
Photo by Yuchiku Rinoie

所在地：秋田県仙北市田沢湖潟字槎湖
アクセス：「田沢湖駅」よりバスで15分、「田沢湖畔」下車
https://tazawako-kakunodate.com

あたり。御座石神社の鳥居をくぐってすぐの大木の周辺が最も強いスポットです。

また、湖に面したところにある鳥居付近は、コバルトブルーの湖面が美しく見えるビュースポット。湖と一緒に写真を撮って「水」の気を吸収しましょう。7種類の木がひとつの株から生えているという『七種木(なないろぎ)』や『雨乞石』にも強いパワーがあるので、立ち寄って。金色に輝く『たつこ像』とも、ぜひ一緒に記念写真を撮ってください。

田沢湖と御座石神社　*Photo by Yuchiku Rinoie*

雨乞石は七種木に囲まれるようにして置かれており、真ん中をくり抜いた穴がある。ラッキーなスポットなので写真を撮ってみて

御座石のご神木

祖山は秋田駒ヶ岳(▲1637m)で、太祖山は岩手山(▲2038m)。岩手山を源とする龍脈の1本目は盛岡城跡公園に流れ、2本目は岩手山から三ツ石山、烏帽子岳、秋田駒ヶ岳などを経て、八幡平や田沢湖に流れ込んでいる。連なる山をうねってきた龍が、田沢湖にたどり着き、水を飲んでいるような地形。

強い金運・悪運をリセットする・行くべき道を示す

岩手県

中尊寺

CHUSON JI

◎祖山＝栗駒山 ☆☆☆☆☆

悪運をリセットし、自分を見つめ直すことのできるパワースポット。強い「金」の気が金運に関する悪い気を浄化する。

覆堂（金色堂）

所在地:岩手県西磐井郡平泉町平泉衣関202
アクセス:「平泉駅」より徒歩25分
https://www.chusonji.or.jp/

中尊寺に満ちる「金」の気は、祖山である栗駒山からのものではなく、この土地自体に宿るもの。陸奥と呼ばれたこの地域は砂金の産地で、古くは奈良の大仏を建立する際にも砂金を献上したという記録が残っています。

中尊寺はその強い「金」の気から、金運や豊かさを与えてくれますが、何よりも浄化とリセットの運気の強い場所でもあります。特に、金運に関する悪い気である「金毒」をクリアにしてくれるパワーが強くあります。

また、自分の進むべき道が見えない人に道を示してくれる運気もありますので、人生に迷いのある人にもおすすめのスポットです。本堂に向かう途中の『月見坂』をゆっくり歩くと、自分に立ちはだかる障害を打ち砕くパワーを得ることができます。

中尊寺で最もパワーの強い場所は『覆堂（金色堂）』。拝観は有料ですが、強い「金」の気を吸収したい人はぜひ立ち寄って。覆堂の中に入ると、体がフワッと浮くように強く気が感じられます。順路通りに参拝して、金色堂の発する「金」の気を受けましょう。覆堂に向かう石段の左側にある杉の木付近も強いパワースポット。写真を撮ったり、深呼吸をしたりして気を吸収してください。

中尊寺を訪れるのは、浄化の運気の強まる午前中がおすすめ。どの時間帯でも運気は吸収できますが、「浄化とリセット」を期待する人は早い時間が効果的です。敷地内にある白山神社は、参道に気が強く集まっています。時間がある人はこちらにも立ち寄ってください。

月見坂

覆堂の中にある金色堂

祖山は宮城県と秋田県、岩手県の3県にまたがる栗駒山(▲1627m)。陸奥一帯は黄金の産地であり、土地そのものに強い「金」の気があると考えられる。土地の持つ金の気に北上川の水の流れが加わって、その気をさらに増幅させている。栗駒山は、この龍穴に生気を送り込む役割をはたしている。

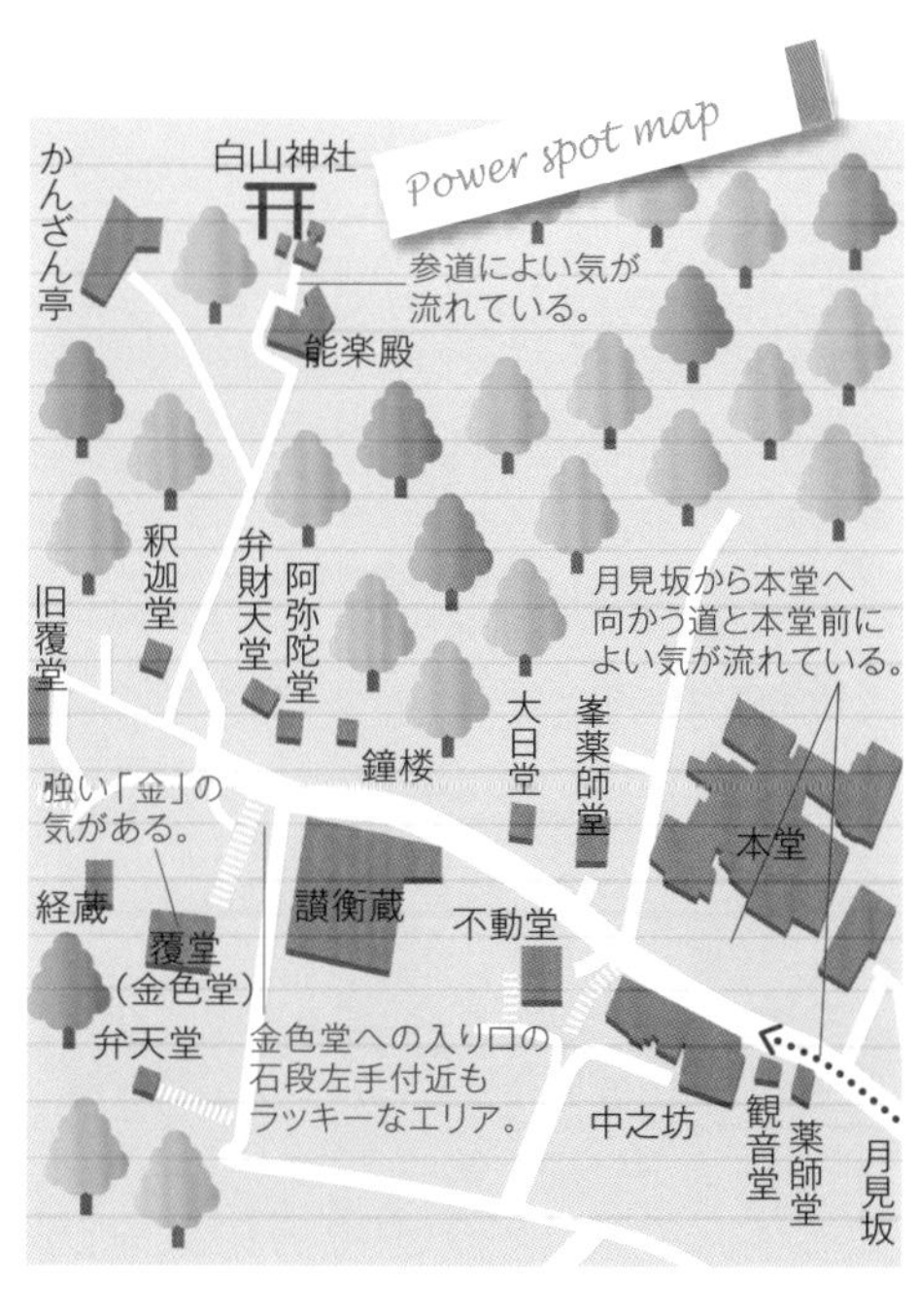

強い金運・人生が楽しくなる

岩手県 毛越寺

MOUTSUU JI

◎祖山＝栗駒山 ☆☆☆☆

豊かさや楽しみを与えてくれるスポット。笑顔で過ごすことで喜びをもたらす。

中尊寺と同じ龍脈が流れていますが、毛越寺の持つ気は「豊かさ」そのもの。強い「金」の気が大泉が池の水と相まって、さらなる豊かさを生み出しています。

この土地で最も気を発しているのは、パワーの増幅器である『大泉が池』周辺。池沿いの道は、どこを歩いてもパワーを感じられますが、本堂から池沿いに歩き、『南大門跡』付近の道の真ん中にそびえる巨木は強い生気を吹き出すスポットなので、木に触れるなどしてその気を体感してください。

大泉が池沿いの『鐘楼跡』も強い気を発するスポット。池の景色を楽しみながら、ゆっくり過ごしましょう。

毛越寺のように「金」の気の強いパワースポッ

大泉が池

所在地:岩手県西磐井郡平泉町字大沢58
アクセス:「平泉駅」より徒歩12分
https://www.motsuji.or.jp/

トでは、笑顔で過ごすことが運気を増幅させます。甘いものを味わうのも運気の吸収に効果的なので、飴をなめたりするのもおすすめです。反対に、おなかをすかせていると運気の吸収が弱まってしまうので注意しましょう。

祖山にあたる栗駒山

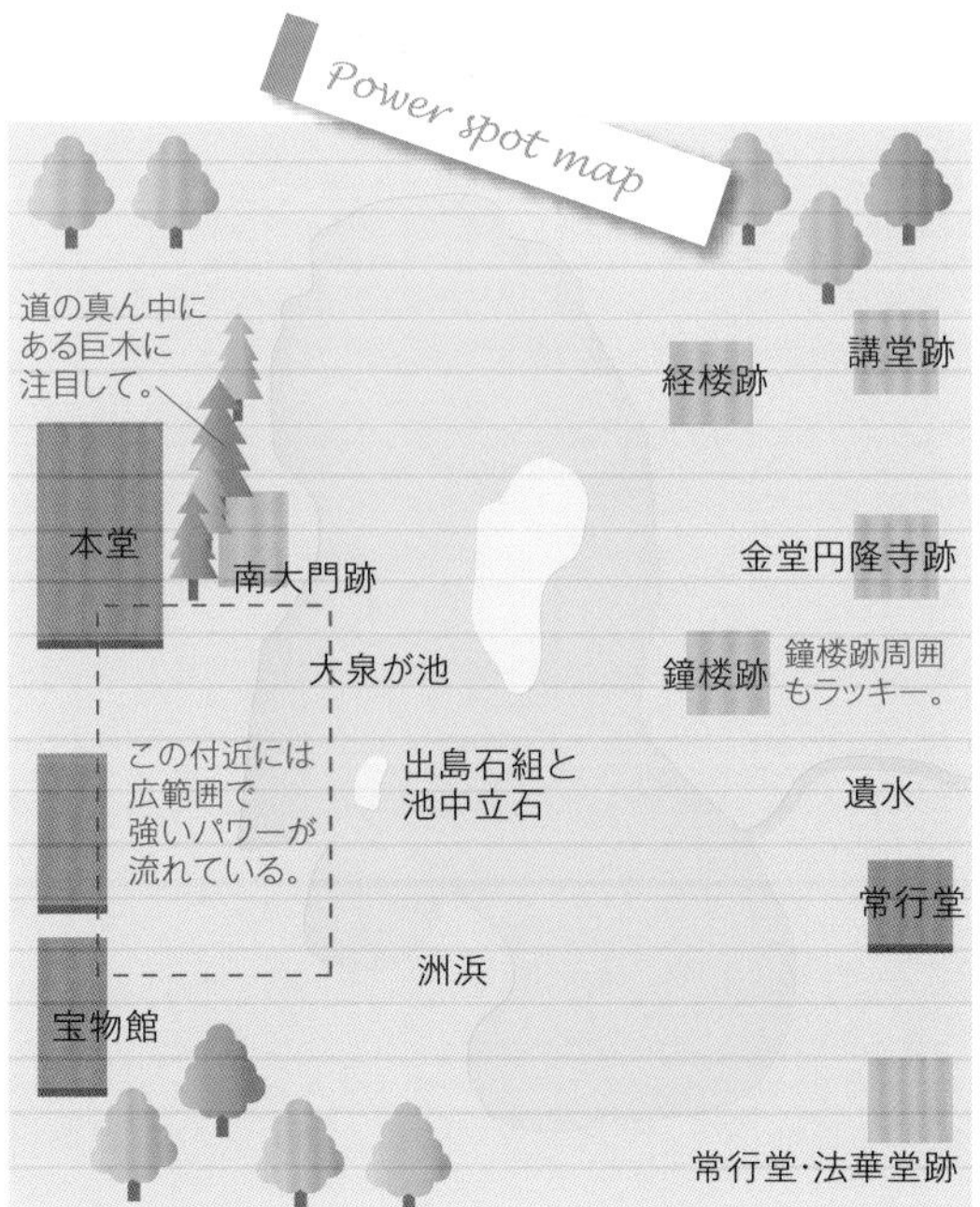

南大門跡付近の大杉

金運・人生を変える道を示す

岩手県

早池峯神社

HAYACHINE JINJA

◎祖山＝早池峰山 ☆☆

人を奮い立たせてくれるパワースポット。今の自分を見つめ直し、自分を変えるための強い意志を与えてくれる。

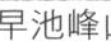
早池峰山

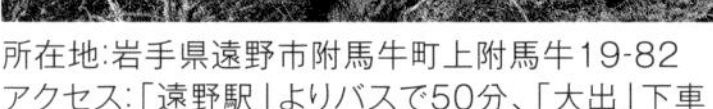
所在地：岩手県遠野市附馬牛町上附馬牛19-82
アクセス：「遠野駅」よりバスで50分、「大出」下車

早池峯（はやちね）神社は、早池峰山の山頂に奥宮を、山麓に4つの里宮を持ちます。遠野市にあるこの里宮は、「変わらなくてはいけないと分かっているが、変えられない」という人に人生を変えるための強い意志を与えてくれます。

この神社は、正面から拝殿に向かって生気が流れているので、必ず正面から入って参拝しましょう。本殿の前がいちばん強いスポットです。

新しいことを始めたい人、人生を大きく変えたい人は、生気が生まれる午前中に参拝するのがおすすめです。

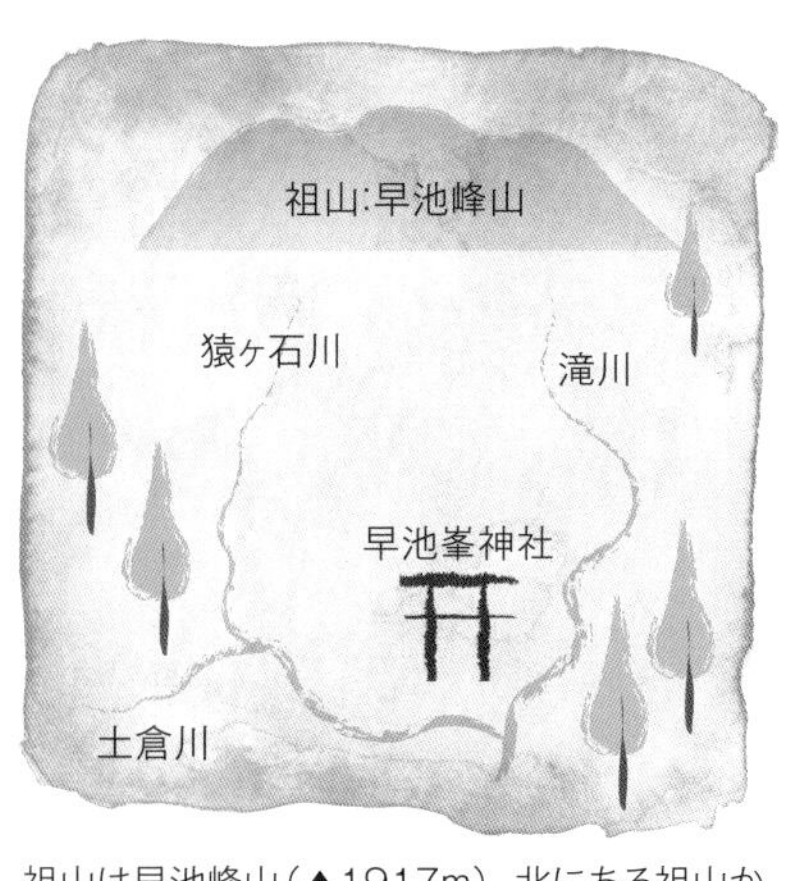

祖山は早池峰山（▲1917m）。北にある祖山から流れてくるよい気が、滝川、猿ヶ石川、土倉川といった川によって神社周辺にとどまっている。絵に描いたように理想的な龍穴地形をしている。早池峰山はカンラン岩などでできている岩山であり、岩山は「金」の気が強かったり、人に道を示してくれるパワーを持つ。

現状打破・豊かさをくれる

岩手県

盛岡城跡公園
烏帽子岩周辺

◎祖山＝岩手山 ☆☆

MORIOKAJOATO KOEN

川の合流地点にある「水龍環抱」の地形。訪れる人に自信を与え、物事に立ち向かう力を与えてくれる。

櫻山神社の烏帽子岩

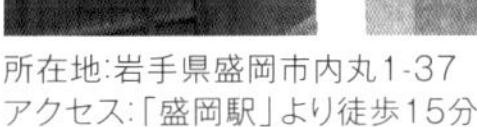
所在地:岩手県盛岡市内丸1-37
アクセス:「盛岡駅」より徒歩15分

南部藩の城、盛岡城の跡地にある公園。公園すべてがパワースポットではなく、公園内にある『烏帽子岩』付近が強い気を発しています。この岩は「南部藩の守り石」として信仰を集め、公園の中にある櫻山神社のご神体となっています。公園内の三の丸跡に行くと、公園側から石に触れることができるので、ぜひ触れて気を吸収してください。

高さ7メートル近い大きさの烏帽子岩の周辺は、強い気を発するパワースポットなので、ゆっくり散策しながら気を体感しましょう。

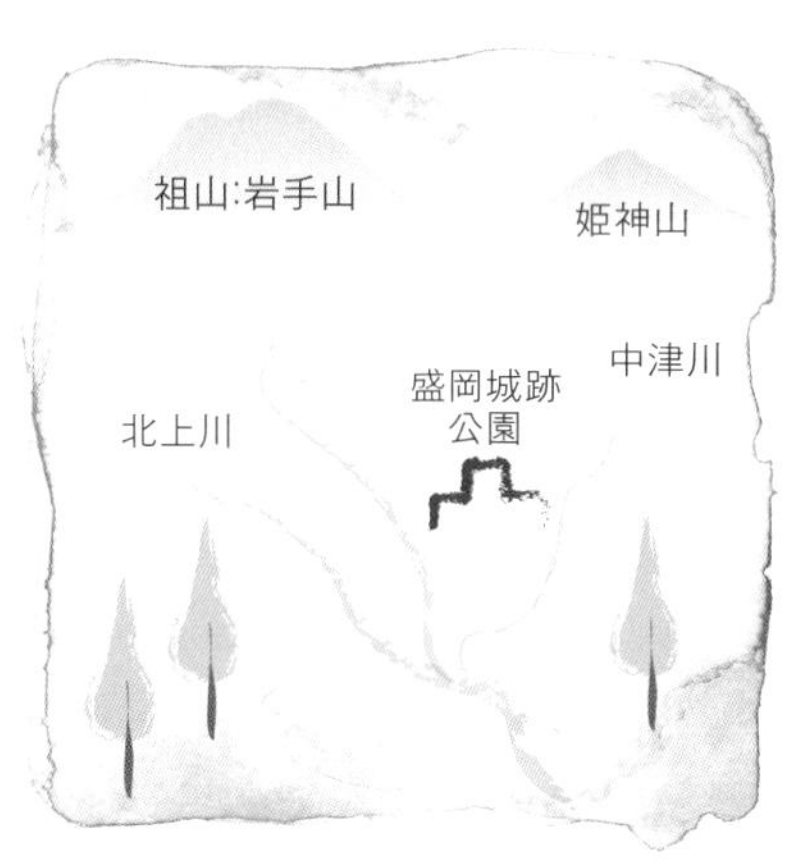

祖山は日本百名山のひとつになっている、岩手県最高峰である岩手山（▲2038m）。岩手山からの龍脈が、中津川と北上川の合流地点であるこのスポットにたまっている。これは「水龍環抱」といって、水と水に囲まれた場所にスポットが生まれる典型的なパターン。土地全体が水の気でうるおい、豊かさの気も強くある。

悪運をリセットする・チャンスをくれる

宮城県

鹽竈神社

SHIOGAMA JINJA

◎祖山＝船形山　☆☆☆☆

浄化作用の強いパワースポット。
悪運をすべて流し、新しいチャンスをもたらす。

楼門（隋身門）

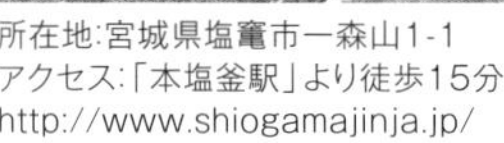
所在地:宮城県塩竈市一森山1-1
アクセス:「本塩釜駅」より徒歩15分
http://www.shiogamajinja.jp/

悪運を流し、新しい良運やチャンスを与えてくれるスポット。『男坂』と『女坂』がありますが、男坂の表参道側から参拝することがポイントです。長い石段を上りますが、その中心部に強い生気が流れているので、石段の真ん中をゆっくり上り、いい気を吸収しましょう。

境内では、本殿の前と『多羅葉（たらよう）の木』の周辺がパワースポット。本殿前には賽銭箱がふたつあり、その賽銭箱の間のゾーンが強いスポットになっているので、そこでゆっくりお参りを。社務所で塩を購入するのもおすすめです。

祖山は船形山（▲1500m）。船形山の持つ清浄で穏やかな気が、七ツ森の山並みを通って鹽竈神社に集まっている。鹽竈神社に強い浄化力があるのは、海からの影響による。松島湾が明堂水となってよい気をため、松島湾に浮かぶ島々が、その気を湾内にとどめるはたらきをしている。

人生を安定させる・幸せを継続させる

宮城県

大崎八幡宮

OSAKI HACHIMANGU

◎祖山＝船形山 ☆☆

船形山や七ツ森の生気を受けた伊達家ゆかりのパワースポット。生気を体に定着させるパワーが強い。

社殿

所在地:宮城県仙台市青葉区八幡4-6-1
アクセス:「仙台駅」よりバスで20分、「大崎八幡宮前」下車、徒歩5分
https://www.oosaki-hachiman.or.jp

伊達家の守護神社である大崎八幡宮は、船形(ふながた)山や七ツ森からの生気を受けたパワースポット。パワーは多少弱く感じるかもしれませんが、体への吸収がたいへんよいスポットです。特に、よい運気を体に定着させるパワーが強いので、今の幸せを継続させてくれたり、よい出来事を自分のベースにすることができます。

強いスポットは拝殿の前。参道には少しだけ陰の気が感じられる場所があるので、やや早足で歩いてください。参拝は午前中がおすすめです。雨の日の参拝はできれば避けましょう。

祖山は船形山(▲1500m)。船形山から七ツ森に流れる生気を、広瀬川の美しい流れが明堂水となって受け止めている。大崎八幡宮や瑞鳳殿はこの龍脈の影響を受けており、瑞鳳殿は、パワーは小さいがプチパワースポットになっている。同じく伊達家にゆかりのある青葉城にはパワーは流れてきていない。

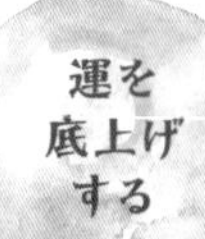

山形県

出羽神社

IDEHA JINJA

◎祖山＝羽黒山　☆☆☆☆☆

羽黒山、湯殿山、月山の生気が集合したパワースポット。悪運を流し、今の自分に必要な運を与えてくれる。

羽黒山、湯殿山、月山は合わせて「出羽三山」と呼ばれ、信仰を集めています。三山の気はそれぞれ異なり、羽黒山の気は男性的で包容力のある強さを持ち、湯殿山は荒々しく厳しい気、月山は優しく穏やかな気を持っています。

これら三山の気が集合している出羽神社は、さまざまな運気を与えてくれるスポットですが、なかでも悪運を流してくれる運気と、今の自分にとって必要な運気を与えてくれるパワー、そして運気を底上げしてくれるパワーは絶大です。

２４４６段の長い石段を上がる参道は、そのまま龍道となっており、その道を歩くだけで、龍の背に乗っているような強い生気と、それとともに運気

出羽三山のひとつ、月山

所在地:山形県鶴岡市羽黒町手向字手向7
アクセス:表参道の石段を上る場合は「鶴岡駅」よりバスで40分、「羽黒随神門」下車
http://www.dewasanzan.jp/

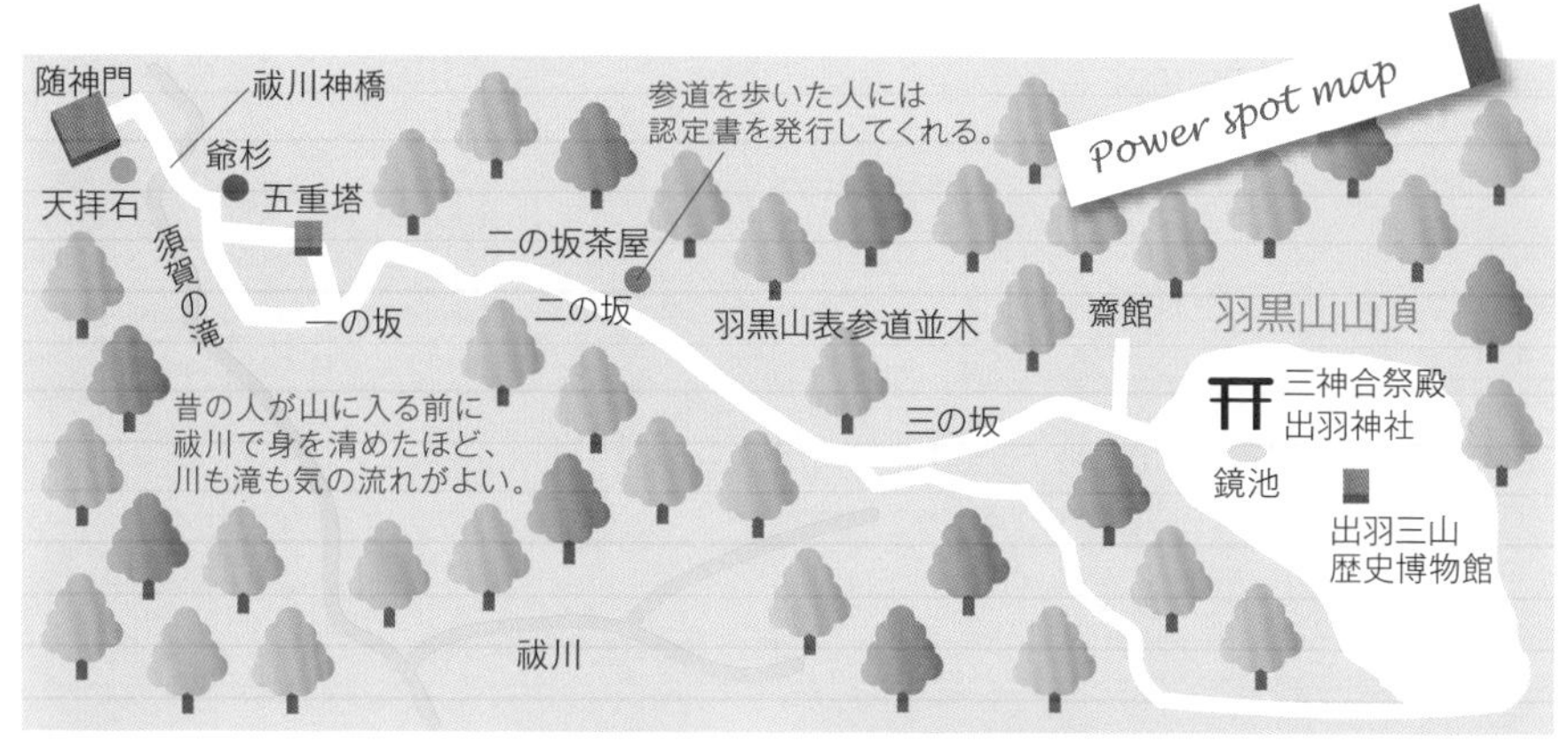

三神合祭殿と鏡池

2446段の石段

が増幅されていくのを感じることができます。時間や体調の都合で長い石段を上れない人は、五重塔の付近まででもいいので歩いてみましょう。

『祓川』や『須賀の滝』は浄化の運気、五重塔付近では豊かさの運気を得ることができます。そこから引き返して、車やバスで山頂にある出羽神社に向かっても同様の運気は得られますが、より強いパワーを体感したい人は、ぜひ長い参道を上って参拝をしてください。

出羽神社の境内では、『三神合祭殿』の前と、『鏡池』付近がパワーを体感できるスポットです。

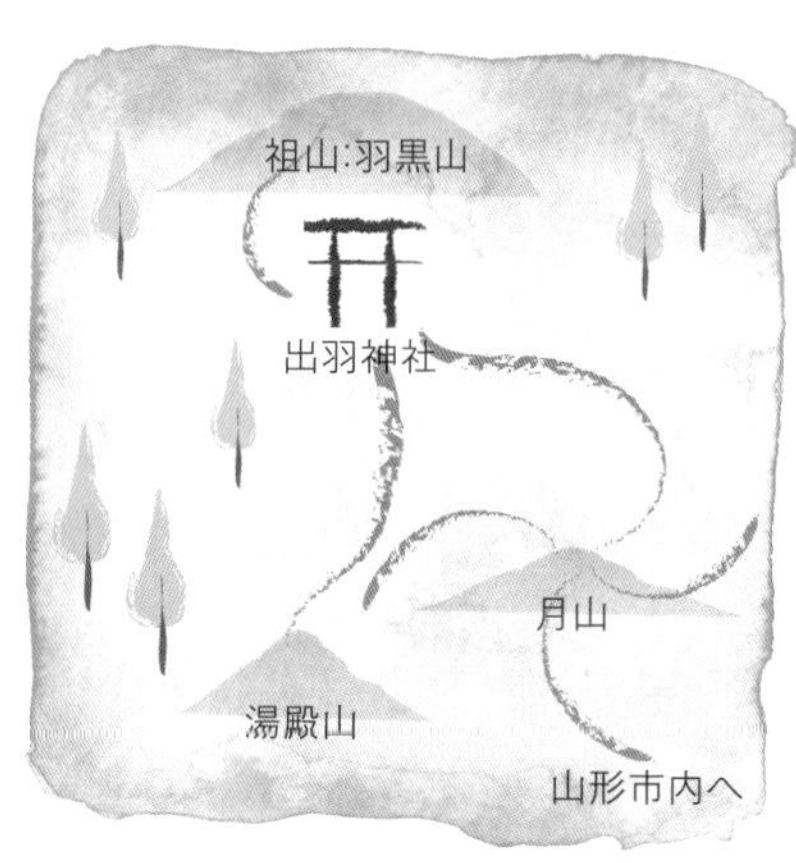

祖山は羽黒山（▲414m）だが、日本百名山のひとつに数えられる月山（▲1984m）や湯殿山（▲1500m）からもそれぞれの山の気が流れ込んで、強力なスポットをつくっている。月山は八方に気を流しており、湯殿山の気は羽黒山方面に北上している。三山の中では月山が最も強い気を持ち、その気は山形市内にも流れている。

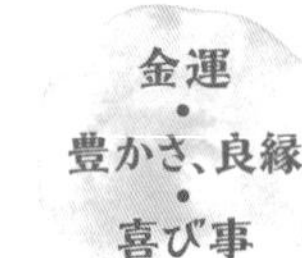

山形県

熊野大社

KUMANO TAISHA

◎祖山＝安達太良山 ☆☆☆☆☆

霊山の生気が集まる
「光」のパワーに包まれたスポット。
願いを叶える「三羽のうさぎ」を探して。

和歌山県の熊野三山、長野県の熊野皇大大社と並ぶ「日本三熊野」のひとつです。日本神話の世界で初めて結ばれたイザナギとイザナミを祭る縁結びの神社であり、「東北の伊勢」として知られています。

祖山である安達太良山（あだたら）や、磐梯山（ばんだい）、月山などの生気が集まり、良縁のほか、金運や喜び事をもたらす「光」のパワーに包まれた神社です。

入り口の大銀杏のあたりから先は、どこにいても「光」のパワーが感じられます。拝殿への階段は、ゆっくり上がってパワーを吸収しましょう。参拝しながらときどき立ち止まって深呼吸するのもおすすめです。

拝殿

所在地:山形県南陽市宮内3707-1
アクセス:「宮内駅」より徒歩15分
https://kumano-taisha.or.jp

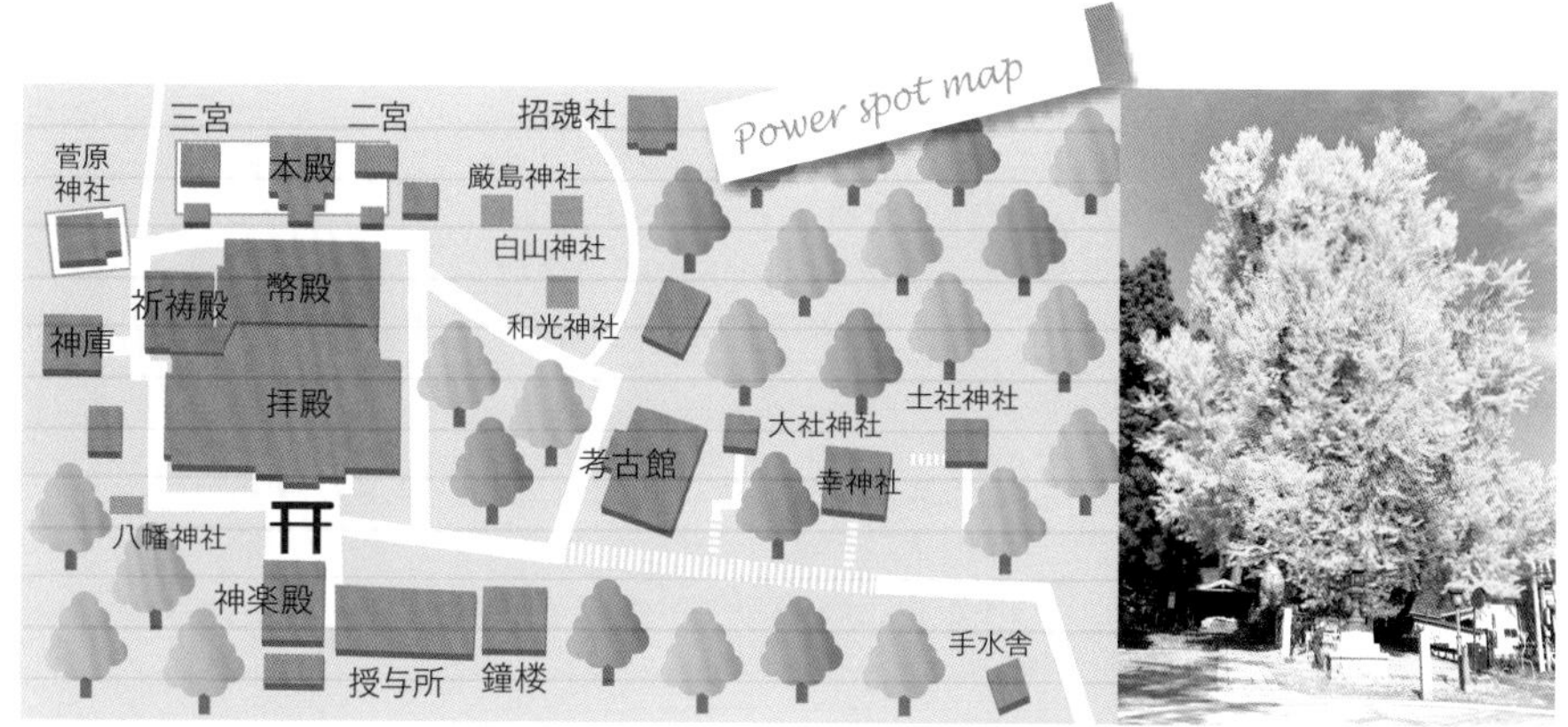

ご神木の大銀杏 *Photo by Yuchiku Rinoie*

結ひうさぎ *Photo by Yuchiku Rinoie*

本殿裏の「三羽のうさぎ」 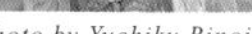 *Photo by Yuchiku Rinoie*

特にパワーが強い本殿の裏には、『三羽のうさぎ』が隠し彫りされています。うさぎは縁結びの使者として神話にも登場し、「三羽をすべて見つけられた人は願いが叶う」という言い伝えが。

ただし、うさぎがどこにいるか人に聞いたり、人に教えると御利益がなくなるといわれています。見つけられた人は、そっと胸にしまっておいて。見つけられなくても「三羽のうさぎ」周辺にいるだけでパワーが得られます。おみくじつきの縁起物『結ひ（ゆわ）うさぎ』をお土産に持ち帰ると、願いが叶いやすくなります。

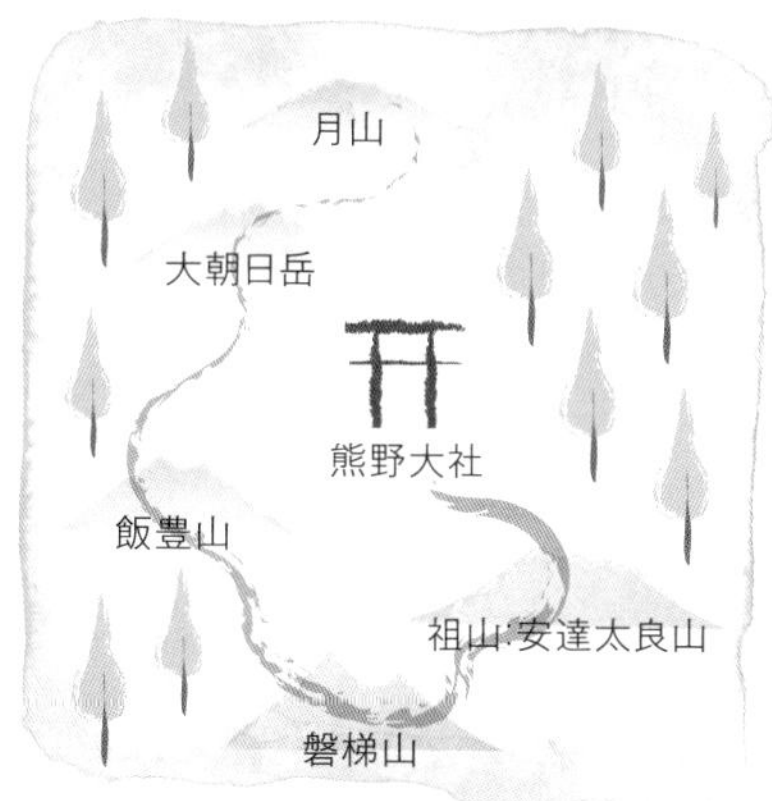

安達太良山（▲1728m）のほか、磐梯山（▲1816m）、飯豊山（いいでさん、▲2105m）、大朝日岳（▲1871m）、月山（▲1984m）などの山々に囲まれている。これらの霊山から降りてくる生気が、山々に守られるようにしてこの地に満ちている。赤湯温泉に近く、新幹線からのアクセスもよいパワースポット。

やる気がアップ・才能を開花させる

山形県

鳥海山大物忌神社 吹浦口之宮

CHOKAIZAN OMONOIMI JINJA FUKURAKUCHINOMIYA

◎祖山＝鳥海山　☆☆☆

間違いを正し、方向を示してくれるパワースポット。才能を開花させる運気も。

鳥海山はその姿を見ているだけで、やる気や発展を促してくれる霊山。その気を受け取る大物忌神社は、若さや発展、生命力を与えてくれるパワーが強くあります。また、鳥海山は「物事を正す」という性質を持っているので、自分や周囲の間違いを正し、よりよい状況に導いてくれる運気もあります。ただ、この山は、すぐには人を寄せ付けない気高さのある山なので、きちんとした志を持って向き合うことが大切です。

この神社の「大物忌」という名前からも、この山の気が不浄を嫌い、強い浄化力を持っているのが分かるはずです。この山の気と同調することで、

鳥海山と鳥海湖

所在地：山形県飽海郡遊佐町大字吹浦字布倉1
アクセス：「吹浦駅」より徒歩8分
http://www9.plala.or.jp/thoukai/

自分自身の才能を大きく開花させることができます。

鳥海山の山頂には本宮が、麓にはふたつの里宮があります。その里宮のひとつである吹浦口之宮(ふくらくちのみや)には、拝殿の前にパワーが集まっているので、ゆっくりと参拝をしましょう。

この地では、神社に参拝するというよりは、雄大な鳥海山を眺め、その懐に向かっていくのが最も運気を得ることにつながります。

日本海沿いの道からも鳥海山を眺めることができるので、ドライブをしながらパワーを吸収してください。

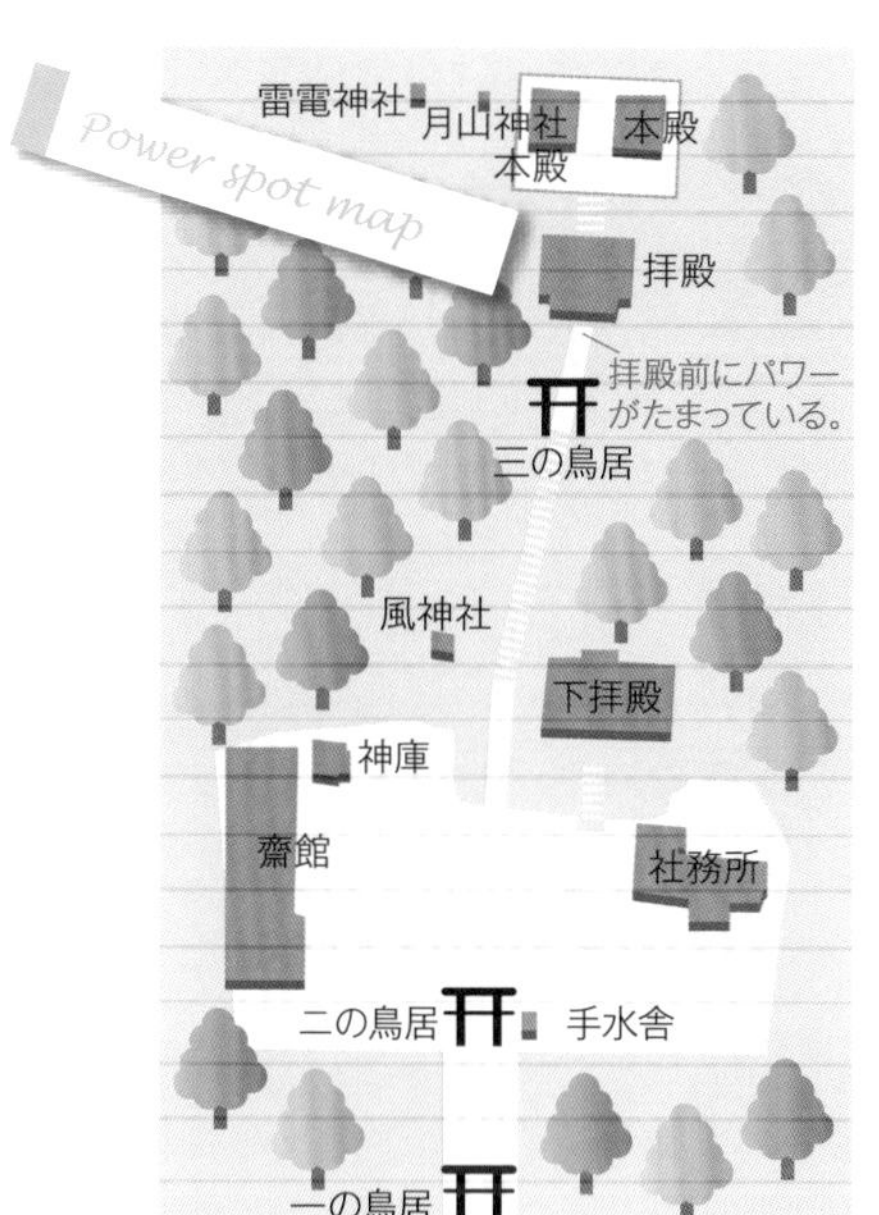

祖山:鳥海山
日本海
鳥海山大物忌神社
吹浦口之宮

祖山は出羽富士とも、秋田県では秋田富士とも呼ばれる日本百名山·日本百景のひとつ鳥海山(▲2236m)。鳥海山は青いオーラを放つ霊山で、とても強いパワーを持っている。八方に気を流しており、それらの龍脈のうちのひとつが、吹浦口之宮付近にも来ている。ただ、龍脈そのものからは多少外れている。

拝殿および本殿

二の鳥居

願いを叶える・身の安全を守る

福島県

伊佐須美神社

ISASUMI JINJA

◎祖山＝磐梯山、明神ヶ岳 ☆☆☆

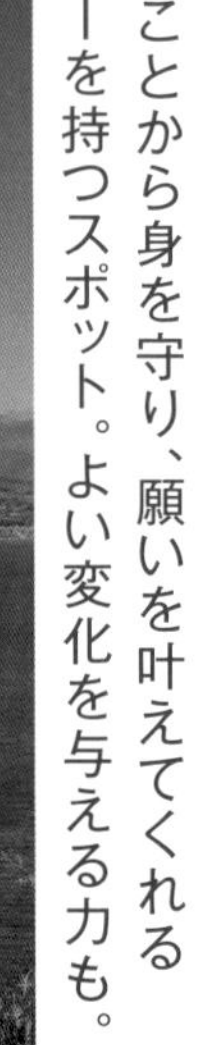
悪いことから身を守り、願いを叶えてくれるパワーを持つスポット。よい変化を与える力も。

磐梯山と猪苗代湖

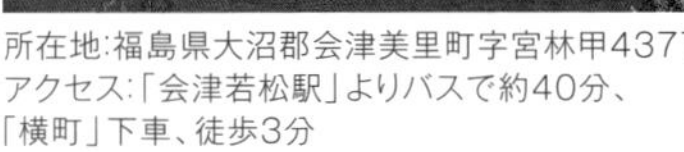
所在地：福島県大沼郡会津美里町字宮林甲4377
アクセス：「会津若松駅」よりバスで約40分、「横町」下車、徒歩3分
https://isasumi.or.jp

磐梯山は、気性が激しく変化の運気を持つ山。明神ヶ岳は、穏やかで安定の運気を持つ山。異なる性質を持つ山に挟まれた場所にある伊佐須美神社は、ふたつの山のよい面を併せ持つスポットです。

この地の持つ運気は悪いことから身を守り、現実的な願いをひとつ叶えてくれるというもの。複数の願いがあっても、ひとつだけを告げましょう。

いちばん強いパワーがある『飛龍の藤』という木は、幹が渦を巻くようにねじれています。この地のパワーは、らせんを描いて上昇しているため、このような形になったのかもしれません。

会津富士、会津磐梯山とも呼ばれる、日本百名山のひとつ磐梯山（▲1819m）と明神ヶ岳（▲1074m）に挟まれたパワースポット。少し離れたところにある猪苗代湖も、伊佐須美神社に龍脈を引き寄せるはたらきをしている。

Chapter
4
関東地方
日光二荒山神社 本社
日光二荒山神社別宮 瀧尾神社
日光二荒山神社 中宮祠
日光東照宮
中禅寺 立木観音
宇都宮二荒山神社
御岩神社
水澤寺
榛名神社
妙義神社
三峯神社
高麗神社
香取神宮
田無神社
神田明神
明治神宮
皇居外苑
大山阿夫利神社
玉前神社
鶴岡八幡宮
江島神社
箱根元宮
箱根神社

群馬県

榛名神社

HARUNA JINJA

◎祖山=榛名富士 ★★★★★

天と地のパワーが合流した稀有なスポット。大きな願いを叶え、運気が細胞から変わっていく。

天のパワーと地のパワーが合流し、強大な運気をため込んでいる、日本でもまれなスポット。

通常、天のパワーは媒体を通して降りてきますが、この地は岩山の持つ強いパワーが天の気を地上に引き寄せているようです。そのため、ここでは、パワースポットで体感できる下から吹き上がってくる土地の気以外に、上から降ってくる天の気も感じられます。目線を上げるなどして、天から降り注ぐ気をしっかり受け取りましょう。

天の気を持つスポットの特徴は「大きな願いが叶いやすい」「運を根本から改善してくれる」ということ。ここでは、小さな願い事よりも、この後の人生に影響を及ぼすような大きな願いを伝えるようにしましょう。境内を歩いているだけで、運気

榛名富士と榛名湖

所在地:群馬県高崎市榛名山町849
アクセス:「高崎駅」よりバスで1時間10分、「榛名神社」下車、徒歩15分
http://www.haruna.or.jp/

が細胞から変化するほどの強運体質をつくってくれます。

いちばん強いスポットは『御姿岩（みすがた）』を背後に従える本殿の前ですが、『随神門（ずいしん）』を抜けた先はどこも強いパワーを発しているので、参道はゆっくりと歩いて、よい気を体感しましょう。

『御水屋（おみずや）』まで歩いたら一度立ち止まり、石段の前方にある御姿岩を見上げてください。天の気を受け取るためには、ここでしっかりと岩山を見る必要があります。

また、石段を数段上ったら、振り返って『瓶子（みすず）の滝』を眺めましょう。そうすることで、天から受け取った運気を体内に定着させることができます。

Power spot map

御姿岩
本殿
双龍門
社務所
御水屋まで来たら上方の御姿岩を見上げて。
神楽殿
神門
御水屋
石段を上がると本殿があり、その前が強力なパワースポット。
矢立杉
神幸殿
瓶子の滝
万年泉
神橋
塞神社
榛名川
行者渓
朝日岳
本殿に向かう参道の途中によい気が流れている。
夕日岳
三重塔
水琴窟
鞍掛岩
随神門

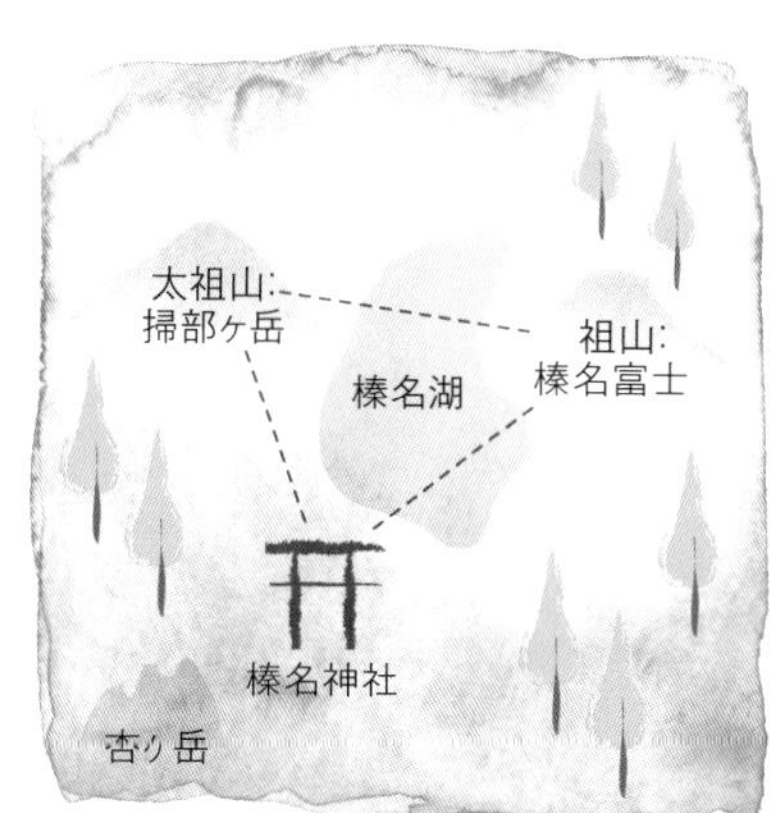

太祖山は榛名外輪山の西の一角に位置する榛名最高峰、掃部ヶ岳（かもんがたけ、▲1449m）。祖山は榛名富士（▲1391m）。ふたつの山と榛名神社は榛名湖を囲むようにして三角形を描く位置にあり、そのエリア内で気が生じている。その際、岩山があることがパワースポットの条件となるが、それも満たしている。

本殿と御姿岩

双龍門と鉾岩

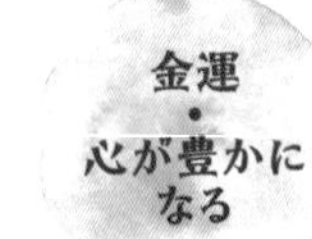

群馬県

水澤寺

MIZUSAWA DERA

◎祖山＝水沢山
☆☆☆

さまざまな意味で「豊かさ」を与えてくれるスポット。『六角堂』では願いを告げて。

やわらかく、優しい気に満ち、心や生活を豊かにする運気を得ることができます。おすすめは、前ページの榛名神社とセットで訪れること。その場合はこちらの水澤寺から先に訪れると、運気をよりよく吸収できます。駐車場脇から入った人は、一度境内を抜けて正面から入り直しましょう。

この土地でいちばん強いスポットは、本堂の横にある『六角堂』で、安置されているお地蔵さまが台座ごと回転するようにつくられています。現実的な願いが叶うスポットなので、現状に即した願い事を唱えながら左に3回、回してみましょう。健康運を願う人はお線香を供え、金運を願う人は、鐘楼で鐘をつくのもおすすめです。

本堂

六角堂

飯縄大権現
いちばんパワーが強いのは六角堂の前。
本堂
十二支の守り本尊
六角堂
釈迦堂
龍王弁財天
納札堂
駐車場
仁王門
鐘楼
御札場
御札場
参道
駐車場から入った場合は正面から入り直すとよい。
Power spot map

祖山は、おにぎりの形をした水沢山（▲1194m）。水沢山は美しく、優しい気を持つ霊山。この周辺でわき出る良質の水が、水沢山の気をこの寺にとどまらせている。また、掃部ヶ岳から杏ヶ岳へとつながる山並みの気や榛名富士、そして榛名湖も、水澤寺に生気を与えている。

所在地:群馬県渋川市伊香保町水沢214
アクセス:「渋川駅」よりバスで1時間、「水沢観音」下車
https://mizusawakannon.or.jp/

出世運・生命力アップ・チャンスをくれる

群馬県

妙義神社

MYOGI JINJA

◎祖山＝妙義山　☆☆☆☆

天の気を持つ山、妙義山が祖山。発展や出世の運気を与えてくれる。

総門

所在地：群馬県富岡市妙義町妙義6
アクセス：「松井田駅」よりタクシーで10分、または徒歩40分
https://www.myougi.jp

妙義山はその存在自体が強力なパワーを発しており、特にギザギザに尖った山頂部を眺めることで、この地に降りる天の気を受け取ることができます。妙義神社は社に降りる龍が現在休眠期に入っているため、山から生じる運気に比べ、少し弱めです。ただ、この龍はあと数年で目覚め、活動期を迎えると思われるので、今後の気の流れに期待できます。

境内では、鳥居をくぐる前の石段付近に強い気が感じられます。休眠期に入っている土地は、午前中に出かけることで運気を最大限に受け取れるので、早めの時間に出かけましょう。

祖山は、赤城山、榛名山とともに上毛三山のひとつに数えられ、日本百景に選定されている妙義山（▲1104m）。妙義山は相馬岳、金洞（こんどう）山、白雲山など複数の山の総称で、ギザギザに尖った形からしても、典型的な「火」の気を持つ山。妙義神社は白雲山の中腹にある。妙義山のほかに、浅間山（▲2568m）の気もこのスポットに流れ込んできている。

ステイタスアップ・戦いに勝つ・願いを叶える

栃木県

日光東照宮

NIKKO TOSHOGU

◎祖山＝男体山 ☆☆☆☆☆

江戸に生気を送るためにつくられたパワースポット。今もなお、日本を守護し続けている。

唐銅鳥居と陽明門

所在地：栃木県日光市山内2301
アクセス：「東武日光駅」または「日光駅」より徒歩36分
https://www.toshogu.jp/

徳川家康公が眠る日光東照宮は、祖山である男体山（なんたいさん）からの力強い生気と、女峰山（にょほうさん）からのやわらかい生気が交わった、陰陽のバランスのとれた強力なパワースポットです。

この土地は風水師でもあった南光坊天海（なんこうぼうてんかい）が、見事な点穴（龍穴を探し出すこと）を行なって、意図的にパワーを江戸の町へ送り込むよう設計した、まさに理想的な風水スポット。生命力を強め、出世や物事に向かっていく運気、ステイタスを上げるパワーなど、「上昇」に関する運気を強く与えてくれます。

東照宮には見どころがたくさんありますが、この土地から運気を吸収するためには、生気の発生源である家康公の墓所に赴きましょう。ここは有名な「眠り猫」の先にあり、参道から墓所のある奥宮へ向かう道がまさに龍道となって生気を発しています。奥宮では、順路に沿って『宝塔』の周りを歩きましょう。その際、宝塔の真横と真後ろ（左ページ上イラスト参照）で一度立ち止まって、この土地の気を体感してください。宝塔周りの気はクロスして流れているため、その地点に立ち止

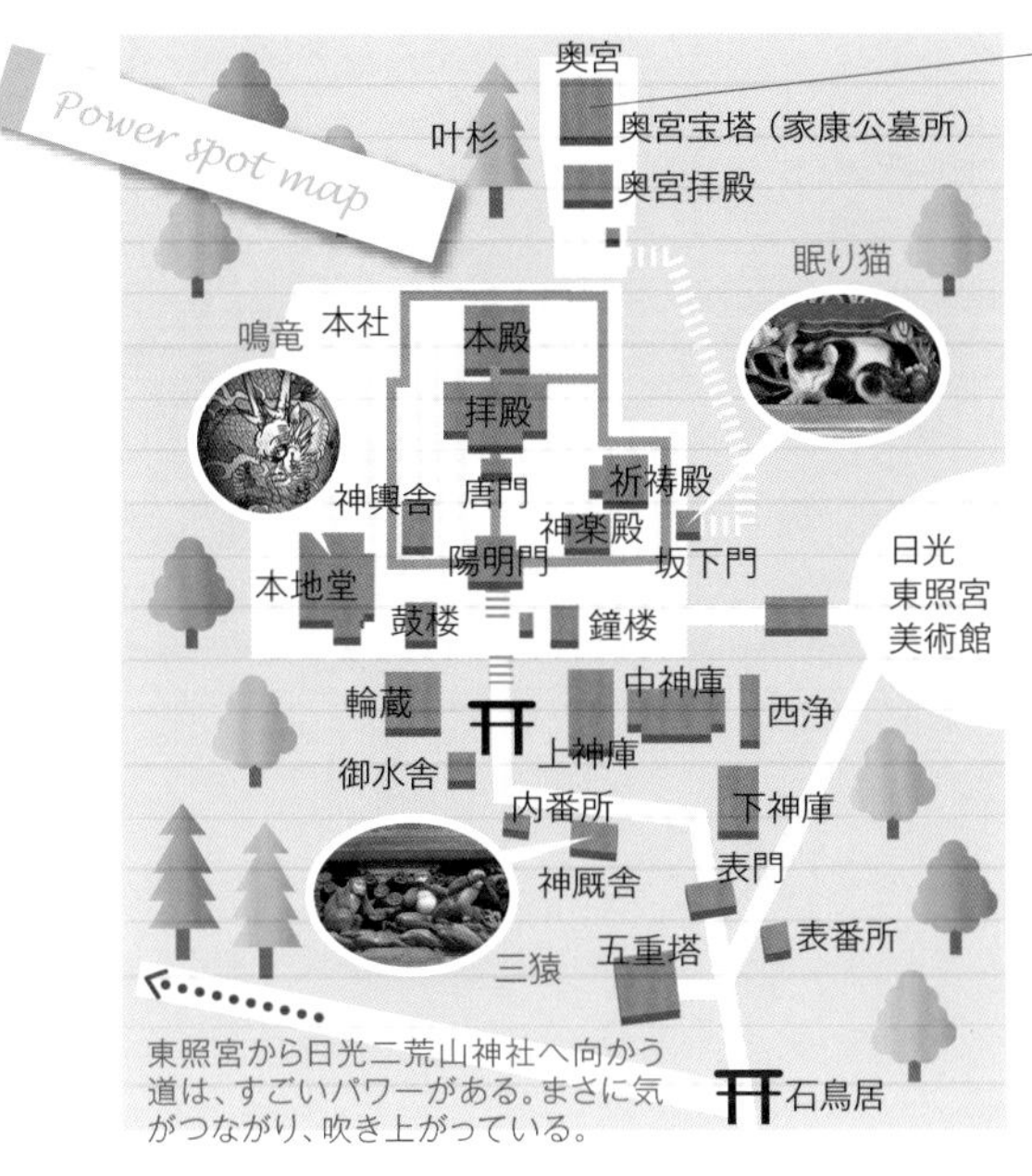

東照宮のパワーの源は徳川家康公の墓所周辺にある。眠り猫の先にある家康公の墓所へ向かう道にも強いパワーがある。奥宮では順路に沿って家康公の墓所の周りを歩くとよい。墓所のところで気がクロスするようになっているので、そこで立ち止まるとよい。

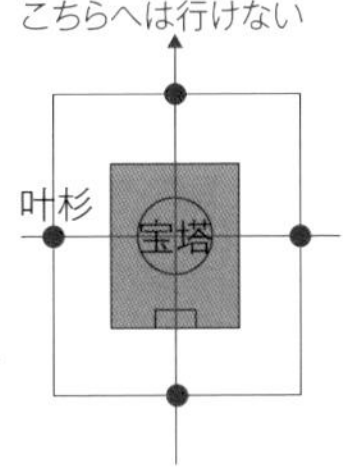

日光二荒山神社と東照宮をつなぐ参道

まることで強い生気を吸収することができるのです。奥宮拝殿そばの井戸水にも触れて土地の気を定着させましょう。

ただし、ここは墓所なので、騒いだり、マナー違反の行為は厳禁です。敬意を表しながら、ゆっくりと参拝してください。

東照宮を訪れた後には、隣にある日光二荒山神社へ参拝を。東照宮から二荒山神社へ向かう参道は、強力なパワーを発する場所。東照宮から歩いていくことで、より強い生気をもらえます。ここで写真を撮って生気を写すのもおすすめです。

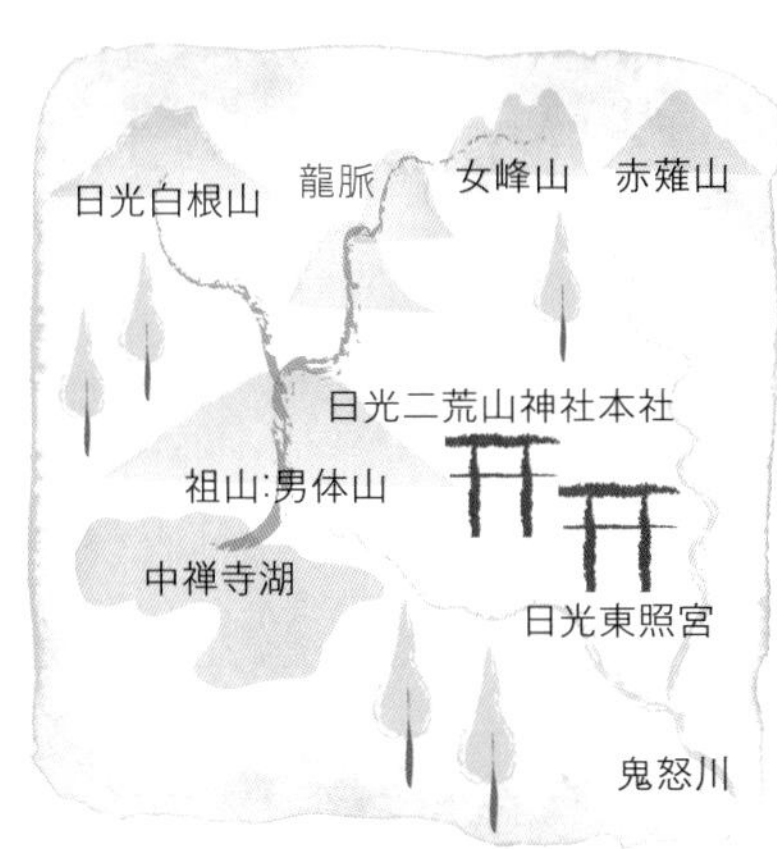

祖山は日本百名山のひとつに数えられる男体山（▲2486m）。男体山からの龍脈は、日光白根山（▲2578m）や女峰山（▲2483m）から生じた龍脈とひとつになって、中禅寺湖でひと休みする。それらの龍脈は、日光東照宮や日光二荒山神社本社などを通過点として、最終的には東京に生気を送り込んでいる。

愛情運・金運

栃木県

日光二荒山神社 本社

NIKKO FUTARASAN JINJA HONSHA

◎祖山＝男体山 ☆☆☆☆☆

恋愛運や金運を与えてくれるパワースポット。お水取りでさらに運気を吸収。

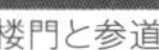

楼門と参道

所在地:栃木県日光市山内2307
アクセス:「東武日光駅」または「日光駅」より徒歩40分
http://www.futarasan.jp/

東照宮から続く参道より境内に入った人は、いったん神門を出て、入り直してから参拝を。拝殿は靴を脱いで上がってお参りし、化灯籠のある神苑へ。恋愛運が欲しい人は『朋友神社』で、金運の欲しい人は『大国殿』でお参りしてください。

『二荒霊泉』では、水に触れることで得た運気が定着します。水を飲んだり触れたりしましょう。

また、大国殿の裏に位置する『高天原』と呼ばれる場所は最もパワーの強い場所。深呼吸しながら温かい気を体感しましょう。神聖な場所なので、中に入るなど失礼な行為は厳禁です。

二荒霊泉

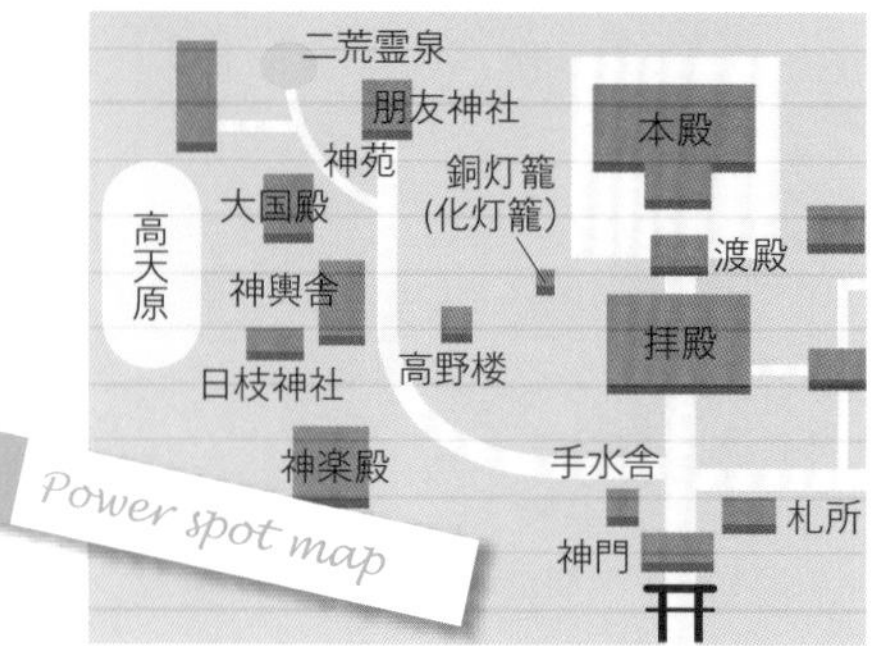

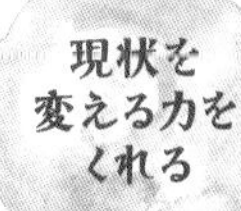

栃木県

日光二荒山神社中宮祠

◎祖山＝男体山 ☆☆

NIKKO FUTARASAN JINJA CHUGUSHI

男体山の持つ生気をダイレクトに受けられる場所。変化の運気ももたらしてくれる。

男体山

所在地：栃木県日光市中宮祠2484
アクセス：「東武日光駅」または「日光駅」よりバスで50分、「二荒山神社中宮祠」下車、徒歩1分
http://www.futarasan.jp/

右ページの二荒山神社本社と、祖山である男体山の山頂にある奥宮との間に位置するため、「中宮祠」と名前がつけられた神社です。中禅寺湖の湖畔にあり、奥宮、男体山への登山口になっています。

ここの気は強力ではありませんが、山頂の奥宮から流れてくる気と、男体山の持つ運気をダイレクトに受けることができます。現状をよい方向に変えてくれる運気もあるので、変化の運気が欲しい人はぜひ訪れてみてください。

また、登山道を登らなくても、入り口から男体山を見上げることでパワーを吸収できます。

日光白根山
赤薙山
女峰山
鬼怒川
祖山：男体山
二荒山神社
中宮祠
中禅寺湖
中禅寺
立木観音

祖山は男体山（▲2486m）。日光二荒山神社は男体山へ登っていく場所にあるため、訪れることで男体山の「上昇する」「向かっていく」「運を変える」という気をより強く得ることができる。P70の中禅寺 立木観音は、日光の複数の龍脈が合流する中禅寺湖畔にある。

愛情運・金運・健康運・子宝運

栃木県

日光二荒山神社 別宮 瀧尾神社

NIKKO FUTARASAN JINJA BETSUGU TAKINOO JINJA

◎祖山＝男体山、女峰山

★★★★★

男体山、女峰山から流れ出たパワーが凝縮された、隠れ家のようなパワースポット。豊かな「水」の気が実りをもたらします。

瀧尾神社は、日光東照宮から歩いて20～30分のところにある隠れ家的パワースポット。人にあまり踏み荒らされていないこともあり、このあたりでは最も強いスポットです。

この一帯に強いパワーをもたらしているのは、男体山と女峰山。このふたつの山から流れてきた気は、この瀧尾神社にいったん集結し、そこから東照宮へと流れていきます。その意味では、日光のパワーの源はここだといっても過言ではないでしょう。ただ

本殿・拝殿

所在地:栃木県日光市山内
アクセス:「東武日光駅」または「日光駅」より徒歩1時間
http://www.futarasan.jp/

し、瀧尾神社の気は東照宮や二荒山神社のものとはやや異なっており、二荒山神社と東照宮がどちらかというと男性的な気を持つのに対し、瀧尾神社の気は「水」の気が強く、女性的。そのため、女性には特におすすめのスポットです。

この土地で得られる運気は健康、愛情、金運といった「水」にかかわる運気。「水」は豊かさや「実り」をもたらしますから、子宝にも恵まれやすくなります。

鳥居をくぐる前には、鳥居に開いた穴をめがけて石を投げる運試しを。3回のうち一回でも穴を通ればよいことが起こるといわれています。

境内で最もパワーが強いのは、『瀧尾三本杉』の前。『子種石』の前でも大地を震わせるような強いパワーが感じられます。人によってはビリッとしびれるような感覚があるかもしれません。なお、三本杉の手前にある『無念橋』を年齢と同じ歩数で渡ると、女峰山の奥宮まで行ったのと同じことになり、願いがかなうといわれていますので、ぜひチャレンジしてみてください。

小石を投げて運勢を占う、運試しの鳥居

子種石

瀧尾三本杉

愛情運・良縁・願いを叶える

栃木県

中禅寺 立木観音

CHUZENJI TACHIKI KANNON

◎祖山＝男体山 ☆☆

現実的な願いを叶えてくれる。境内にある愛染明王には、良縁を授けるパワーも。

山門

所在地:栃木県日光市中宮祠2578
アクセス:「東武日光駅」または「日光駅」よりバスで50分、「立木観音・遊覧船発着所」下車、徒歩1分
https://www.rinnoji.or.jp/temple/chuzenji/

中禅寺湖の湖畔にある、「水」の気を受けたパワースポットです。この土地には「金」の気があるため、「水」の影響を受けて、その「金」の気がより増幅しています。体を突き抜けるようなパワーはありませんが、ゆっくりじわじわと体に入り込み、幸福感を与えてくれます。

ここでは、愛情や金運、家族の平和や健康に関する願い事を。今の生活に即した願いが効果的です。良縁を願う人は境内にある『愛染(あいぜん)堂』へ。ここに赤い旗を奉納して祈願すると、結婚へと向かう縁に恵まれやすくなります。

愛染堂に祭られる愛染明王像

五大堂

リラックス・心が優しくなる

栃木県

宇都宮二荒山神社

UTSUNOMIYA FUTAARAYAMA JINJA

◎祖山＝男体山 ☆☆

凝り固まった心をほぐしてくれるスポット。女性は女性らしく、男性は男性らしくなれる。

参道と神門

所在地：栃木県宇都宮市馬場通り1-1-1
アクセス：「東武宇都宮駅」より徒歩15分
http://futaarayamajinja.jp

この土地の持つ気は穏やかで、心が優しくなるパワースポットです。境内には優しい「水」の気が流れています。特に拝殿の前や、拝殿に向かって左手にある木の周辺に強い気の流れが感じられます。東京へ気を送り込むための通過地点にあたるスポットはいくつかあり、ここもそのひとつ。そばを流れる鬼怒川も龍の通り道になって、悪い気を流してくれています。

ここにある『明神の井』には小さいながらパワーがあり、お水をいただくと女性には美しい容姿や優しさを、男性には包容力を与えてくれます。

祖山は男体山（▲2486m）。日光東照宮や日光二荒山神社などを通過した龍脈がここを通過し、東京へ流れていく。鬼怒川に龍脈が流れているわけではないが、かつては穏やかな流れを意味する「衣川」と呼ばれ、明堂水として龍脈を誘導したり、悪い気を流すパワーを持っている。

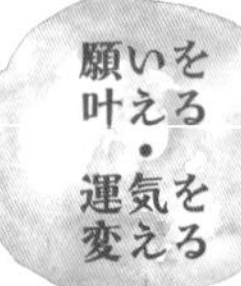

茨城県

御岩神社

OIWA JINJA

◎祖山＝御岩山 ★★★★★

天と地をつなぐ
天壌の運気を持つ強力なパワースポット。
願いを叶える霊山の生気を吸収して。

霊山・御岩(おいわ)山の麓に鎮座する、188柱の神様を祭る神聖な神社。日本最古の書物のひとつである『常陸国風土記』にも「かびれの高峰(御岩山の古称)に天つ神鎮まる」として記され、古代信仰や神仏習合色が残る神社でもあります。

御岩山は、天から強い力で引っ張られたかのように隆起した山。天と地をつなぐ「天壌」の運気を持つ強力なパワースポットなので、願いを天に届けることができます。また変化の運気を持つため、人生を変えたい人はぜひ訪れて。

御岩神社のご神体は御岩山の山頂。拝殿の左手から入る表参道から登拝ルートを進みます。途中に地層が白亜紀からカンブリア紀に変わる場所

拝殿
Photo by Yuchiku Rinoie

所在地:茨城県日立市入四間町752
アクセス:「日立駅」よりバスで35分、「御岩神社前」下車、徒歩2分
https://www.oiwajinja.jp

があり、このあたりから、よりパワーが強くなります。さらに登っていくと、裏参道との合流地点の手前に、かびれ神宮があるので参拝を。

山頂まで行き、開けた景色に向かって右手奥へ進むと石柱『立石』があり、左手の崖道を奥へ行くと岩陰に赤い石があります。いずれも強いパワーを持ちますが、特に『立石』の付近は強い気が満ちているので、深呼吸をして気を吸収して。石に触れるなどの不敬な行為は慎んでください。

午後3時以降は入山できず、登拝ルートに売店やお手洗いはありません。険しい山道を長時間歩くので、十分に準備をした上で参拝を。

特に表参道からは険しい道が続きます。自信がない人は、比較的歩きやすい裏参道から登り裏参道から戻りましょう。山登りが難しい方は、拝殿にお参りし、表参道と裏参道の入り口にあるしめ縄をくぐってください。山頂には行けなくても、拝殿の前やご神木の三本杉、拝殿右奥の木のあたりも生気が強いスポットです。ゆっくり参拝して、気を吸収をしましょう。

境内図内*Photo by Yuchiku Rinoie*

三本杉

埼玉県

三峯神社

MITSUMINE JINJA

◎祖山＝白岩山　☆☆☆☆☆

強い意志を持つ人に強力な運気を与えてくれるスポット。目標を達成するための後押しも。

拝殿

所在地:埼玉県秩父市三峰298-1
アクセス:「西武秩父駅」よりバスで1時間30分、「三峯神社」下車
https://www.mitsuminejinja.or.jp/

三峯神社の気は強くて密度が高く、強い心を持つ人に大きな運気を与えてくれます。ここを訪れるのは、明確な目標があったり、やる気がみなぎっているときが最もおすすめです。境内に満ちている気は強力で、歩いているとピリピリと痛みを感じることも。気が最も強いのは、拝殿の前と、拝殿に上がる石段横にある杉の木周辺です。木に触れるなどしてパワーを吸収してください。

この土地はとても強い運気を与えてくれますが、心が弱っている人を受け入れてくれる優しい気ではないので、自分の状況を考えて出かけましょう。

三峯神社
妙法ヶ岳
生気
祖山：白岩山
雲取山

祖山は白岩山（▲1921m）。雲取山（▲2017m）、妙法ヶ岳（▲1329m）を合わせた三山を「三峯山」とも呼ぶ。白岩山は脇の両山の気が激しくぶつかり合うことで強いパワーを得ている。これら秩父山系は富士山の生気を東京へ流す山のルートのひとつ。三峯神社には山々の強い気が流れ込んでいる。

出世運・財運・ステイタスアップ

埼玉県

高麗神社

KOMA JINJA

◎祖山＝物見山 ☆☆☆

今いる場所で「トップ」に上り詰める運気を与えてくれる、出世の運気をもらえる神社。

狛犬と本殿

所在地:埼玉県日高市大字新堀833
アクセス:「高麗川駅」より徒歩20分
https://komajinja.or.jp/

創建1300年余り、朝鮮半島から渡来した高句麗（こうくり）人たちによって建立された、歴史の古い神社。参拝後に内閣総理大臣になった人物が6人もいることから「出世の神社」として名が知られています。風水的に見ると、自分が身を置く場所で上昇へと導いてくれるスポット。今の自分のベースをより強靱にし、そこから昇っていく運気を与えてくれます。

ここでの気の体感スポットは、参道の途中の2匹の狛犬に挟まれている場所です。ゆっくりと深呼吸して上昇の運気を吸収してください。

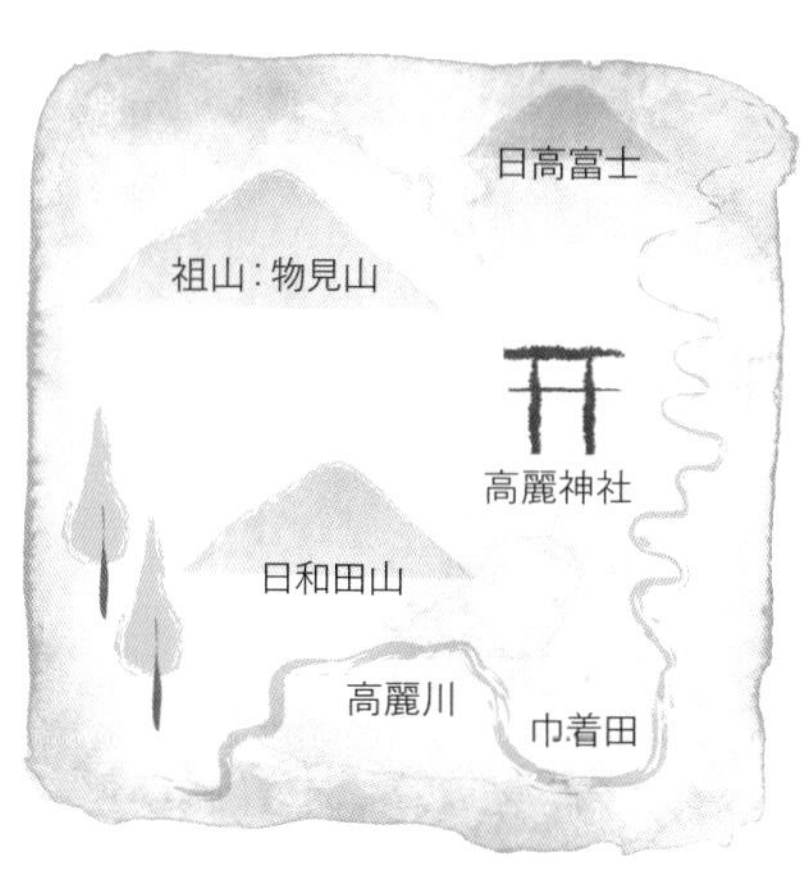

祖山は物見山（▲375m）。日和田山（▲305m）と日高富士（▲220m）が砂となり、高麗川がよい気を境内に引き寄せている。この土地が持つ出世運は、蛇行して流れる高麗川によるもの。

物事の成長・仕事の発展

千葉県

☆☆☆☆

香取神宮

KATORI JINGU

成長と発展の運気を持つパワースポット。やる気を促し、人生に光を与えてくれる。

総門

Photo by Yuchiku Rinoie

所在地:千葉県香取市香取1697-1
アクセス:「香取駅」より徒歩30分
https://katori-jingu.or.jp/

湿地帯からもたらされた「水」の気によって生まれた、稀少なスポット。通常、「水」の気から生じたスポットは「金」の気を生み出すことが多いのですが、この土地の気は成長と発展をもたらす「木」の気に注がれています。

パワーは小さいながらも体感度が強く、総門をくぐると、体が浮くような上昇の気が感じられます。境内は爽やかな「木」の気に満ちているので、拝殿と本殿の周りを一周して運気を吸収しましょう。

本殿の裏に向かう道にある大木のあたりも強いスポット。木を見上げて生気を体感して。

霞ケ浦
北浦
鹿島神宮
利根川
香取神宮

湿地帯で、しかも近くに祖山となる霊山もないという、珍しいパワースポット。霞ケ浦や北浦、利根川の水の流れがパワーの源になっている。近くには鹿島神宮もあるが、「気を受け流す」という性質の場所にあるため、そこには気がたまらずに、こちらにパワーが集まっている。

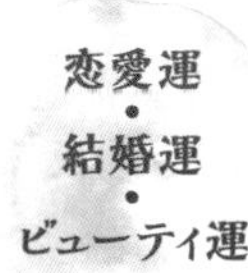

千葉県

玉前神社

TAMASAKI JINJA

◎祖山＝軍茶利山

☆☆

縁に関するパワーの強いスポット。恋愛運が欲しい人に特におすすめ。

所在地：千葉県長生郡一宮町一宮3048
アクセス：「上総一ノ宮駅」より徒歩10分
https://www.tamasaki.org/

鳥居と子授けイチョウ

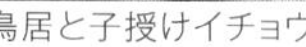

千葉県には強い霊山がないためにパワースポットができづらいのですが、ここは、軍茶利山（ぐんだりさん）と一宮川（いちのみやがわ）の気が偶然重なって生じたスポットです。気はさほど強くはないのですが、吸収率や体感率のいい土地で、歩いていると温かく心地よい気を感じられるでしょう。

境内には素足で歩ける場所があるので、ぜひ歩いてみてください。また、境内にある『さざれ石』付近もスポットですから立ち寄ってみましょう。

ここでは、お水取りもお砂取りもできるので参拝後にいただいて帰るのもおすすめです。

祖山は軍茶利山（▲73m）。軍茶利山は、標高が低くて弱々しくはあるものの、霊山と呼ばれるだけのパワーを持つ山。土地のパワー自体は弱いが体感度は強い。洞庭湖や一宮川の持つ「水」の気が、山の気を境内に引き入れる役割をはたしている。

東京都

皇居外苑

KOKYO GAIEN

◎祖山＝富士山　☆☆☆☆☆

富士山の壮大なパワーを受けて今もなお強力な気を発するスポット。自分のベースを底上げしてくれる。

徳川家康公が江戸幕府を開くころ、江戸は川の氾濫の多い湿地帯で、風水的には決して恵まれた土地ではありませんでした。家康公のブレーンであった風水師・南光坊天海は、日本屈指の霊山・富士山からの気の流れを引き込むため、その土地にさまざまな細工をしました。なかでも、東海道や甲州街道などを使って富士山からの生気を、中山道を使って秩父山系からの生気を江戸に集めた終点が江戸城（現在の皇居）だったのです。

皇居は江戸幕府がなくなった今でも、富士山からの気を受けて生気を発し続けています。この気はずっしりと重いため、皇居の周辺を散策するだけでも強いパワーを受け取ることができます。

二重橋

所在地：東京都千代田区皇居外苑1-1
アクセス：「桜田門駅」よりすぐ

特に強いエリアは、『桜田門』を入って二重橋付近を通りながら和田倉噴水公園へと向かうコース。通常、『二重橋』は渡れませんが、その周辺を歩くだけでも運気を得ることができます。

また、『和田倉噴水公園』の噴水周辺も強いパワースポット。園内のカフェで噴水を眺めながらお茶を飲むのもおすすめです。

皇居周辺を歩くときは、重い荷物は持たずに、身軽な状態で。また、軽く左手を振りながら歩くと運気の吸収に効果的です。

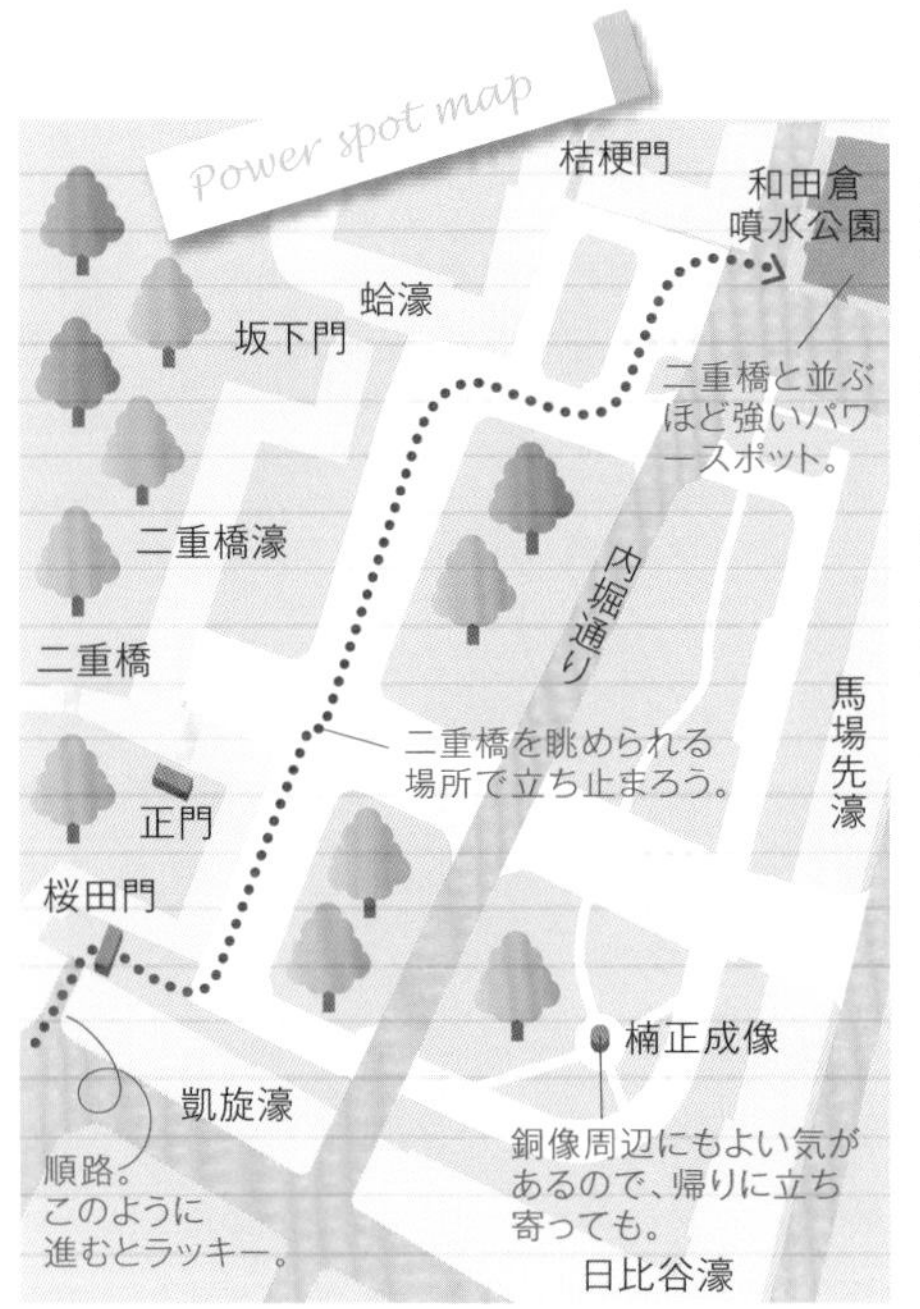

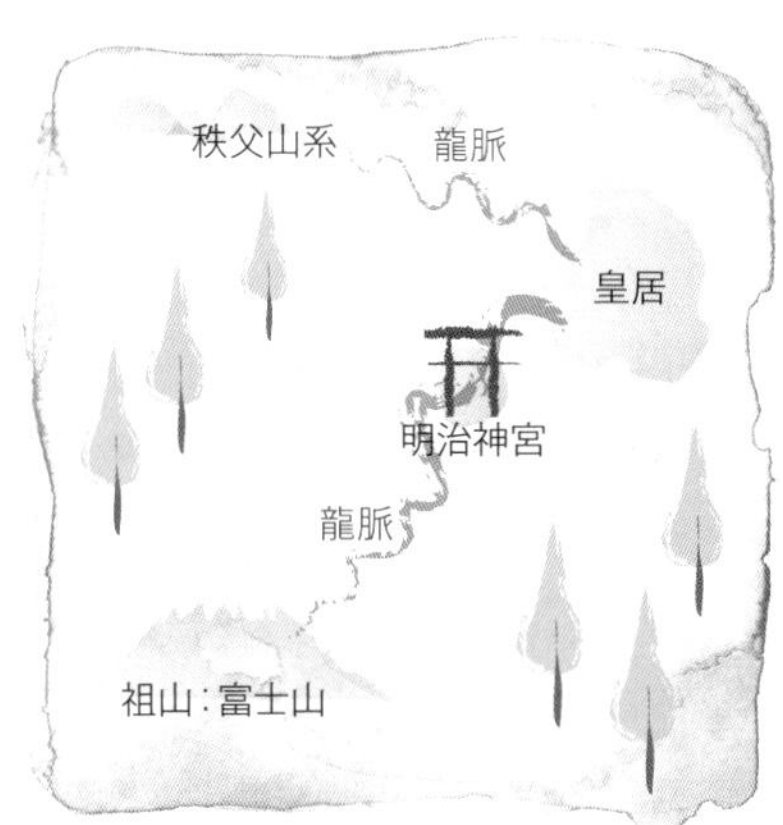

祖山は富士山（▲3776m）。日本を代表する名峰、富士山から発生した龍脈は、富士山から甲州街道、東海道、国道246号を通って東京へ向かう。途中、二子玉川と明治神宮の2カ所で休み、赤坂御所を通って皇居へと流れ込んでいる。1886（明治19）年に新宿につくられた貯水池で、龍は財気を養った。

和田倉噴水公園

桜田門

東京都

明治神宮

MEIJI JINGU

◎祖山＝富士山 ☆☆☆☆☆

縁の滞りを改善してくれるスポット。良縁に恵まれたい人は本殿前の「良縁ライン」に注目を！

明治神宮は富士山から皇居へ向かう2匹の龍の気が合流しパワーをためる地点で、いわば「気の集合場所」です。江戸時代に風水をベースにつくられた東京も、今では高層ビルや都市計画などの影響で龍脈が途切れてしまったところがほとんどですが、この場所は変わらずに強力な生気を発し続けています。

明治神宮への入り口はいくつかありますが、『南参道』から本殿へ向かうのが最も運気を吸収しやすいルートです。左のイラストで各スポットの詳細を参考に歩いてみましょう。

この土地は縁に関する運気を強く持っていて、近年それがパワーアップしています。今ある縁を

夫婦楠の間から本殿を拝む
Photo by Yuchiku Rinoie

所在地:東京都渋谷区代々木神園町1-1
アクセス:「原宿駅」より徒歩1分
https://www.meijijingu.or.jp/

深めたい人や、結婚へと発展する出会いが欲しい人には効果的。縁から生じるストレスや人間関係の滞りを改善するパワーもあります。

　本殿に向かって左手にある2本のご神木『夫婦楠』の間から本殿にかけて流れている気は「良縁ライン」で、幸せへと導く縁をもらえます。このエリアは気の流れの変化から偶然にできたスポットで、ずっと存在するわけではありませんが、これから5、6年ぐらいは気をとどめて良縁を与えるパワーを発してくれそうです。夫婦楠の間から本殿を眺めると「良縁ライン」の気を受けられますが、反対側から眺めても効果はないので注意を。また、「良縁ライン」を眺めるときは自分のイメージする「良縁」について考えることも大切。

　今、話題になっている『清正井』は、風水的に見ると「陰呼」と呼ばれるつくりになっています。「陰呼」という場所は陰陽がはっきりと分かれる性質があるため、晴れた日の午前中のみに訪れましょう。

奉献酒樽

Photo by Yuchiku Rinoie

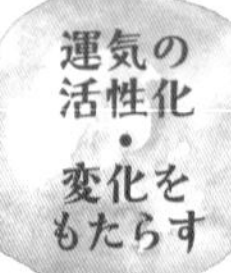

東京都

神田明神

KANDA MYOJIN

◎祖山＝秩父山系、富士山、日光連山 ☆☆☆☆

東京を守る結界の地。関東北部の霊山のパワーを集めて首都に気を放つ要のパワースポット。

随神門

所在地:東京都千代田区外神田2-16-2
アクセス:「末広町駅」より徒歩5分
https://www.kandamyoujin.or.jp

神田明神(神田神社)は、秩父山系、富士山、日光連山から流れる生気を江戸城に送り込み、また江戸城の鬼門(北東)を守る要の土地。北の持つ「水」の気と明神の「火」の気という、相反する気が合わさり、運気に大きな変化をもたらします。この地は訪れる人の運気を活性化し、再スタートを切る力を与えてくれます。拝殿前が強いスポットなので、ゆっくり参拝を。また鳥居をくぐるときには、願いや目標を明確にイメージしてから入りましょう。水分を摂るとよりパワーを吸収できるので、併設のカフェでゆったり過ごすのもおすすめです。

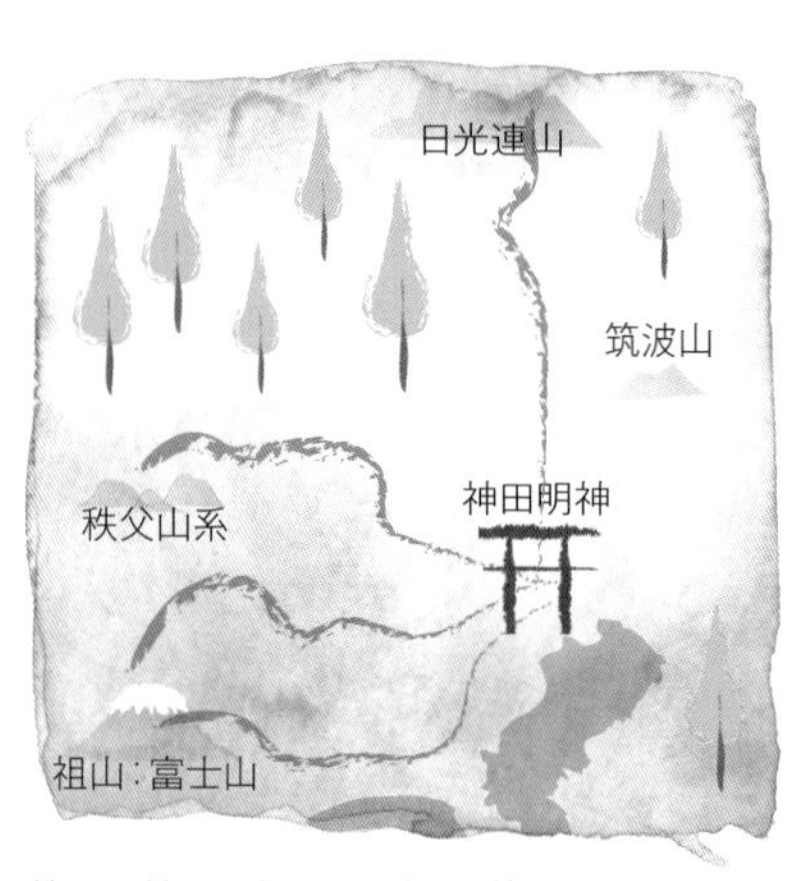

神田明神は、秩父山系(最高峰は北奥千丈岳▲2601m)と富士山(▲3776m)、日光連山(最高峰は日光白根山▲2578m)から流れてくる生気に加え、筑波山(▲877m)からの生気も受け止め、放出する龍穴となっている。東京(江戸)の結界の要であり、街を活性化する役割を持つ。

願いが叶う

東京都

田無神社

TANASHI JINJA

☆☆☆☆

天と地がつながる「乾坤（けんこん）の地」。あらゆる望みを叶える五色の龍神にお参りを。

ご神木

Photo by Yuchiku Rinoie

所在地：東京都西東京市田無町3-7-4
アクセス：「田無駅」より徒歩8分
https://tanashijinja.or.jp

Power spot map

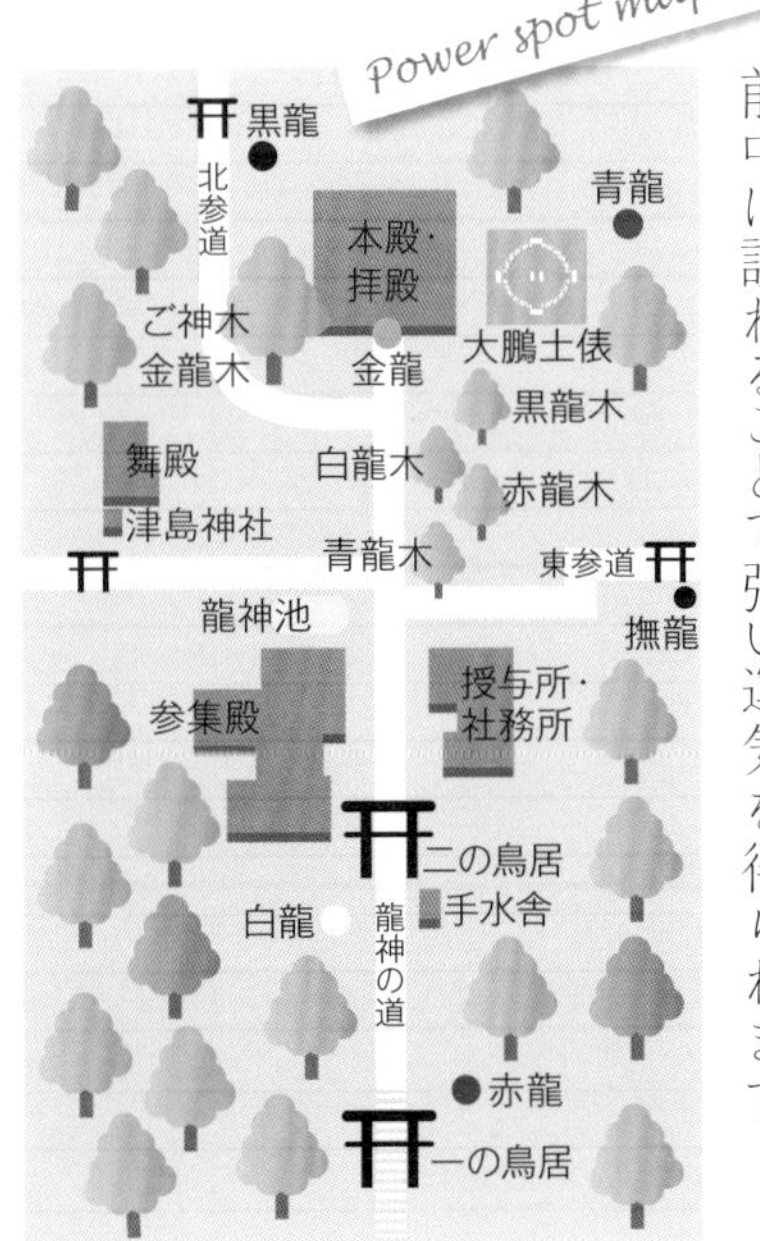

田無神社は、地形の影響を受けることなく天と地がつながって生じた希少な土地。このような土地を風水では「乾坤の地」と呼び、天に願いが届き、望みが叶う土地とされています。

境内には多様な願いを叶える金・青・赤・白・黒の五龍が祭られ、それぞれパワーがありますが、最も強いのは北参道の『黒龍』です。また、本殿に向かって左横のご神木の銀杏（金龍木）や龍神池の向かいにある青・赤・白・黒の龍木にもパワーがあります。なかでも特に生気を発しているのは、ご神木の周辺。風水的にも珍しい「乾坤の地」は、特に午前中に訪れることで強い運気を得られます。

出世運・変化を起こす・行動力アップ

神奈川県

鶴岡八幡宮

TSURUGAOKA HACHIMANGU

◎祖山＝天台山　☆☆☆☆

人生に大きな変化をもたらすスポット。行動力や決断力を与えてくれる。

舞殿と楼門

所在地：神奈川県鎌倉市雪ノ下2-1-31
アクセス：「鎌倉駅」より徒歩10分
https://www.hachimangu.or.jp/

鶴岡八幡宮は、鎌倉の地を活性化し循環させるポンプのような役割を持った場所。訪れる人の人生に「現状からの変化」を与えてくれます。ただし、どんな変化が起きるかはお任せ。もしかしたら自分の望まない変化が起きることもありますが、最終的にはよい方向へと向かいます。2010(平成22)年に強風で倒れた『大銀杏』周辺は、再生を促すパワーがあります。ここでは足を止めて、ゆっくりと気を体感しましょう。

この土地は出世につながる上昇の運気や、行動力を強める運気も持ち合わせています。仕事や人生に迷いが生じたときにも訪れてください。

祖山の天台山(▲141m)を背にして右手にある衣張山が青龍砂、左手にある桔梗山が白虎砂になっている。鎌倉は、軍事的に見れば敵に攻め込まれにくい地形だが、守りに入った地形でもあるので、気が滞ったり古い気がたまったりしやすい。中央を流れる滑(なめり)川が、滞った気を流している。

神奈川県

江島神社

ENOSHIMA JINJA

☆☆

海流から生じたパワースポット。今の自分に負担をかけている悪縁を絶ち切ってくれる。

龍宮

所在地:神奈川県藤沢市江の島2-3-8
アクセス:「片瀬江ノ島駅」または「江ノ島駅」より徒歩
http://enoshimajinja.or.jp/

江島神社は『辺津宮』や『中津宮』にもよい気は流れていますが、最も気を体感できる場所は『奥津宮』とその隣の『龍宮』です。境内にはエスカレーターがありますが、石段を上がって気の流れを感じましょう。

この土地は、今の自分に悪い影響を与えている縁を絶ち切ってくれる運気があります。悪縁をリセットしたい人にはおすすめですが、カップルで訪れるときは運気がマイナスにならないよう、念のため鳥居を別々にくぐりましょう。また、奥津宮から先は陰陽のバランスが悪いエリアもあるので、参拝は午後2時までに済ませてください。

片瀬海岸
江島神社
辺津宮
奥津宮
龍宮
中津宮

海の気は陸に上がりにくいものだが、江の島の場合は島と陸地がつながっていて、海で生まれた気が島を経由して陸の方向へ流れている。海流がつくるパワースポットなので、パワフルではあるが荒々しい性質を見せることもあり、「暴れ龍がいた」という伝説も残る。

天の導き・強くなれる

神奈川県

大山阿夫利神社 下社

OYAMA AFURI JINJA SHIMOSHA

◎祖山＝大山 ☆☆☆☆

大山から流れる強い生気をダイレクトに受け止める場所。弱い自分を変えたい人、自分の進むべき道を探したい人はぜひ訪れて。

大山(おおやま)は「あふり山」とも呼ばれていますが、それは雨を降らすという意味から来ています。雄大で美しい山ですが、その優美な姿とは対照的に、この土地の気はとても厳しく、猛々しさがあります。人によっては「気」にあたってしまうこともありますが、この土地の気と同調できる人や、相性の合う人には絶大なパワーをもたらしてくれます。この土地から気がもらえるかどうかは、初めて訪れたときの感覚で判断してみてください。

この土地は自分を奮い立たせてくれる運気が強くあるので、弱い自分から脱却したい人におすすめです。また、自分の進むべき道が見えない人

大山など丹沢の山々

所在地:神奈川県伊勢原市大山355
アクセス:「伊勢原駅」よりバスで30分、「大山ケーブル」下車
https://www.afuri.or.jp/

を導いてくれる運気も強くあります。

境内に入るまでは、参道を歩いていると気がひんやりと感じられたり、息苦しいような圧迫感を受ける場合があります。その冷たさや圧迫感は、運を浄化するプロセスで生じる感覚なので、むしろこの土地から運気を得ている証拠です。

境内に入ると一転して、生気に満ちた優しい気が感じられます。ここは、日本の名水にも選ばれた霊水のある場所。山からの生気を受けた水なので、いただいてパワーを吸収しましょう。下社だけ訪れても運気は得られますが、より強力な土地のパワーをもらいたい人は山頂にある本社まで歩いてみることをおすすめします。

この神社は昔、女人禁制だったそうです。だからといって、女性が行くと運を得られないというわけでは決してありませんが、そういう土地は血を嫌うという性質があります。女性は出かけるタイミングに注意を。血が流れるようなケガをしてしまったときも同様です。

拝殿

下社拝殿の地下からわき出るご神水

祖山：大山
阿夫利神社本社
25丁目
阿夫利神社下社
見晴台
ヤビツ峠へ
日向薬師へ
男坂
大山寺
女坂
大山ケーブル駅

祖山は、富士山のような三角形の美しい山容から、古くから庶民の山岳信仰の対象とされた大山（▲1252m）。猛々しくもすばらしい山で良質のわき水でも知られる。山が猛々しくて水のよいパワースポットは、相性が合う人には抜群のパワーを与えてくれる。大山の生気は厚木や海老名にも流れ、町の発展に貢献している。

良縁・結婚運・縁を継続させる

神奈川県

箱根神社

HAKONE JINJA

◎祖山＝駒ヶ岳

☆☆☆☆☆

駒ヶ岳を祖山とする典型的な風水地形。
出会い、結婚、子に恵まれる、よい家庭を築くなど
女性に必要な運気をすべて与えてくれる。

芦ノ湖と平和の鳥居

所在地：神奈川県足柄下郡箱根町元箱根80-1
アクセス：「箱根湯本駅」よりバスで1時間、「元箱根」下車、徒歩10分　https://hakonejinja.or.jp/

駒ヶ岳を祖山とする箱根神社は、典型的な風水地形のミニチュア版で、理想的な「四神相応（ししんそうおう）」の地となっています。

この土地には「家庭を築く」ための運気があり、家庭運全般はもちろん、家庭をつくるために欠かせない結婚運や、家庭を繁栄させるための子宝運を与えてくれます。幸せな結婚を望む人には特におすすめのスポットです。

芦ノ湖の水位が低いときには、湖の際に立っている『平和の鳥居』をくぐれるので、湖からの「水」の気を受け取りながら鳥居をくぐって、その後、『第四鳥居』へ向かいましょう。水位が高いときは、第四鳥居からスタートを。この第四鳥居を必ずくぐることが運気を得るためのポイントです。

本殿へ向かう参道の石段脇に立つ大木は強いパワーを発しています。気に入った大木のそばでは立ち止まって木に触ったり、深呼吸をして生気を吸収しましょう。特に子宝の運気が欲しい人は、第五鳥居をくぐり、向かって右手にある『安産杉』を触ってみてください。結婚を願う人もこの木に触れると、よい縁に恵まれやすくなります。

本殿の前も強いパワースポットです。ここでは言霊を残すことが大切なので、絵馬を書いて。絵馬は本殿に向かって左側に掛けると、願いが天に届きやすくなります。

本殿への参拝後は、隣にある『九頭龍神社・新宮』でお水取りを。新宮のお水には強い土地の気がこもっています。九頭龍神社の本宮に行く時間のない人は、この新宮で九頭龍の持つ強い運気を持ち帰りましょう。

祖山は箱根カルデラの真ん中にある中央火口丘の一峰、駒ヶ岳（▲1356m）。神山（かみやま、▲1438m）や富士山の影響も受けている。駒ヶ岳で生まれた気が、三国山や丸岳、箱根峠などの外輪山にせき止められ、芦ノ湖畔にある箱根神社にたまっている。駒ヶ岳山頂にある箱根元宮も、「天」の気が降り立つ強力なスポット。

本殿へ向かう石段脇の大木にもパワーがある

箱根神社 本殿

総合運・生命力アップ・願いが叶う

神奈川県

九頭龍神社 本宮

KUZURYU JINJA HONGU

◎祖山＝駒ヶ岳

☆☆☆☆☆

長年の眠りから覚めた神龍に守られた聖なる土地。訪れる人に「気づき」の力を与え、自身が望む輝く未来へと導きます。

九頭龍神社は、かつて芦ノ湖に棲み人々を苦しめていた毒龍を、箱根大神の霊力を授かった万巻上人が調伏し、芦ノ湖の守護神・九頭龍大神としてお祭りしたことに由来します。

九頭龍神社の土地の気は、20年もの間「休眠期」に入っていましたが、数年前から龍の眠りが覚めて生気がみなぎる「活性期」に入りました。

眠りから覚めた龍の気は、訪れる人に「気づき」のパワーをもたらし、運気を活性化させてくれる強い運気を持ちます。

九頭龍神社は、毎月13日に月次祭が執り行なわれ、この日は特別に元箱根港から参拝船が出港し

九頭龍神社 本宮

Photo by Yuchiku Rinoie

所在地：神奈川県足柄下郡箱根町元箱根 九頭龍の森内
アクセス：「箱根湯本駅」よりバスで1時間、「箱根園」下車、徒歩30分
https://hakonejinja.or.jp/

ますが、通常の日は箱根園や湖尻から20～30分ほど「九頭龍の森」と呼ばれる道を歩いて参拝することになります。また、電動アシスト付自転車を借りることもできます。月次祭以外でも船で参拝をしたい方は、箱根園桟橋と箱根ホテル桟橋からモーターボートで行くことができます。

九頭龍神社へは、九頭龍の森から参拝すると地盤を変える強い運気を得られ、船で湖から向かい参拝すると浄化と再生の運気を強く得られます。

どちらの方法で参拝しても、訪れる人の運気に必要なさまざまな「気づき」をもたらし、未来への道を開いてくれます。

神域すべてが強い生気に包まれていますが、特に湖から弁財天社、本殿正面の中央ラインに強い気が流れています。また、本殿に向かって左側にある湖に沿った道も強いパワーを発していますので、景色を楽しみながらゆっくり周囲を散策して運気を吸収しましょう。

時間がある人は、箱根神社、九頭龍神社、箱根元宮の三社巡りが効果的。箱根の土地の持つすべての生気を吸収することができます。

Power spot map

箱根神社
駒ヶ岳ロープウェー
箱根園
芦ノ湖
車の通行禁止。
ここから
徒歩30分。
ザ・プリンス
箱根芦ノ湖
白龍神社
箱根
九頭龍の森
弁財天社
九頭龍神社
本宮
九頭龍神社桟橋

芦ノ湖と平和の鳥居　*Photo by Yuchiku Rinoie*

九頭龍の森　*Photo by Yuchiku Rinoie*

願いを叶える・出世運

神奈川県

箱根元宮

HAKONE MOTOTSUMIYA

◎祖山＝駒ヶ岳

☆☆☆☆

駒ヶ岳山頂にあり、富士山を望める絶景スポット。空を見上げて「天」から降り注ぐ運気の吸収を。

馬降石

所在地:神奈川県足柄下郡箱根町元箱根
アクセス:駒ヶ岳ロープウェー「駒ヶ岳頂上駅」より徒歩5分
https://hakonejinja.or.jp

駒ヶ岳の山頂に立つ箱根神社の奥宮。空気が澄んだ晴れた日には、真横に大きな富士山を望むことのできる絶景のパワースポットです。この土地には天からの気が降り注いでいるので、土地からの気というよりは、天からの気を受け取ることが大切です。空を見上げて、降り注ぐ気を吸収しましょう。富士山を眺めることで、より強い運気を得ることができます。

参道の石段の向かって左側にある『馬降石(ばこうせき)』と呼ばれる大きな石の付近は強いパワースポット。また、本殿に向かって左奥の石が点在しているエリアにも強いパワーが感じられます。この石は、昔、白馬に乗った神様が降りてきたという言い伝えのある石です。ここでは、空を見上げながら願い事を伝えましょう。

駒ヶ岳

Chapter
5
中部地方
彌彦神社
戸隠神社
雄山神社 中宮祈願殿
雄山神社 前立社壇
白山比咩神社
穂高神社 本宮
上高地
万治の石仏
諏訪大社
金櫻神社
北口本宮 冨士浅間神社
新屋山神社
永平寺
伊豆山神社
富士山本宮 浅間大社
三嶋大社
来宮神社
久能山東照宮
真清田神社
若狭姫神社
若狭彦神社

鬱金桜の開花時に金運をくれる

山梨県

◎祖山＝金峰山 ☆☆

金櫻神社

KANAZAKURA JINJA

鬱金桜が咲く時期に、強い金運を与えてくれる。ご神水に触れて運気の吸収を。

金峰山（きんぷさん）

所在地:山梨県甲府市御岳町2347
アクセス:「甲府駅」よりバスで50分、「昇仙峡滝上」下車
https://kanazakura-shrin.webnode.jp

金桜は鬱金桜の別名を持つ、黄味がかった花を咲かせる珍しい品種です。毎年4月下旬には境内にある鬱金桜が満開になり、この時期がこの土地から最も運気をもらえるチャンス。特に、豊かさの運気が満ちているので、金運が欲しい人は桜のシーズンに訪れてください。

このスポットでは、本殿に続く石段をゆっくり上がるのがポイント。石段に沿って気の流れを体感できます。鬱金桜の前のご神水にもパワーがあるので、水をいただいたり、触れたりして運気を吸収してください。

祖山は、奥秩父山塊の主峰、金峰山（▲2599）。金峰山の背後にある瑞牆（みずがき）山もこの土地に気を与えている。金ヶ岳などの山々が砂となってその気を囲い込んでいる。また、この付近には鉱山が多く、水晶なども産出されており、それらの土地の性質も、このスポットに「金」の気を生じさせる一因となっている。

行くべき道が見える・迷いが消える

山梨県

北口本宮 冨士浅間神社

KITAGUCHI HONGU FUJI SENGEN JINJA

◎祖山＝富士山 ☆☆☆☆

富士山の「陰」の気を受け止めている場所。行くべき道を示し、心の迷いを浄化してくれる。

大鳥居と隋神門

所在地：山梨県富士吉田市上吉田5558
アクセス：「富士山駅」より徒歩20分
https://sengenjinja.jp

富士山本宮浅間大社（P112）は、富士山から南西に位置し、富士山の「陽」の気を受け止める場所。それに対して、こちらは富士山の北東に位置し、富士山の「陰」の気を受け止める場所として存在します。「陰」の気といっても、富士山は陰陽のバランスがとれていることで強大なパワーを発する霊山。この場所の「陰」の気は、安らぎと人の運によい影響を与えてくれます。特に、心の迷いを浄化するパワーがあり、自分の行くべき道へと導いてくれます。拝殿の前に立つ『太郎杉』と『夫婦檜』の周辺、境内にある『諏訪神社拝殿前』では、強いパワーを体感できます。

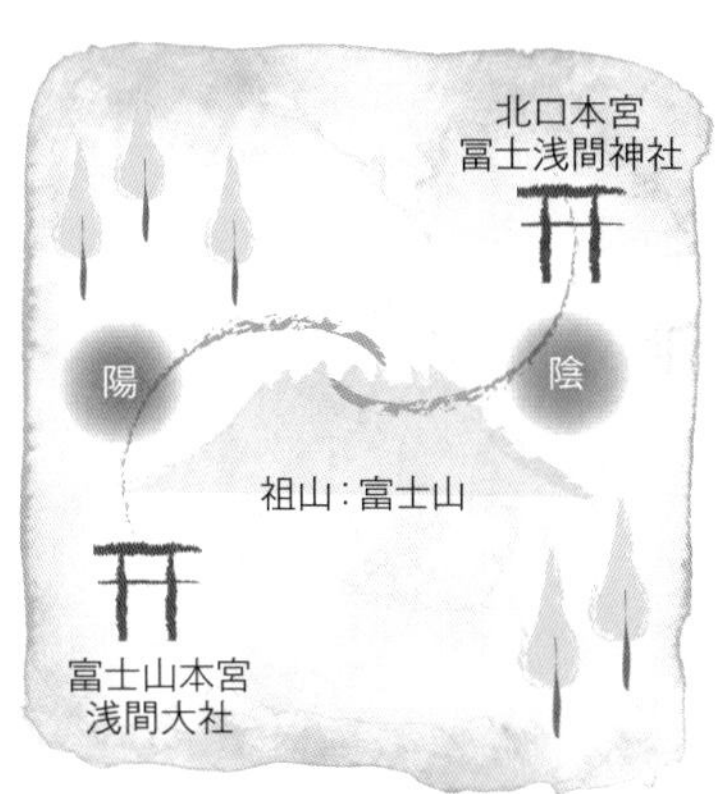

祖山は富士山（▲3776m）。富士山の気は八方に流れているが、そのうちのひとつが、この神社に流れている。神社は富士山から見て北東の位置にあり、富士山を挟んで対角線上にある富士山本宮浅間大社とは対照的に、陰の気を持っている。ちなみにここでいう陰の気とは、厳しさや浄化力のこと。

人生を変える・悪運浄化・金運アップ

山梨県

新屋山神社

ARAYA YAMA JINJA

◎祖山＝富士山 ☆☆☆☆☆

悪運を浄化し、「金」の気を強化する神社。人生を変え、基盤を強化したい人はぜひ訪れて。

奥宮
Photo by Yuchiku Rinoie

所在地：山梨県富士吉田市新屋4-2-2
アクセス：「富士山駅」よりバスで「新屋公民館入口」下車、徒歩5分　http://www.yamajinja.jp

さまざまな意味で「金」の気を強化してくれる神社。金運にとどまらず、自分の器を広げ多くを吸収し、人生を基盤から変化させる力があります。

本宮の鳥居をくぐるとき、新しい自分へと生まれ変わるイメージを思い浮かべると、悪い気をぬぐい去ることができます。境内全体がパワースポットですが、最も強いのは本殿の前です。

また、富士山の二合目にある奥宮はパワーの源に近い聖域。細胞から運気が変わるのを感じられます。聖なる気が強い土地ですので、不敬な行為は絶対にＮＧ。敬虔な気持ちでお参りしてください。

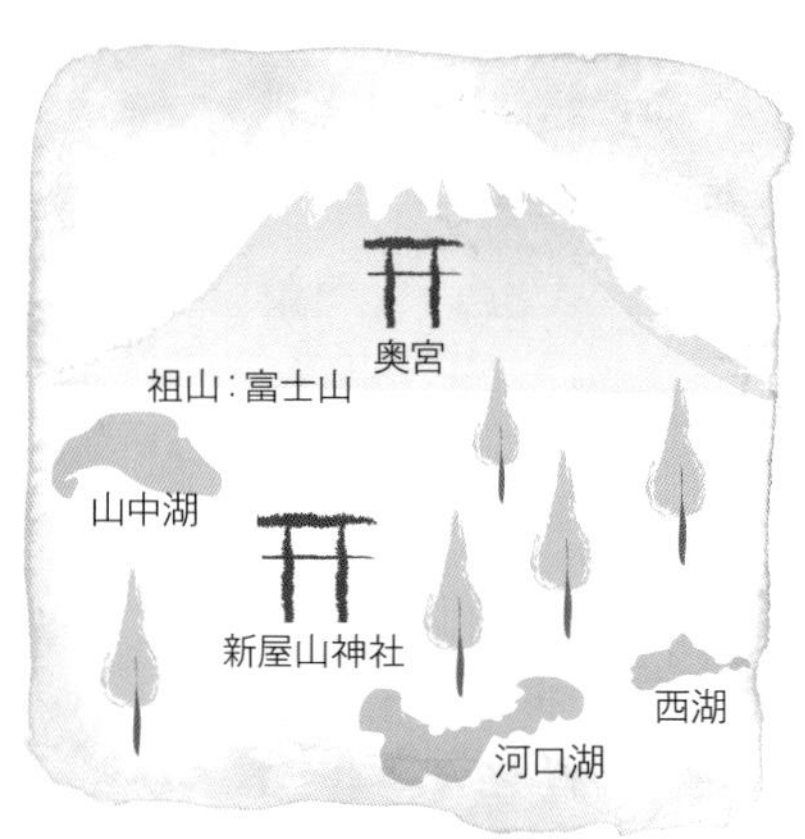

富士山の麓にある本宮も二合目にある奥宮も、富士山が発する気がそれぞれの土地に浸透し、「地」の気となって発せられている。富士山の中腹にある奥宮は、「天」の気と「地」の気の両方の影響を受け、本宮よりも一段強い気を放っている。
※奥宮は、冬季は通行止めにより参拝できない。

長野県

万治の石仏

◎祖山＝霧ヶ峰 ☆☆☆☆

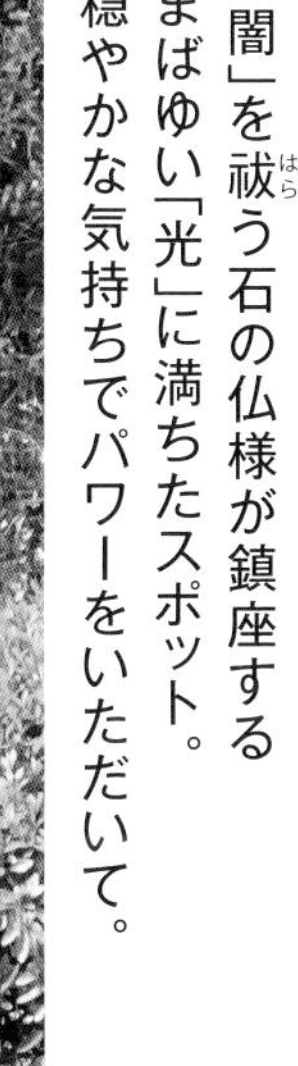

万治の石仏

所在地：長野県諏訪郡下諏訪町東山田字石仏
アクセス：「下諏訪駅」より徒歩18分
https://shimosuwaonsen.jp

「万治の石仏」は、諏訪大社下社春宮の脇を流れる砥川沿いにたたずむ、自然石でつくられた阿弥陀仏です。１６６０（万治３）年に建立され、長年、多くの人々が願いを叶えに訪れます。

春宮の穏やかな気が川の水の影響を受けてさらにやわらかくなり、石仏の周囲には輝く「光」の気が満ちています。この気には、ストレスやマイナスの感情、悪運など「闇」の気をじわじわと浄化し、光へと導いてくれるパワーがあります。

願い事を心で唱えながらゆったりとした気持ちでお参りし、気を吸収しましょう。

春宮から浮島を経由して万治の石仏へ。万治の石仏には光のパワーがある。
万治の石仏
砥川
三之御柱
ご神木
四之御柱
浮島社
宝殿
右片拝殿
左片拝殿
二之御柱
幣拝殿
一之御柱
神楽殿
Power spot map
神饌所
結びの杉
齋館
手水舎

諏訪大社　下社春宮から万治の石仏

安定や平和・発展運、上昇運・運気を整える

長野県

諏訪大社

SUWA TAISHA

◎祖山＝守屋山

☆☆☆☆☆

一度は訪れたい歴史ある神社。4つの社に守られたパワーがさまざまな運気をもたらしてくれる。

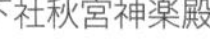

下社秋宮神楽殿

諏訪大社は上社（本宮・前宮）と下社（秋宮・春宮）の4社からなる神社です。

4つの神社には、それぞれ平安初期から続くともいわれる7年に一度の神事、「御柱祭」に建て替えられる『御柱』が建てられています。

それぞれの神社では、幣拝殿や本殿はもちろんですが、御柱の付近にも強い気が漂っていますので、静かに敬虔な気持ちでお参りをしましょう。

この土地は、それぞれが上社の神体山でもある守屋山の気を受け、その気が諏訪湖の「水」の気と交わり、4つの社が結界のように周囲を守ることによってより強い龍穴として存在しています。

守屋山からの気は、上社の本宮・前宮へと流れ、諏訪湖の気を吸収しながら強い気をため込み、対岸の下社、秋宮・春宮へと流れています。

上社本宮では、安定や平穏を得る運気、上社前宮では行動力や活力を得ることができます。

下社春宮では、やわらかく穏やかな気が流れる境内をゆっくりと散策するのがおすすめ。春宮は、旧中山道の気の影響を受け、街道の持つ運気でもある良縁をもたらしてくれます。

それぞれが強い気を持つ4社の中でも特に強い運気を持つのが下社秋宮です。秋宮は、上昇の運気、ステイタスを向上させてくれる運気、活力を与えてくれる運気があり、自身のライフステージを向上させてくれる強いパワーがあります。

境内では温泉水の『御神湯』で手を清めてパワーを吸収しましょう。この土地は言霊の影響を強く受けるため、おみくじを引いたり、絵馬を書くのも効果的です。

4社とも神気の強い神社です。特に心をただしてお参りするよう心がけましょう。

諏訪湖の御神渡り

上社本宮
所在地:長野県諏訪市中洲宮山1
アクセス:「茅野駅」より車で10分

上社前宮
所在地:長野県茅野市宮川2030
アクセス:「茅野駅」より車で8分

下社秋宮
所在地:長野県諏訪郡下諏訪町5828
アクセス:「下諏訪駅」より徒歩10分

下社春宮
所在地:長野県諏訪郡下諏訪町193
アクセス:「下諏訪駅」より徒歩18分
http://suwataisha.or.jp

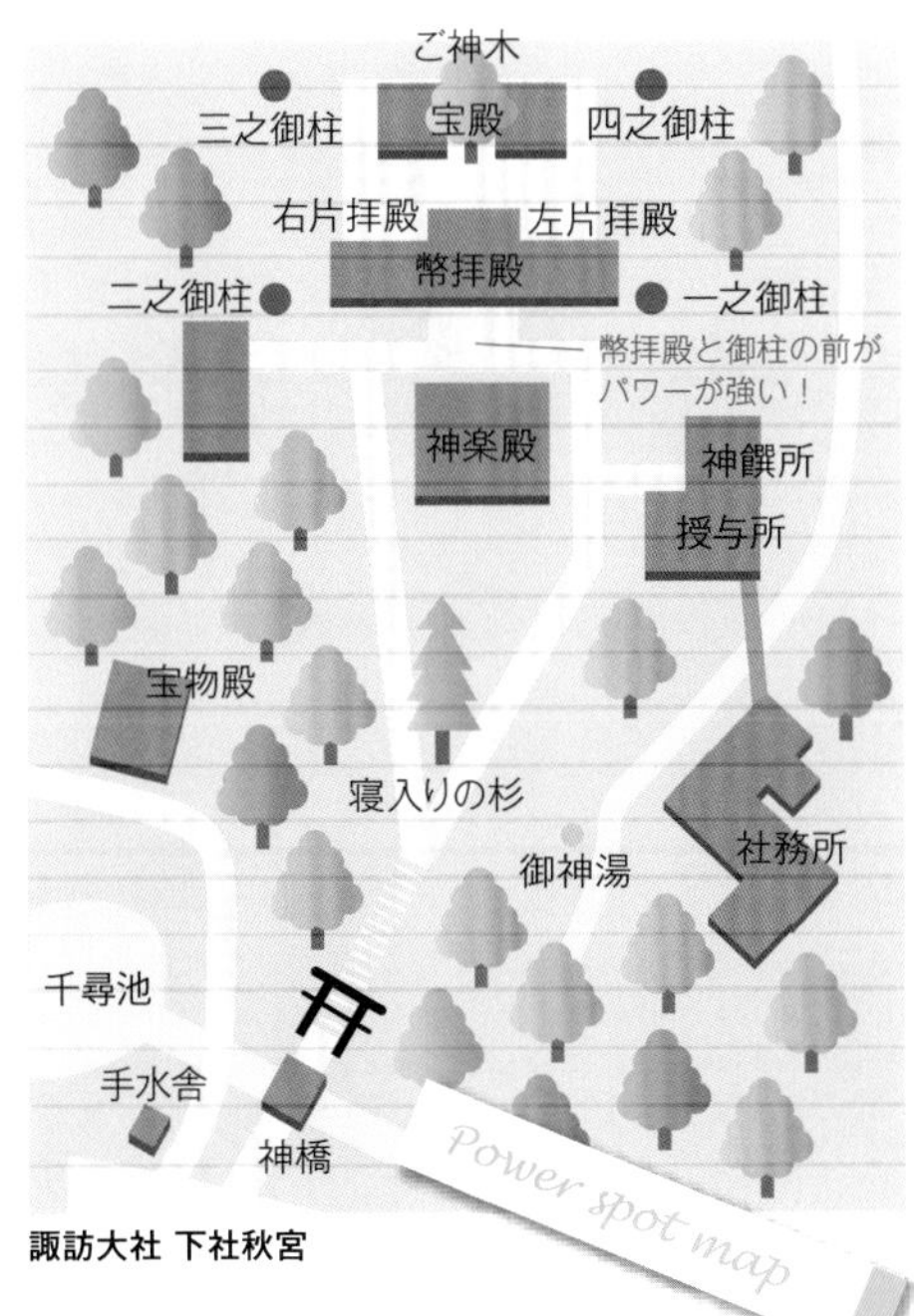

諏訪大社 下社秋宮

美ヶ原
霧ヶ峰
諏訪大社 下社春宮
諏訪大社 下社秋宮
諏訪湖
諏訪大社 上社本宮
諏訪大社 上社前宮
祖山:守屋山
八ヶ岳

祖山である守屋山（▲1651m）の気が上社前宮・本宮へと降りていき、諏訪湖に流れ込んで「水」の気を吸収している。さらにそれが、下社秋宮・春宮へと流れ、霧ヶ峰（最高峰は車山▲1925m）の影響を受けて強くなっている。祖山の気は南下することが多いが、守屋山の場合は気が北へと流れているのが特徴。

※本文は諏訪大社の見解ではなく、李家幽竹個人の見解です。

人生を変える・願いを叶える

長野県

戸隠神社

TOGAKUSHI JINJA

◎祖山＝戸隠連峰

★★★★★

戸隠連峰は「龍」そのもの。
強い生気を受けた国内屈指のパワースポット。

戸隠連峰の麓に位置し、宝光社、火之御子社、中社、九頭龍社、奥社の5社からなる神社です。いずれも強いパワーがありますが、国内屈指の強力なパワースポットは『奥社』。強い生命力を与え、自分の中に眠る才能や運を活性化してくれます。

奥社へ向かう参道は天界へと続く道のよう。『随神門』までは、気が緩やかに蛇行しているので大きなS字を描くように歩きましょう。随神門を抜けると、光が強まり、神々しいパワーに包まれます。随神門から奥社まではどこを歩いても生気を受けられますが、門を抜けてすぐの杉並木の周辺は特に強いスポットです。ここでは、ゆっくりと深呼吸をしましょう。写真を撮るのもおすすめです。

奥社に到着したら、必ず戸隠連峰を見上げて、

戸隠奥社と戸隠連峰

所在地：長野県長野市戸隠中社3506
アクセス：宝光社へは「長野駅」よりバスで1時間、「戸隠宝光社」下車
https://www.togakushi-jinja.jp/

強い生気をもらいましょう。この場所では強いパワーを持った火龍の気を体感でき、体が熱くなるなど「火」の作用を受ける場合もあります。

また、往路は向かい風のように気を受けながら歩くため、体が疲労する場合があるので、体調を整えてから訪れてください。

『宝光社』は、本殿へと向かう急な石段が強いスポット。『中社』は、樹齢８００年を超える『三本杉』の周辺に強いパワーを感じられます。

参拝は宝光社、火之御子社、中社、奥社（境内に九頭龍社があります）の順番に回るのがおすすめ。すべての社を回る時間がないときは、迷わず奥社へ。

萱葺き・朱塗りの随神門

中社の三本杉

龍脈
祖山：高妻山
五地蔵山
九頭龍山
戸隠山
戸隠連峰
奥社
西岳
中社
宝光社

祖山は戸隠連峰最高峰の高妻山（▲2353m）。真上から見ると、戸隠連峰はまさに龍の形をしており、龍に囲まれたエリアに戸隠村がある。龍が玉を持つ場所にある奥社は特にパワーが強く、随神門を過ぎたところから、まさに龍穴エリアになっている。中社や宝光社も、降りてきた気を受け止めている。

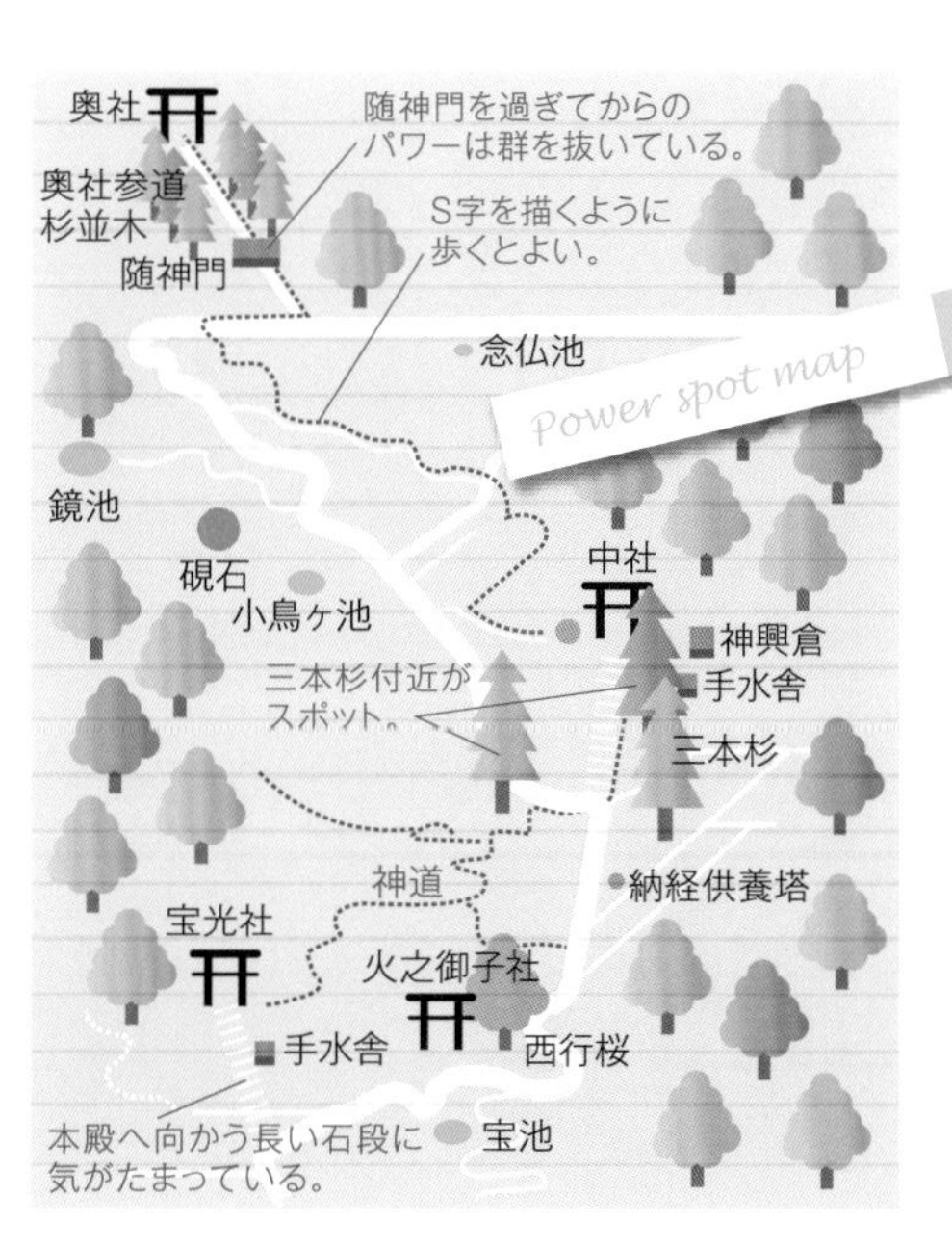

恋愛運・金運・仕事運

上高地

KAMIKOCHI

長野県

◎祖山＝明神岳 ☆☆☆☆☆

神が降り立つ地「神垣内」が語源。明神池で清浄なパワーをいただいて。

神が祭られていることから、古くは「神垣内（かみこうち）」の漢字表記だった上高地は、梓川（あずさ）上流にある景勝地。梓川の流れに沿った龍脈が川の水に溶け込んでいるため、この地では水に触れることがポイントとなります。『河童橋（かっぱ）』付近には、水龍から生じる生気がたまっているので、川の水に触れてゆっくりと過ごしましょう。橋から穂高連峰を見上げることで、さらに生気を吸収できます。

体力に自信のある人は、河童橋から『明神池』を目指して歩きましょう。明神池へ向かう道も龍の気を体感できるスポットです。

明神池では、『一之池』からは女性的な「静」のパワーを、『二之池』からは男性的な「動」のパワーを受け取ることができます。自分にとって居心地

所在地：長野県松本市安曇上高地
アクセス：「新島々駅」よりバスで1時間10分、「上高地バスターミナル」下車、徒歩1時間

明神一之池
Photo by Yuchiku Rinoie

河童橋と穂高連峰

明神岳

一之池（愛情運）
二之池（財運・仕事運）
明神池
穂高神社奥宮

のいいほうの池でゆっくりと気を吸収しましょう。一之池では愛情運、二之池では財運や仕事運を得られます。また、どのスポットも同様ですが、マナー違反の行為は厳禁。明神池で足を水に浸けるなどの行為も慎んでください。

上高地はシーズン中にはたくさんの人が訪れる観光地。人が多い場所では龍の気を効率よく吸収できないので、早朝に行くか、ハイシーズンを避けて訪れることをおすすめします。

太祖山は奥穂高岳（▲3190m）、祖山は明神岳（▲2931m）。龍脈が梓川沿いに流れており、河童橋から明神池へ向かう川沿い全域がラッキーゾーンになっている。また、河童橋と明神岳山頂を結ぶラインにも龍脈があり、河童橋から明神岳を見ることで、その気を受けることができる。気を食い止めているのは六百山。

金運・商売運・人生が楽しくなる

長野県

穂高神社 本宮

HOTAKA JINJA HONGU

◎祖山＝有明山 ☆☆☆

金運をもたらすパワースポット。商売を繁盛させたり、現金収入を増やしたい人に。

孝養杉と拝殿

所在地：長野県安曇野市穂高6079
アクセス：「穂高駅」より徒歩3分
http://www.hotakajinja.com/

穂高神社は、上高地の明神池（P102）の入り口に奥宮、奥穂高岳の頂上に嶺宮、そして安曇野市の街なかに本宮があります。この付近の街道はその昔「塩の道」として栄え、その運気をサポートしていたのがこの本宮と思われます。この土地の持つ運気は、商売に関する運や金運など、お金を循環させるもの。なかでも現金に直結する運気が強くあるため、今すぐ金運を上げたい人におすすめのスポットです。

拝殿の前には強い「金」の気がたまっています。また、樹齢500年のご神木『孝養杉』の付近にもパワーがあるので、体感してみましょう。

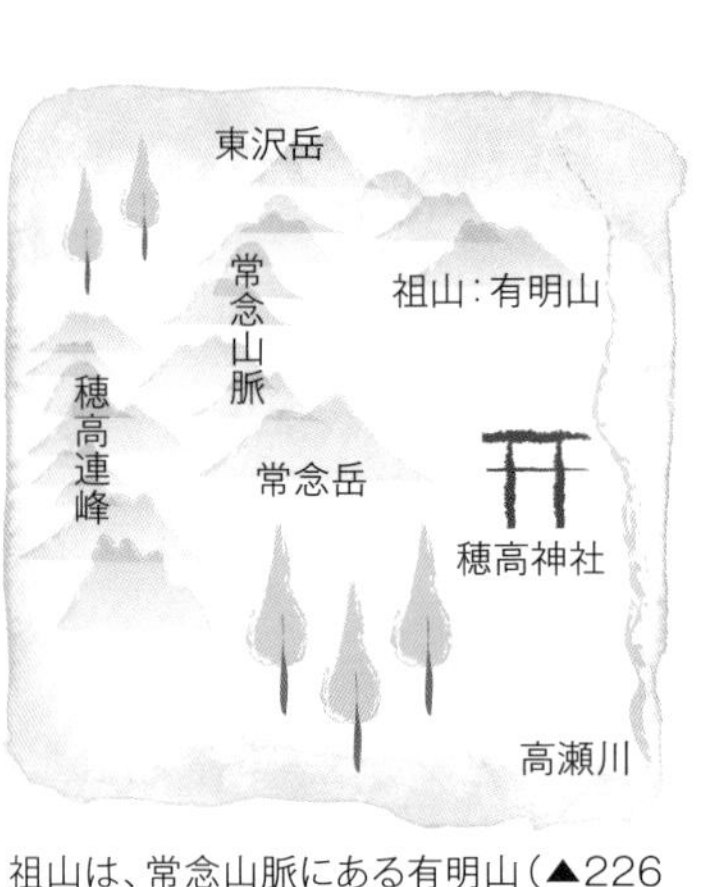

祖山は、常念山脈にある有明山（▲2268m）。常念山脈や穂高連峰の山並みが、その気を囲い込んで逃がさないようにしている。穂高神社のそばを流れる高瀬川は、やわらかで穏やかな気を持つ川。高瀬川と道の流れが、有明山から流れてくる気を穂高神社のほうへ導くはたらきをしている。

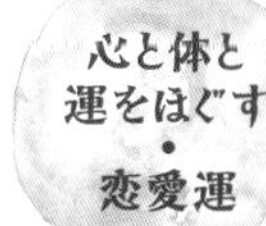

新潟県

彌彦神社

YAHIKO JINJA

◎祖山＝弥彦山 ☆☆☆☆

穏やかな「土」の気を持つパワースポット。凝り固まった心と体をほぐしてくれる。

本殿

所在地：新潟県西蒲原郡弥彦村弥彦2887-2
アクセス：「弥彦駅」より徒歩10分
https://www.yahiko-jinja.or.jp

「土」の気を持ったスポットで、穏やかで優しいオーラに満ちています。凝り固まった心や体を解きほぐし、女性は優しくたおやかに、男性は包容力のある人になれるパワーがもらえます。人に好かれる運気や、恋愛や人間関係をサポートしてくれる運気も強まります。

特にパワーが強いのは、拝殿の前と、ご神木の椎の大木付近。この土地の気は緩やかに流れているので、ゆっくりとお参りを。また、言霊を受け入れてくれる土地なので、心の中で何度も願い事を唱えると、叶いやすくなります。

祖山は、弥彦山（▲634m）。弥彦山は、日本海沿岸に程近いところにあり、山容がとても美しい霊山。安らかで落ち着いた性格を持っている。弥彦山の優しい生気は、信濃川や彌彦神社境内横を流れる御手洗（みたらし）川を明堂水にして境内にとどまっている。また、多宝山と雨乞山が「砂」の役割をはたしている。

自分の可能性が広がる・能力アップ

富山県

雄山神社 中宮祈願殿

OYAMA JINJA CHUGUKIGANDEN

◎祖山＝立山連峰 ☆☆☆

立山連峰の強い気を受け止める稀少なスポット。自分の可能性を広げてくれる。

拝殿

所在地：富山県中新川郡立山町芦峅寺2
アクセス：「千垣駅」より徒歩40分
http://www.oyamajinja.org/

立山連峰の持つ気はとても強く、その強さを受け止められる場所が、里にはなかなかありません。この土地は、立山連峰の強大な生気をそのままではありませんが、里に流れくる生気を受け止められる稀少なスポットになっています。境内全体にパワーが満ちているので、ゆっくり滞在しましょう。

この土地を訪れると、自分自身の可能性が広がり、滞っていたことがスムーズに流れていきます。また、頭がクリアになり、身体機能が高まる運気があるので、勉学やスポーツに励む人にもおすすめのスポットです。

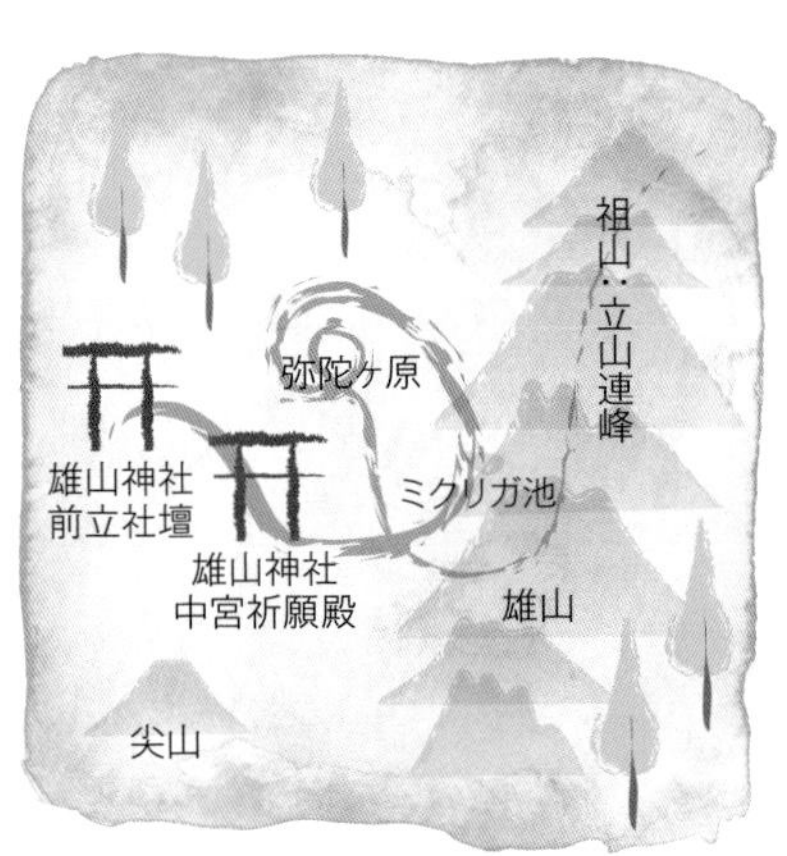

祖山は立山連峰（最高峰は大汝山▲3015m）。立山連峰から生じた龍脈は、弥陀ヶ原まで流れてひと休みしてから、雄山神社の中宮祈願殿と前立社壇に流れている。雄山や尖（とがり）山は、それらの気がこのエリアにとどまるように、気をせき止めている。また、立山連峰の気はミクリガ池にもたまっている。

富山県

雄山神社 前立社壇

OYAMA JINJA MAEDATESHADAN

◎祖山＝立山連峰 ☆☆☆

武将たちに篤く信仰された、立山の気の性質がよく分かる場所。自信を深め、動じない人になれる。

立山

所在地：富山県中新川郡立山町岩峅寺1
アクセス：「岩峅寺駅」より徒歩10分
http://www.oyamajinja-maedateshadan.org

Power spot map

雄山神社 前立社壇

本殿
社務所
拝殿
東神門
表神門
拝殿前と、賽銭箱の両側で、よい気を体感して。
斎館
湯立の釜
常願寺川

雄山神社 中宮祈願殿

祈願殿（拝殿）
立山若宮
立山開山堂
立山大宮
祈願殿の前に強いパワーがある。
立山開山佐伯有頼廟
立山博物館
斎戒橋
斎館
手水舎

立山連峰の気は、前ページの中宮祈願殿を経由してこの地に流れてきます。ここ前立社壇は、古くから天皇や武将たちに篤く信仰され、源頼朝が本殿を再建した場所です。大きなスペースではありませんが、生気が凝縮された力強いパワースポットです。自分の器を広げ、意志を強くする運気を与えてくれます。

特にパワーが強いスポットは、『表神門』の周辺と拝殿の前です。拝殿前ではピリピリした強い生気を体感できます。賽銭箱の両脇にもパワーがあるので、ゆっくりお参りを。

ステイタスアップ・財運・玉の輿運

石川県

白山比咩神社

SHIRAYAMAHIME JINJA

◎祖山＝白山 ☆☆☆☆☆

日本有数の霊山・白山の生気と「水」の気が合わさった強力なパワースポット。品格を与え、財やステイタスを築いてくれる。

白山奥宮遥拝所

所在地：石川県白山市三宮町二105-1
アクセス：「鶴来駅」よりバスで10分、「一の宮」バス停下車、徒歩5分 http://www.shirayama.or.jp/

霊山・白山が持つ生気は強力ですが、とても穏やかなもの。この土地は、そんな白山からの生気を水龍が受け止め、より優しく穏やかなパワーに満ちたスポットになっています。また、土地の気は通常20年周期で変化していきますが、その変化によりさらにパワーがアップ。人に品格を与え、財運やステイタスを向上させる運気も持っています。

強いパワーを感じられるスポットは、拝殿の前と『白山奥宮遥拝所』の前。駐車場から石段を使わず境内に入った場合も、必ず参道の石段を上がり直してから参拝しましょう。

祖山は白山（▲2702m）。白山の気は八方に流れているが、そのうちのひとつは瓢箪（ふくべ）山や松尾山などの山並みをリレーしながら白山比咩神社に流れている。また、白山比咩神社周辺は良質の水に恵まれており、山の気が「水」の気に触れることで、ますます優しく女性的なスポットをつくっている。

物事がうまくいく・全体運アップ

福井県

永平寺

EIHEI JI

◎祖山＝浄法寺山

☆☆☆

三方を山に囲まれ、南側に川が流れる「四神相応」の地形。悪運すべてを消し去ってくれる。

唐門（勅使門）

所在地：福井県吉田郡永平寺町志比5-15
アクセス：「福井駅」よりバスで30分、「永平寺」下車、徒歩5分　https://daihonzan-eiheiji.com

白山連峰に連なる気の流れを受け、周辺の山々からパワーを受けた完璧な風水地形のスポット。この土地は、「悪いこと」を消し去ってくれる、運の「消しゴム」のようなパワーを持っています。運気の滞りを感じるときや、過去の自分にとってよくない出来事を払拭したいときに訪れましょう。

特に強いスポットは『唐門（勅使門）』の前と、山門の周辺。一般の人は山門をくぐることはできませんが、見るだけでも強いパワーを受け取れます。

永平寺は僧侶の方々が修行をされている禅寺です。マナーに配慮してお参りしましょう。

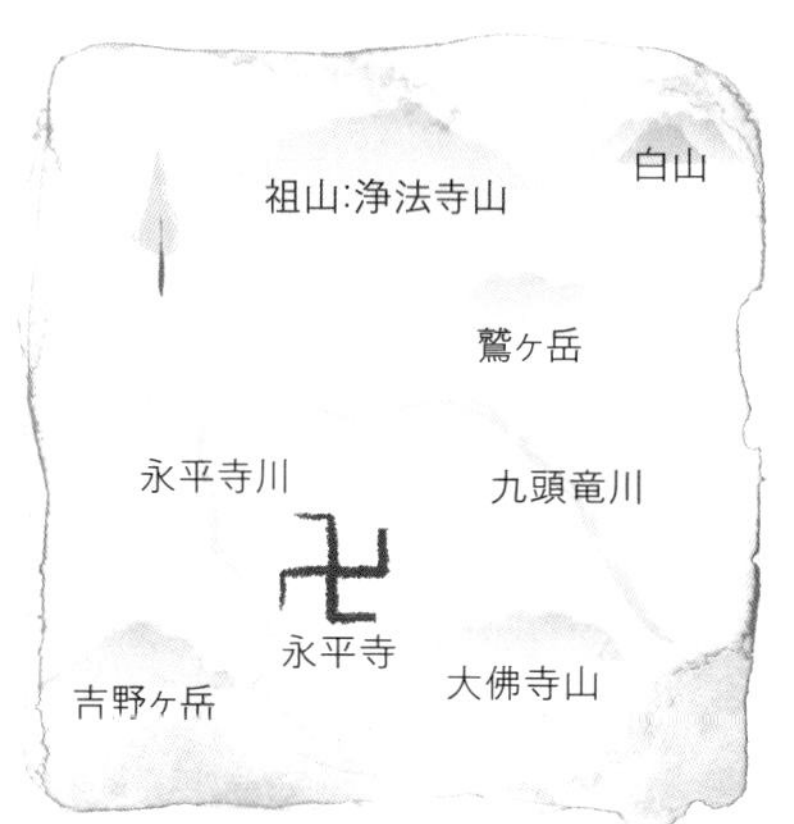

祖山は浄法寺山（▲1053m）。浄法寺山から生じた龍脈が、鷲ヶ岳を経由して、永平寺に流れている。永平寺川と九頭竜川が、永平寺に気を引き寄せている。大佛寺（だいぶつじ）山、吉野ヶ岳がその気を逃がさないように取り囲んでいる。また、このパワースポットには白山からの気の影響もある。

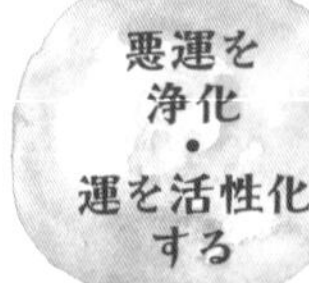

福井県

若狭彦神社

WAKASAHIKO JINJA

◎祖山＝百里ヶ岳 ☆☆☆☆☆

天と地の中間層にある清浄なパワースポット。強力な清浄化作用で運気をガラリと変える。

神門と本殿
Photo by Yuchiku Rinoie

所在地：福井県小浜市龍前28-7
アクセス：「東小浜駅」より徒歩30分

「清浄」という言葉がふさわしい、まれに見る清らかなスポット。これほど汚れのない土地は、現代では貴重です。この土地の持つ運気は、強力な清浄化作用。訪れる人の運にたまった悪いものを浄化してくれます。運気を一変させたい人は、ぜひ訪れてみましょう。

このスポットは、御神島（おんがみ）から熊野に続くレイライン上にあり、天と地をつなぐ中間層のような場所。境内には、天の気とも地の気とも違う不思議な気が流れています。参道の二の鳥居代わりの2本の大木周辺が最も強力なスポット。

祖山は百里ヶ岳（▲931m）、太祖山は比良（ひら）山地（最高峰は武奈ヶ岳▲1214m）。比良山地から百里ヶ岳、多田ヶ岳にいたる山の連なりが、そのまますばらしい龍脈となって若狭彦神社と若狭姫神社に流れ込んでいる。小浜（おばま）湾が砂となって、流れてきた気をふたつの神社にためてくれている。

強い生気をくれる

福井県 若狭姫神社

WAKASAHIME JINJA

◎祖山＝百里ヶ岳 ☆☆☆☆☆

さまざまな運を向上させてくれる生気に満ちたスポット。『千年杉』を見て強い生気を吸収。

前ページの若狭彦（わかさひこ）神社から程近い場所に位置する神社で、若狭彦を「上社（かみしゃ）」、若狭姫を「下社（しもしゃ）」とも呼びます。

訪れる順番は若狭彦が先で、その後に若狭姫へ。若狭彦で気を清浄にしてから若狭姫神社が持つ生気を受けると、より強くパワーを体感できます。

ここは大地から気の吹き上がるパワフルなスポット。鳥居をくぐり『随神門』までの道には険しい気が流れていますが、門をくぐると途端に空気が優しくやわらかなものに変わります。

社殿横の『千年杉』を見ると、より強い生気を受けられます。千年杉を見上げる場所があるので、そこに立って見上げましょう。

また、境内入り口にある鳥居は『見返り鳥居』と呼ばれています。境内を出る前に振り返って、そこからもう一度千年杉を見上げると、さらにパワーを受けられます。

神門と千年杉

Photo by Yuchiku Rinoie

所在地：福井県小浜市遠敷65-41
アクセス：「東小浜駅」より徒歩10分

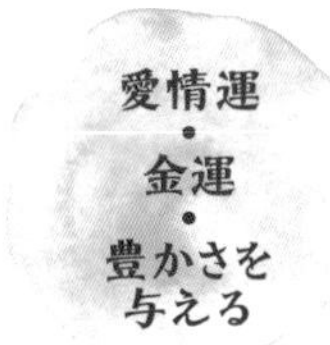

静岡県

富士山本宮浅間大社

FUJISAN HONGU SENGEN TAISHA

◎祖山＝富士山 ☆☆☆☆

富士山の「陽」の気を受け止め輝くパワースポット。人生に豊かさをもたらしてくれる。

富士山の南西に位置する富士山本宮浅間大社（ほんぐうせんげんたいしゃ）は、富士山を中心に、北口本宮冨士浅間神社（P95）と対角線上にあります。富士山は日本有数のパワーを持つ霊山で、そのパワーは陰陽のバランスを保つことから成り立っています。北口本宮冨士浅間神社が富士山の持つよい「陰」の気を強めているのに対し、こちらは富士山の強すぎる「陽」の気を穏やかで優しい気に変換しているスポットです。愛情運や豊かさ、楽しみ事、癒やしなどの運気があり、特に愛情に満ちた人生を送りたい人におすすめです。

ただしこのスポットは訪れる人との相性があり、

拝殿と本殿

所在地：静岡県富士宮市宮町1-1
アクセス：「富士宮駅」より徒歩10分
http://fuji-hongu.or.jp/sengen/

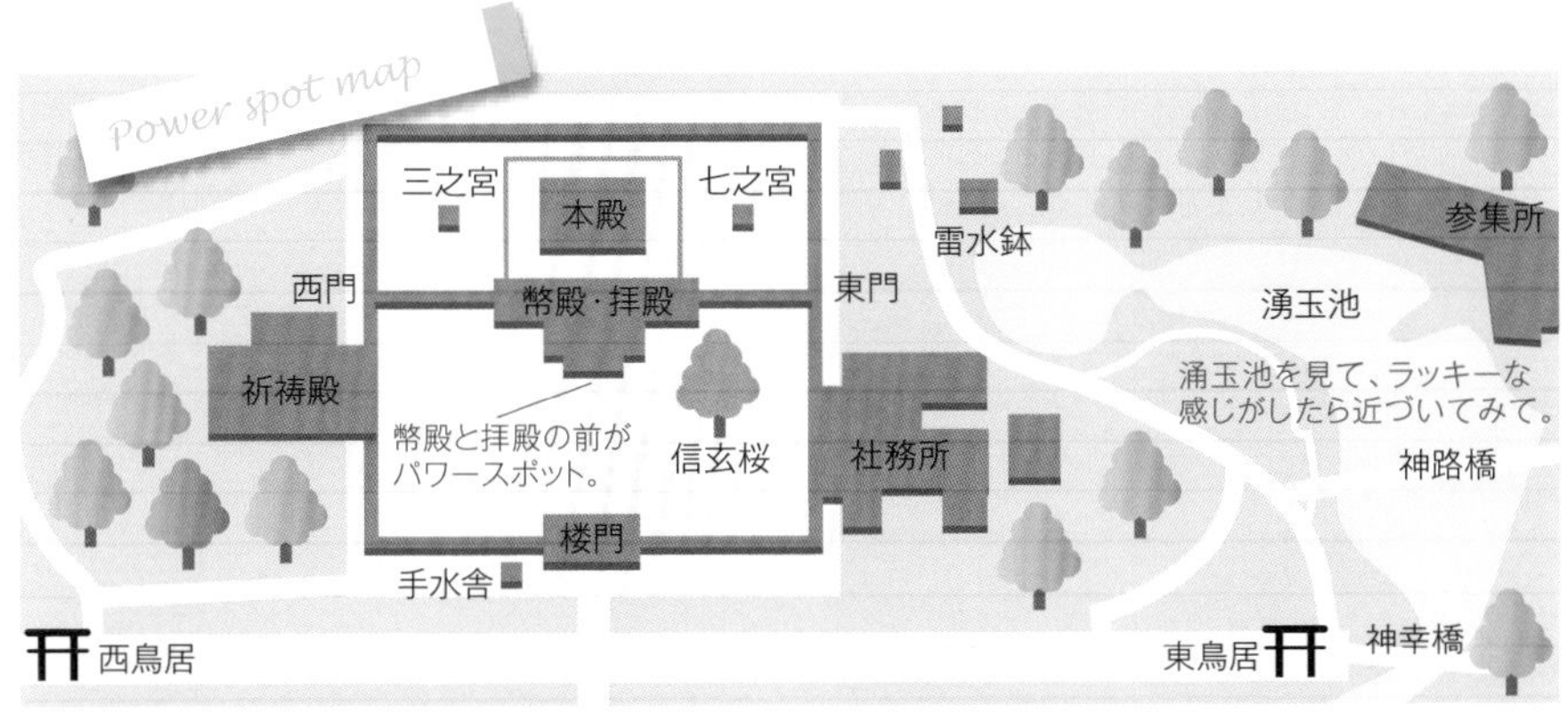

湧玉池

社殿

気が合う人にだけ素早く、強い運気を与えてくれます。効果を実感できなかった人も、何度か訪れるうちに土地との相性が合ってきます。

また、この土地を訪れ、愛情運や金運など土地の運気をいただけた人は、再度訪れて願い事をすると、その願いが叶いやすくなります。その際、前回のお礼をきちんと述べることが大切です。

敷地内にある『湧玉池』は、パワースポットですが、立ち寄るかどうかは自分の直感で決めましょう。遠くから見て、よい気を感じた人だけ「水」に触れ、パワーを吸収してください。

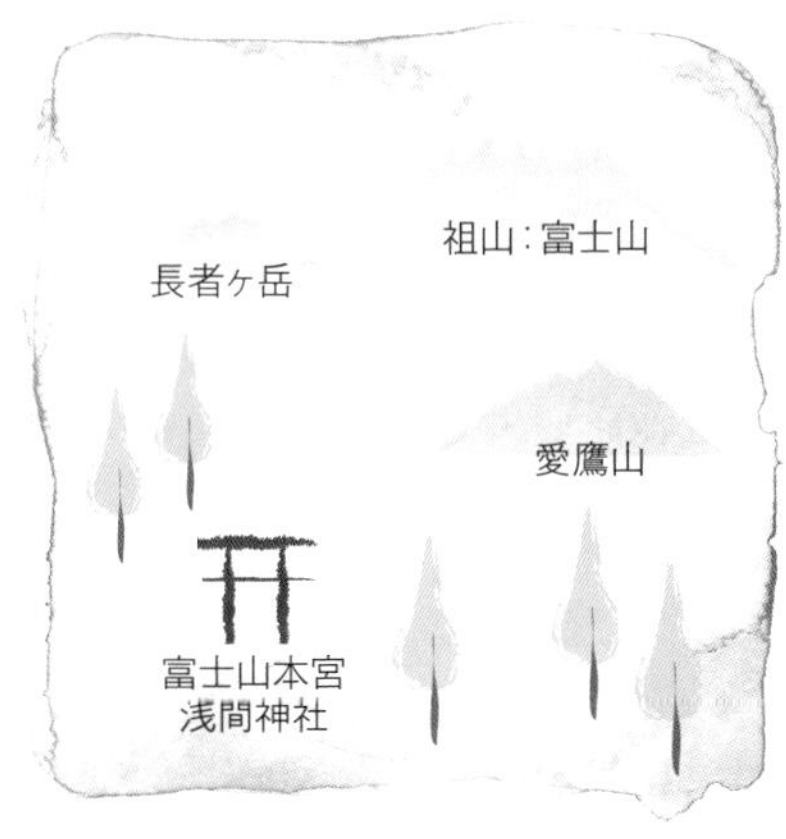

祖山は富士山（▲3776m）。富士山は「火」と「水」の気を併せ持つ独立峰で、強すぎるほどのパワーがある。浅間大社は、富士山の南西に位置し、富士山の持つ「水」の気が司る金運や愛情運を受け止めている。長者ヶ岳や愛鷹山が砂となって、流れてきた気をとどめるはたらきをしている。

願いを叶える・恋愛運・金運・健康運

静岡県

来宮神社

KINOMIYA JINJA

◎祖山＝岩戸山 ☆☆☆☆

恋愛運をもたらし、容姿を美しくしてくれるパワースポット。

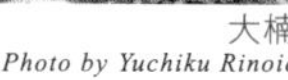
大楠
Photo by Yuchiku Rinoie

所在地：静岡県熱海市西山町43-1
アクセス：「熱海駅」より徒歩20分
https://www.kinomiya.or.jp/

山から流れてくる生気と、川やわき水から生じる生気を受け止めているパワースポット。恋愛運や金運、健康運のアップ、容姿を美しくするなど、「水」に関連する運を与えてくれます。このスポットは「水」の気を感じることで運気を受け取ることができます。境内脇を流れる糸川を眺めたり、ご神水はぜひいただきましょう。

参道の『第二大楠』と、本殿に向かって左奥の『大楠』周辺は強いパワースポット。なかでも樹齢2000年の大楠は願いを叶えるパワーがあるので、願い事を心に秘めて木の周りを一周しましょう。

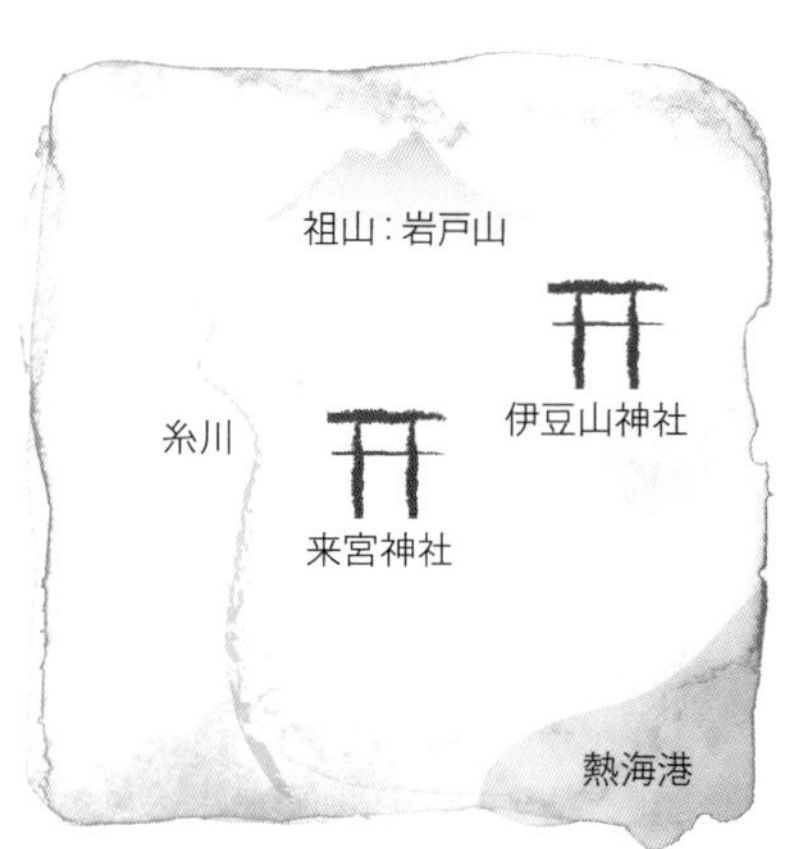

祖山は岩戸山（▲734m）。来宮神社周辺をはじめ、熱海一帯は良質のわき水で知られ、おいしいだけでなく水そのもののパワーも強い。その水が、岩戸山から流れる気を来宮神社に集めている。特に、来宮神社境内脇を流れる糸川は、悪いものをすべて流す強いパワーをもっている。

良縁・地盤を固める

静岡県

伊豆山神社

◎祖山＝岩戸山 ☆☆☆☆

IZUSAN JINJA

訪れた人の地盤を固めて願望成就へと向かうパワーをくれる。

所在地：静岡県熱海市伊豆山上野地708-1
アクセス：「熱海駅」よりバスで7分、「伊豆山神社前」下車　http://jinjya.info/

本殿と梛の木
Photo by Yuchiku Rinoie

Power spot map

白山社
結明神本社
白山社遥拝所
鳥居右側の楠木周辺がスポット。
本殿
腰掛石
雷電社
社務所
手水舎
結明神社
足立権現社

地盤を固め、次のステップへと向かうための力を与えてくれるパワースポット。

「白山社（はくさんしゃ）」の鳥居の右側の楠周辺にパワーが強くあり、良縁が欲しい人は本殿両脇にある梛の木の葉を持つと縁に恵まれるとされています。

この神社では山上にある本宮へぜひ参拝を。本宮は「聖地」と呼べるほど強い気を持つ土地なので、圧倒的な聖なるパワーを受けることが出来ます。ただし、神域と近いため邪気を持ち込むことは絶対にＮＧ。敬虔な気持ちで参拝することが大切です。

地盤を固める・努力の結果を出す

静岡県

三嶋大社

MISHIMA TAISHA

◎祖山=愛鷹山 ☆☆☆

現実的な願いを叶えてくれるパワースポット。生活を安定させたい人や、努力してきたことを実らせたい人におすすめ。

本殿

所在地：静岡県三島市大宮町2-1-5
アクセス：「三島駅」より徒歩約15分
https://www.mishimataisha.or.jp/

祖山の愛鷹(あしたか)山は「土」の気が強く、努力から生じた成果を与えてくれる山。その山の気をダイレクトに受けたこの土地は、地に足のついた現実的な願いを叶えてくれる運気があります。努力してきたことの結果を出したい人、生活や家庭を安定させたい人に特におすすめです。

強いパワーは、本殿の前から10メートル付近までに感じられます。この土地の気は緩やかに流れているので、せかせか過ごすと運気を効率よく吸収できません。ゆっくり歩いて参拝し、本殿の近くでは深呼吸しましょう。

祖山は愛鷹山（▲1188m）で、太祖山は富士山（▲3776m）。愛鷹山は、富士山の気をキャッチして、この土地に流している。その気を引き止めているのが駿河湾。また、三嶋大社から駿河湾のある沼津市にかけては平地が広がっており、それがこのスポットの現実的な気（「土」の気）を呼んでいる。

静岡県

久能山東照宮

KUNOUZAN TOSHOGU

◎祖山＝竜爪山　☆☆☆☆

湾に向かって走った龍が勢いよく昇り、巡回する「昇龍形」のスポット。立身出世の運や、英雄を生むパワーを持つ。

1159段の石段

所在地：静岡県静岡市駿河区根古屋390
アクセス：「静岡駅」よりバスで50分、「久能山下」下車、徒歩20分　https://www.toshogu.or.jp/

この土地の地形は「昇龍形」または「回龍形」と呼ばれ、たいへん強い生気を持っています。「英雄を生む」とされることから、徳川家康公は生前の遺言でこの地を墓所と指定しました。陰宅として用いると、この先も強い指導者が授かる土地とされていますが、「繰り返し」のパワーもあります。そのため、この先の世に戦をもたらさないよう、家康公の遺体は日光に改葬されることになりました。

このスポットはやる気を得たい人、出世を望む人におすすめ。1159段ある石段を上り、そこから駿河湾を眺めると気の吸収率が上がります。

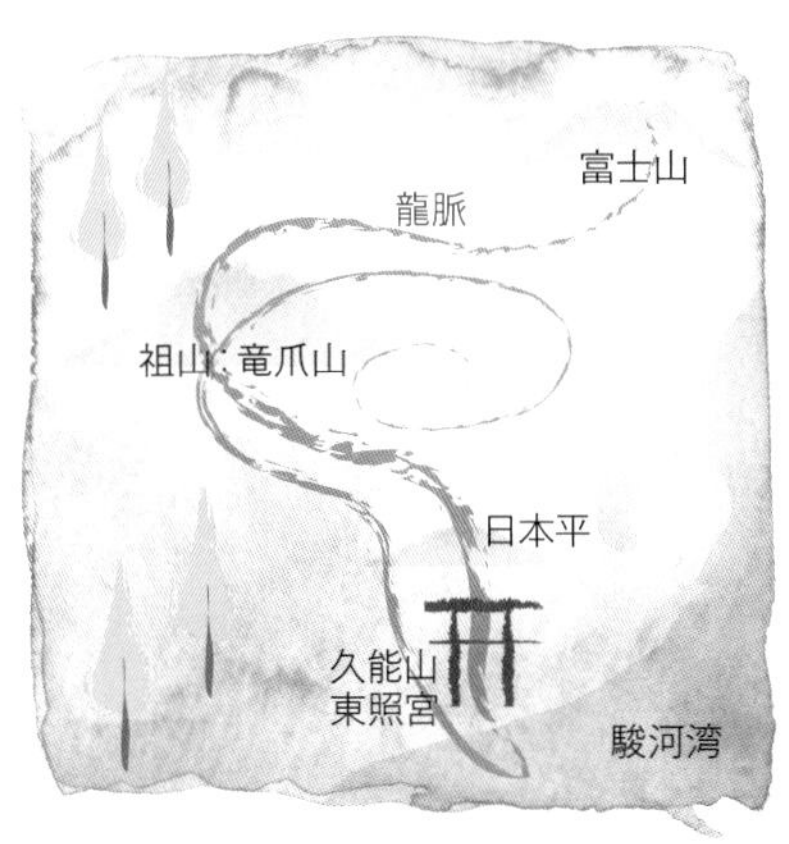

祖山は竜爪山（りゅうそうざん。最高峰は薬師岳▲1051m）。竜爪山から日本平を経て駿河湾に向かった龍脈が、駿河湾にはじき返されて逆流し、山の間を走り回っている。このようなパワースポットは「昇龍形」「回龍形」と呼ばれ、好戦的で常に変化を求める気を持つ。

願いを叶える

愛知県

真清田神社

MASUMIDA JINJA

◎祖山＝金華山 ☆☆☆

龍脈が勢いよく昇っていく「昇龍形」のスポット。物事をよい方向へ押し進める運気があり、現実に即した願いが叶う。

所在地：愛知県一宮市真清田1-2-1
アクセス：「名鉄一宮駅」または「尾張一宮駅」より徒歩8分
http://www.masumida.or.jp/

楼門

祖山の金華山は、日本の山々の中でも強力なパワーを持っています。その潜在能力は、金華山の気を１００％受ければ天下を取ることができるというぐらい強大で、地形は俗に言う「英雄を生む」形となっています。

その気が緩やかに流れ込んでいるこの土地は、地位を向上させ、物事をよい方向へと押し進めるパワーがあります。特に、現実的な願いが叶いやすいので、願い事は今の自分に即したものを。本殿前から左右にかけてパワーが強いので、歩いて気を吸収してください。

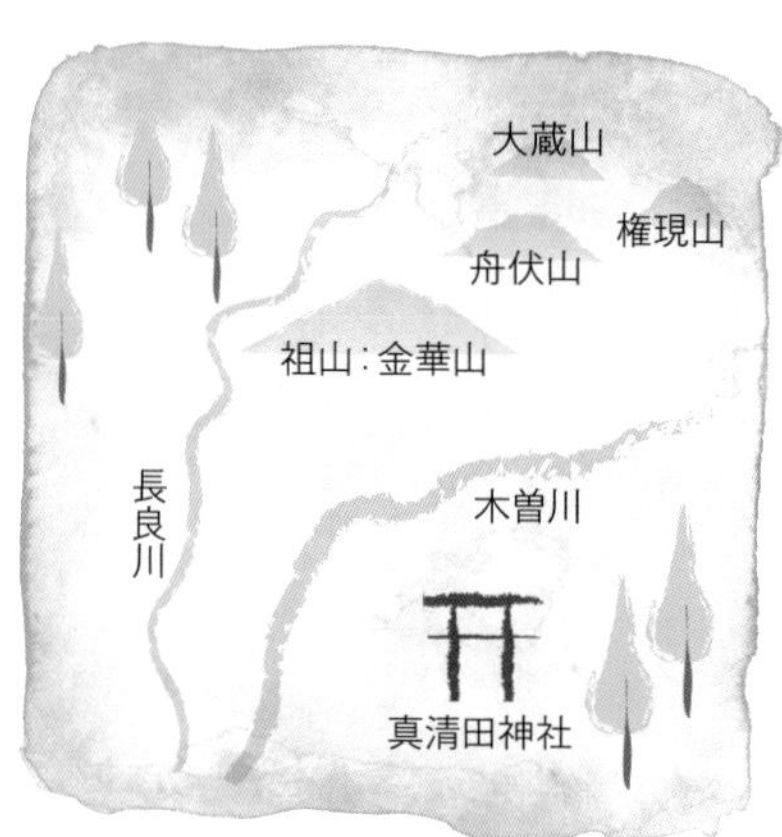

祖山は金華山（▲329m）。金華山には、「昇龍形」といって龍が勢いよく昇るという性質があり、数ある日本の山々の中でも強い気を持つ。山の気は長良川と木曽川に乗って真清田神社に流れ着いている。また、金華山は岐阜城にもパワーを与えている。

Chapter
6
近畿地方
籠神社
竹生島宝厳寺
竹生島神社
多賀大社
貴船神社
出雲大神宮
上賀茂神社
下鴨神社
長等山 園城寺（三井寺）
伊和神社
知恩院
建部大社
石山寺
椿大神社
車折神社
清水寺、三十三間堂
石清水八幡宮
湯泉神社
大市八幡神社
三島神社
春日大社
枚岡神社
四天王寺
住吉大社
伊勢神宮
大神神社
橿原神宮
吉野神宮
丹生川上神社 中社
先山千光寺
丹生川上神社 下社
丹生川上神社 上社
おのころ島神社
玉置神社
熊野本宮大社
熊野速玉大社
神倉神社
熊野那智大社

強い金運・愛情運・道を示す

三重県

椿大神社

TSUBAKIOOKAMI YASHIRO

◎祖山＝入道ヶ岳　★★★★★

人生に導きを与えてくれるパワースポット。人生の迷路から抜け出て進むべき道を示してくれる。金運や愛情運アップにも。

入道ヶ岳山頂、奥の宮いわくら（仏石の磐座）

所在地：三重県鈴鹿市山本町1871
アクセス：「四日市駅」よりバスで1時間、「椿大神社」下車
https://www.tsubaki.or.jp/

祖山となる入道ヶ岳は、人を導くパワーと「金」の気を併せ持った山。その山の気を背後から受けている椿大神社（つばきおおかみやしろ）は、訪れた人にさまざまな意味で向かうべき「道」を示してくれ、同時に金運や楽しみ事を与えてくれるパワースポットです。

迷いや悩みがあるとき、人生がつまらなく感じているときには、ぜひ訪れてみましょう。何か新しいことを始めたい人や運気をリセットしたい人、今の状態から前に進みたいと強く願う人にもおすすめです。

境内全域から強いパワーを体感できますが、なかでも参道と、拝殿前の石畳に強力なパワーが流れています。この土地は、午前中の早い時間により清浄な気を発するので、できれば朝早いうちに参拝してください。

恋愛や愛情の運気が欲しい人は、別宮の『椿岸（つばきぎし）神社』にも立ち寄りましょう。椿岸神社には「金」の気と同時に「水」の気も流れてきていて、充実した恋愛をもたらす運気があります。特に、今まであまりいい恋愛に巡り会えなかった人には強いパワーを発揮するのでおすすめです。

社殿に向かって右手にある『金龍明神の滝』には、祖山の入道ヶ岳を源とする水龍のパワーが集まっています。愛情運とともに金運を与えてくれるパワーが強くあるので、水に触れたり、写真を撮ったりして運気を吸収してください。

この土地では、ゆっくり深呼吸をすることで、より体内に運気を吸収することができます。自分の気に入った場所では立ち止まって、清浄な空気を体内に取り込むつもりで深呼吸を。

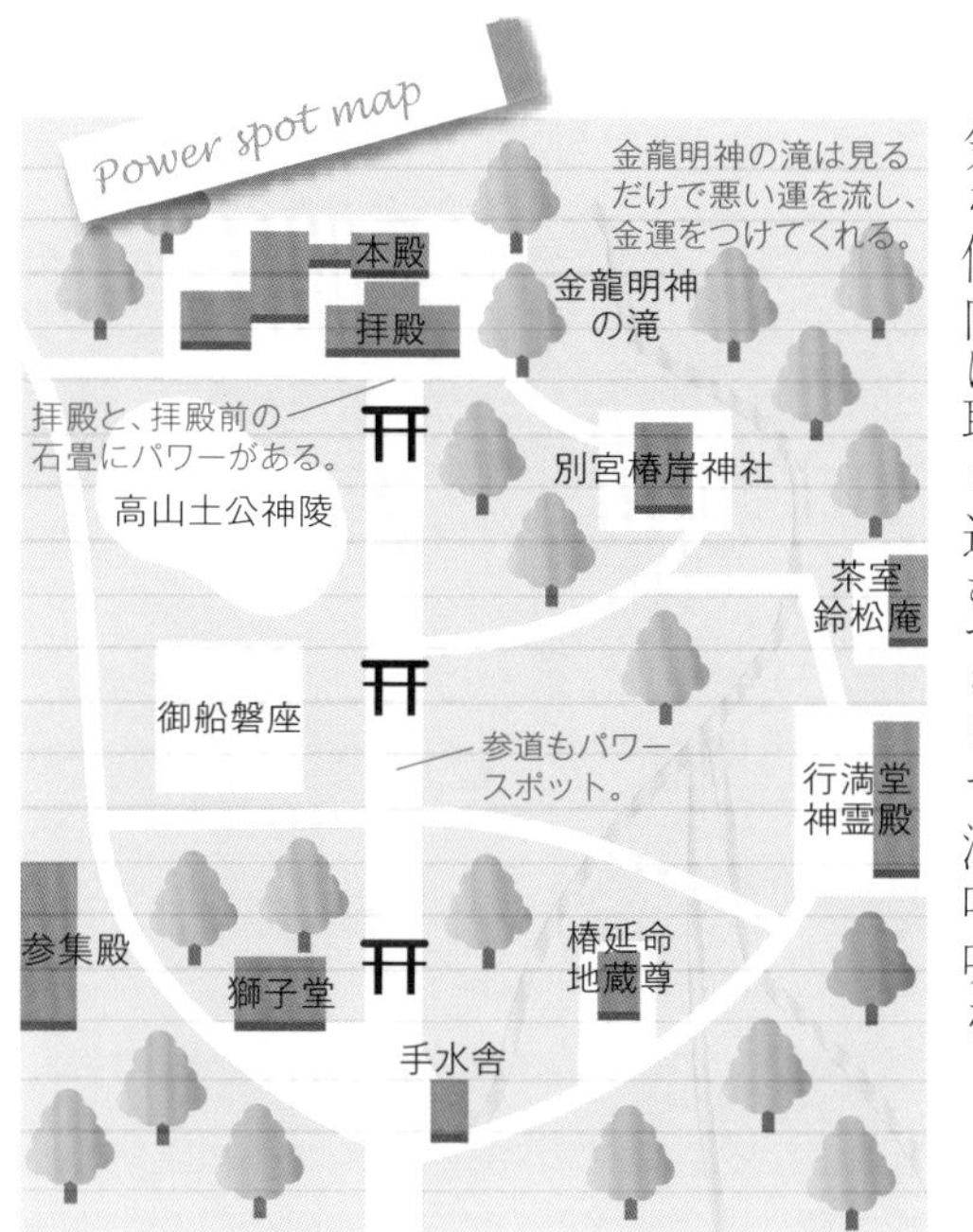

祖山は入道ヶ岳（▲906m）。入道ヶ岳は人を導き、大きな金運をもたらす霊山。御在所山（▲1212m）からの気も、鎌ヶ岳や宮越山を経て入道ヶ岳に送られてきている。椿大神社の脇には鍋川が、神社の境内には大明神川が流れ、山の気を境内に引き入れているとともに、川自体も強い金運を宿している。

拝殿

別宮椿岸神社

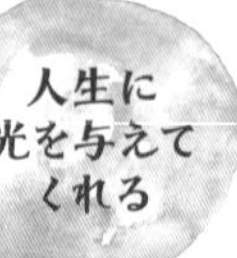

三重県

伊勢神宮

ISE JINGU

◎祖山＝八弥宣山 ☆☆☆☆

人の心に光を与えてくれる、日本の聖地。この地に導かれたことに感謝しながら、境内に流れる生気を体感して。

伊勢神宮の正式名称は「神宮」、つまり神の宮殿です。内宮と外宮、そして125社ある別宮からなるため、すべてをゆっくり見るには1日では難しいかもしれません。時間に余裕のある人は、2日かけての参拝をおすすめします。

伊勢神宮を参拝するときは、まずは二見浦に立ち寄って気を清浄にしたあと外宮へ、そして内宮を訪れるのがルール。

外宮は晴れた日はもちろん、雨の日に訪れても気の体感度が上がる不思議なスポットです。雨は食物の源となるものですが、ここは神々に祭るための食べ物を司る御饌都神をお祭りしているため、雨の日に気の流れを変えるのかもしれません。

内宮は「光」を発する聖なるスポット。参道から続く斜面を下っていくと『御手洗場』に出るので、ここから間近に五十鈴川の水に触れたり、川の流れを眺めるのがおすすめです。ほかの場所から川の流れを眺めても、この土地に流れる「光」のパワ

五十鈴川

所在地:三重県伊勢市宇治館町1
アクセス:外宮は「伊勢市駅」より徒歩5分
https://www.isejingu.or.jp/

ーを得ることができるので、内宮を訪れたら五十鈴川を眺めましょう。伊勢神宮は願いを叶える場所というより、この先の人生の道を示す「光」をいただきに訪れる場所。この地に来られたことに心から感謝して、心を正してお参りをしてください。

外宮　境内図

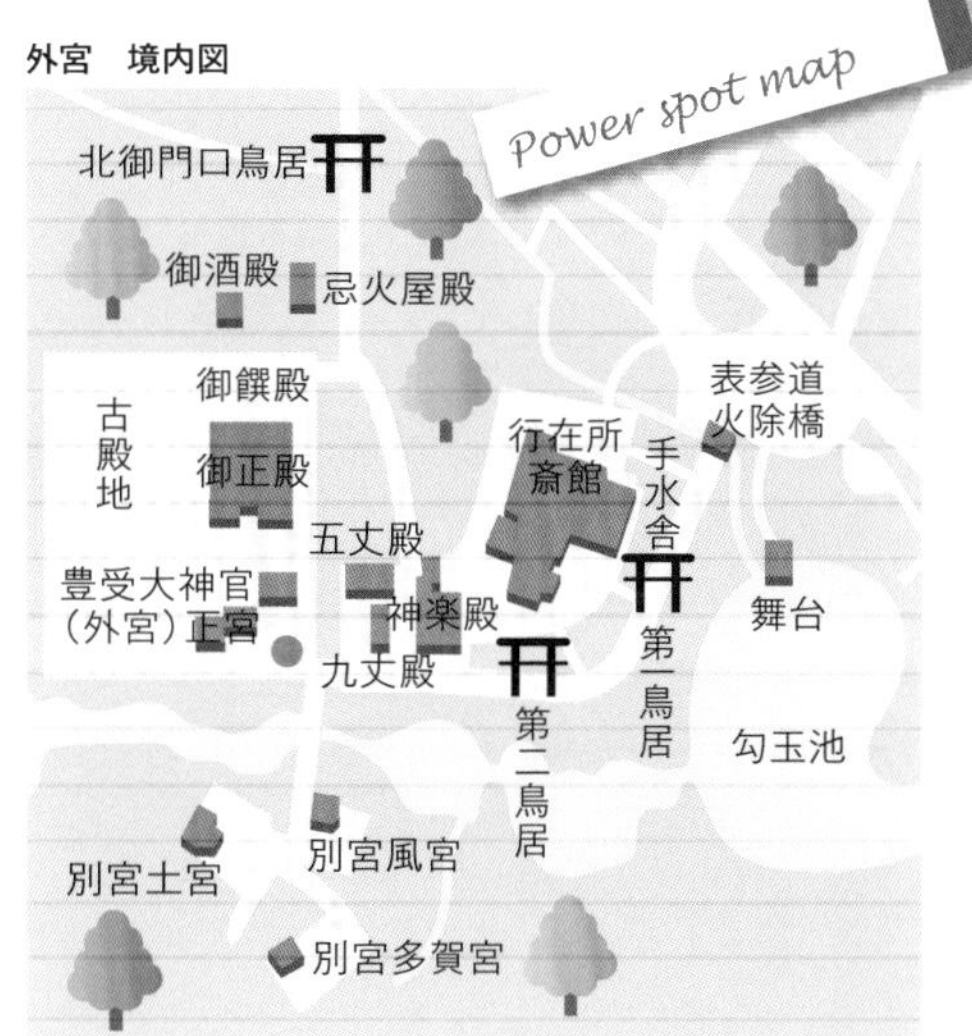

内宮神楽殿

内宮　境内図

Power spot map
宇治橋
神官茶室
神官司庁
五十鈴川
神苑
参集殿
手水舎
行在所斎館
第一鳥居
外御厩
別宮荒祭宮
内御厩
神楽殿
五丈殿
外幣殿
第二鳥居
忌火屋殿
御稲御倉
古殿地
皇大神官（内宮）正宮
風日祈宮橋
別宮風日祈宮

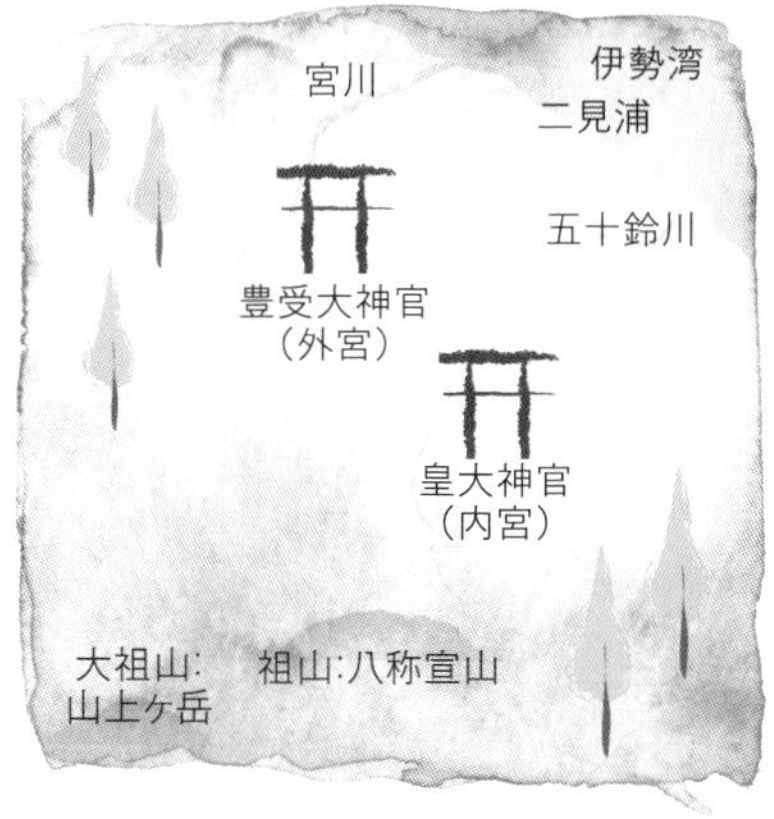

祖山は八称宣山（はちねぎさん、▲426m）、大祖山は大峰山脈の流れをくむ山上ヶ岳（▲1719m）で、山上ヶ岳と熊野の山々の気の影響も受けている。山の気は五十鈴川沿いに流れ、伊勢湾を明堂水として伊勢神宮にたまってから二見浦に流れていく。伊勢湾には強いパワーがあり、物事を循環させる運を持つ。

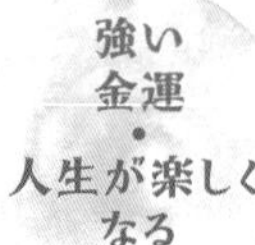

滋賀県

石山寺

ISHIYAMA DERA

◎祖山=音羽山　☆☆☆☆☆

金運をはじめ、人生を豊かにする
すべての運気を与えてくれるスポット。
楽しい人生を送りたい人に。

「金」の気のパワーが凝縮したパワースポットで、金運を与えてくれるパワーは強大です。ここでは楽しい気持ちで過ごすことが運気吸収のポイントになります。

石山寺の気は常に上に向かって流れているため、参道を歩いていると足どりが軽く感じられるかもしれません。参道には強い気の流れがありますが、この土地で最も強いスポットは石段を上ってすぐ目の前にある岩山付近。これだけ大きな硅灰石（けいかい）はとても珍しく、石山寺の名前の由来になっているそうです。この岩山の前で写真を撮ると、この土地の「金」の気を強く受け取ることができます。

本堂の中も強力なパワースポット。気が下から

東大門

所在地:滋賀県大津市石山寺1-1-1
アクセス:「石山駅」よりバスで10分、「石山寺山門前」下車
https://www.ishiyamadera.or.jp/

上に向かって縦に強く流れているため、体が浮くように感じることも。その感覚を体感できたら、この地のパワーをしっかりと受け取ったことになります。

お参りを済ませたら、硅灰石の脇を通り、そのパワーを感じながら日本最古の『多宝塔』へ。多宝塔の前も気の吸収ポイントです。

琵琶湖や瀬田川を見渡せる『月見亭』にも立ち寄りましょう。石山寺ではこの地の水龍である瀬田川の流れを眺めることで、ここで得た運気を定着させることができます。

祖山は音羽山（▲593m）。石山寺は巨大な岩山の上に建っており、寺の持つ「金」の気は、この岩山によるもの。さらに、石山寺は琵琶湖から瀬田川が生ずるエリアに位置し、琵琶湖や瀬田川の持つ「水」の気が岩山の「金」の気と混じり合うことによって、とても強い金運を生み出している。

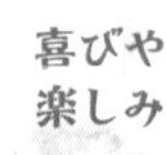

滋賀県

竹生島宝厳寺

CHIKUBUSHIMA HOUGONJI

◎祖山＝金糞岳 ☆☆☆☆☆

大地から上がってくる穏やかな「水」の気が喜びごとや楽しみごとをもたらしてくれます。ゆったりと動いて運気を吸収しましょう。

納経所
Photo by Yuchiku Rinoie

所在地：滋賀県長浜市早崎町1664-1
アクセス：「長浜港」「彦根港」「今津港」より
船舶で約25〜40分　https://www.chikubushima.jp

琵琶湖の水龍がもたらす「水」の気に満ちたスポット。同じ島の中でありながら左ページの竹生島神社より気の性質は穏やかで、喜び事や楽しみ事を与えてくれる運気があります。ここでは性急に動くとパワーを受けづらいので、なるべくゆったりと行動するように心がけて。

最も強く気を感じられるエリアは、弁天様をお祭りしている本堂の前。お参りのあとは、願い事を書いた紙を『弁天様の幸せ願いダルマ』に入れて奉納しましょう。自分の好きな顔のダルマを選ぶのも楽しみのひとつです。

祖山：金糞岳
竹生島
伊吹山
琵琶湖

琵琶湖の北側は陸地の一部が湖に張り出している、典型的な風水地形。祖山である金糞岳（▲1317m）をはじめとする山々からの気と琵琶湖の強い「水」の気が合わさり、竹生島に集結している。この島の気は体感しづらいが、島を巡るうちに体の中に「水」の気がたまっていくので、ぜひゆったりと島巡りを。

金運・恋愛運・運の吸収率が高まる

滋賀県

竹生島神社

CHIKUBUSHIMA JINJA

◎祖山＝金糞岳

☆☆☆☆☆

「水」の生気を受け取れる場所。運の吸収率が高まり、金運や恋愛運も全般的に上昇します。

本殿

所在地：滋賀県長浜市早崎町1665
アクセス：「長浜港」「彦根港」「今津港」より船舶で約25～40分
http://www.chikubusima.or.jp

竹生島で最も強く「水」の気を感じられるパワースポット。「水」の生気そのものを吸収することで運の吸収率がよくなり、願いが叶いやすくなるほか、金運や恋愛運など「水」にかかわる運気も高めてくれます。

お参りをしたら『竜神拝所』で『かわらけ投げ』を。願い事と自分の名前を書いたかわらけ（土器）が鳥居をくぐれば願いが叶うとされています。なお、参道の途中から枝分かれしている『黒龍堂』へ向かう道もパワースポットですから、ぜひ歩いてみてください。

鳥居に向かってかわらけ投げを

竹生島

Photo by Yuchiku Rinoie

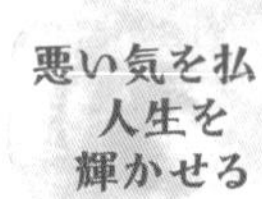

建部大社

TAKEBE TAISYA

◎祖山＝滝王山 ☆☆☆

琵琶湖の水龍と山々の生気が合体。マイナスの気を消し去り、光の射すほうへと導いてくれます。

1300年以上の歴史を持つ建部大社は、日本武尊（やまとたけるのみこと）を祭神とする由緒ある神社。琵琶湖の水龍に、竜王山、太神山（たなかみ）、鶏冠山（けいかん）といった周辺の山々からの気が加わって一体化し、強い気を発するスポットになっています。この土地の気は、悪い気を晴らし、心の曇りを取ってくれる「光」の気。訪れる人の人生を明るく照らし、光の道へと導いてくれる力もあります。

とりわけ、神門に下げられた提灯の下に立つと、強力な気が感じられます。神門を入って右手にある三本杉の前、拝殿のあたりもパワースポットですから、立ち止まってゆっくり深呼吸し、気を体感してください。

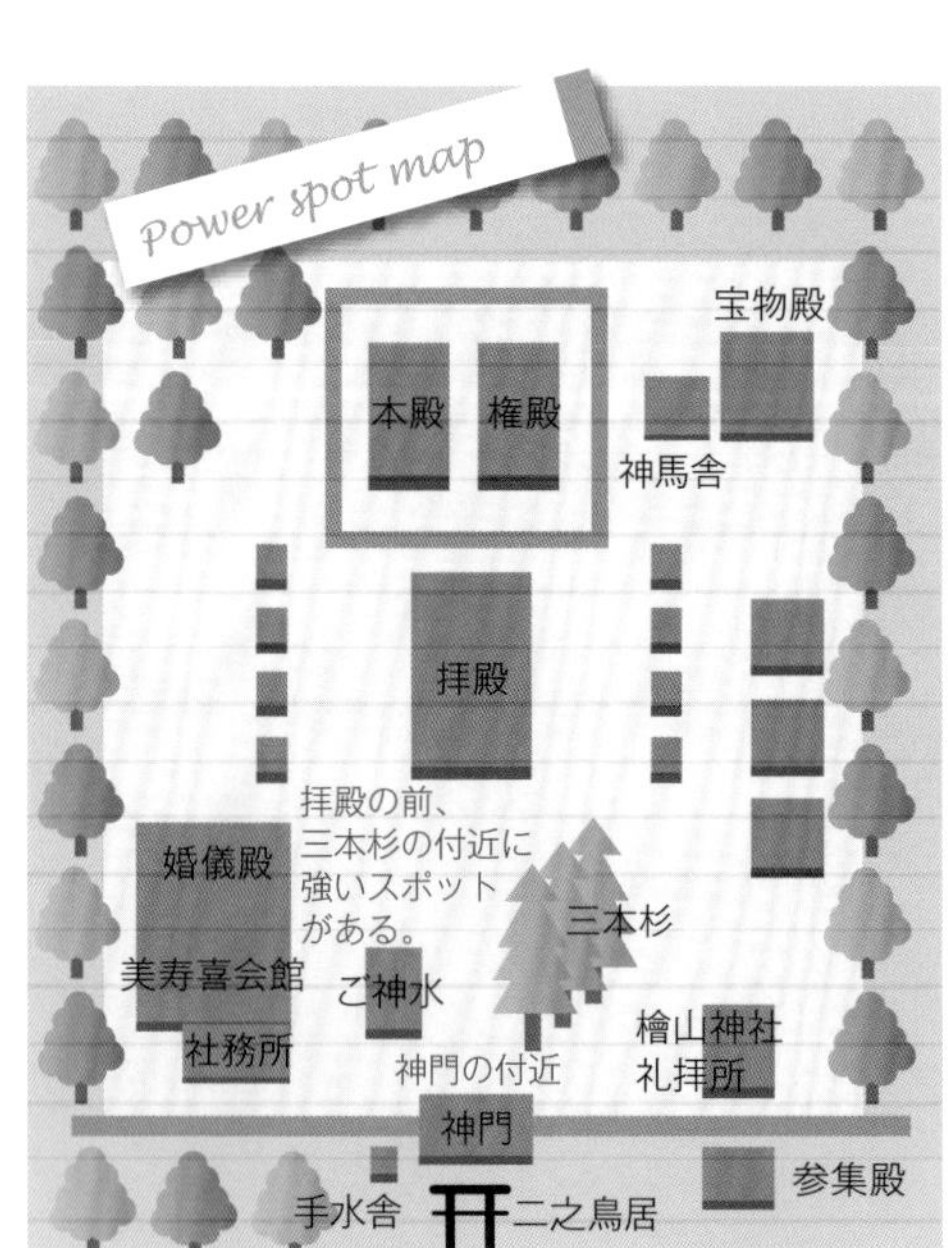

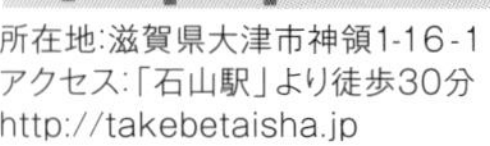
所在地：滋賀県大津市神領1-16-1
アクセス：「石山駅」より徒歩30分
http://takebetaisha.jp

三本杉

滋賀県

多賀大社

TAGA TAISHA

◎祖山＝高室山 ☆☆☆☆

地龍のパワーが強い土地。
現実的な願いを叶えてくれる。

拝殿

所在地:滋賀県犬上郡多賀町多賀604
アクセス:「多賀大社前駅」より徒歩10分
http://www.tagataisya.or.jp/

さまざまな霊山から気を受けた地龍が集うパワースポット。この土地は、特に現実的で具体的な願いを叶えるパワーがあります。鳥居を抜けた先の『太鼓橋』を渡ると、願いを叶える力がより強まります。この橋は角度が急なので足元に注意してください。境内のパワーは広範囲に広がっており、どこを歩いても運気を吸収できますが、特に強いスポットは拝殿の前。願いを告げながら、ゆっくりと気を体感しましょう。また、繁栄の運気も得られるスポットなので、会社の発展や家族の成長を願う人にもおすすめです。

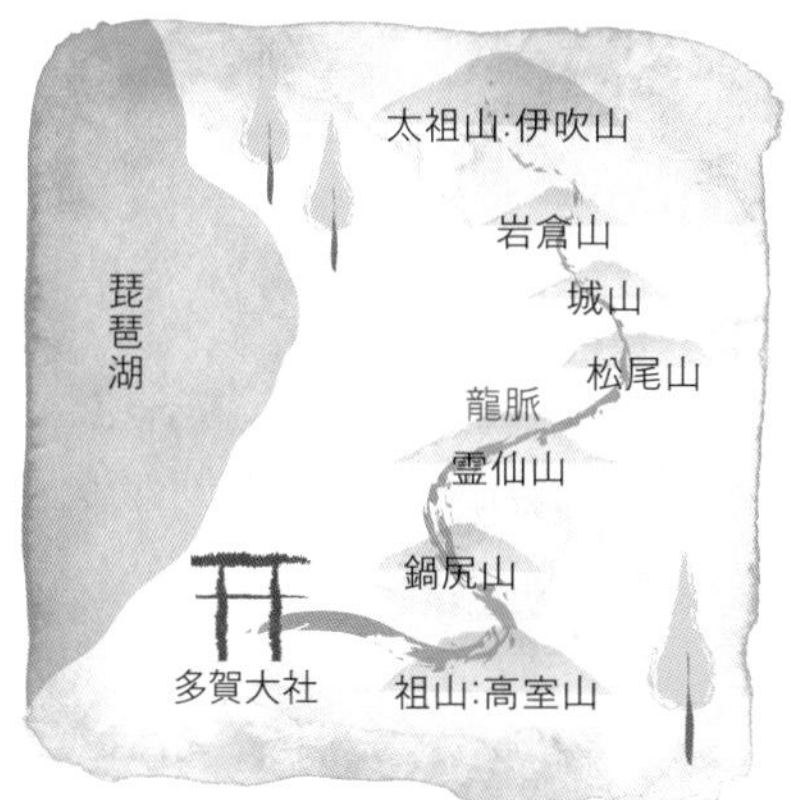

祖山は高室山(▲818m)、太祖山は伊吹山(▲1377m)、伊吹山から生じた気は岩倉山や鍋尻山などの山並みをリレーして流れ、高室山にたどり着く。琵琶湖が明堂水となり、その気が多賀大社に流れている。ちなみに、多賀大社のある場所のように琵琶湖を西に望むエリアには、基本的に繁栄の運気がある。

安泰・よい運を定着させる

滋賀県

長等山園城寺（三井寺）

NAGARASAN ONJO JI (MII DERA)

◎祖山＝東山の山並み ☆☆

東山の生気と、琵琶湖の「金」の気が流れ込んでいるスポット。運気を定着させ、安定をもたらす。

金堂

所在地：滋賀県大津市園城寺町246
アクセス：「大津駅」よりバスで30分、「三井寺」下車
http://www.shiga-miidera.or.jp/

自分にとって必要な運を与え、その運気を定着させてくれるパワーのあるスポット。また、自分によいことが起こったときに訪れると、その運気を定着させてくれるパワーもあります。安定を望む人におすすめです。

この場所でいちばんパワーが強いのは金堂に隣接する『閼伽井屋』で、天智、天武、持統天皇の産湯に用いた『三井の霊泉』のあるところです。残念ながら中には入れませんが、ここにある『左甚五郎の龍』の彫刻の下あたりでは、強いパワーを体感できます。ゆっくり深呼吸して気を吸収してください。

祖山は東山の山並み（最高峰は大比叡▲848m）で明堂水は琵琶湖。音羽山が砂となっている。ちなみに琵琶湖は金の気を生み出し、日本列島に金の気を循環させる、とても重要なスポット。循環して戻ってきた弱い気を、琵琶湖は浄化してまた送り出している。日本の繁栄には琵琶湖を清浄に保っておくことが大切。

啓示を受ける・人生の方向転換を促す

京都府

石清水八幡宮

IWASHIMIZU HACHIMANGU

◎祖山＝天王山 ☆☆☆

人生の方向転換を促してくれるスポット。物事を大きく変えたい人、新しくしたい人に。

本殿

所在地:京都府八幡市八幡高坊30
アクセス:「ケーブル八幡宮口駅」よりケーブルで3分、「ケーブル八幡宮山上駅」下車、徒歩5分
https://iwashimizu.or.jp/

人生における方向転換をサポートしてくれるパワースポット。よい方向への変化だけでなく、物事を正したり、自分にとって害となるものを整理する運気も得られます。

ここは「上院（じょういん）」と「下院（げいん）」に分かれており、どちらにもパワーはありますが、特に上院のある男山（おとこやま）山頂に「転換」の運気が強くあります。

上院では南総門を抜け本殿へと続く道と、本殿前が特に強いスポット。南総門から本殿を見ながら心の中で願いを告げると、その願いが叶うための転機が訪れやすくなります。

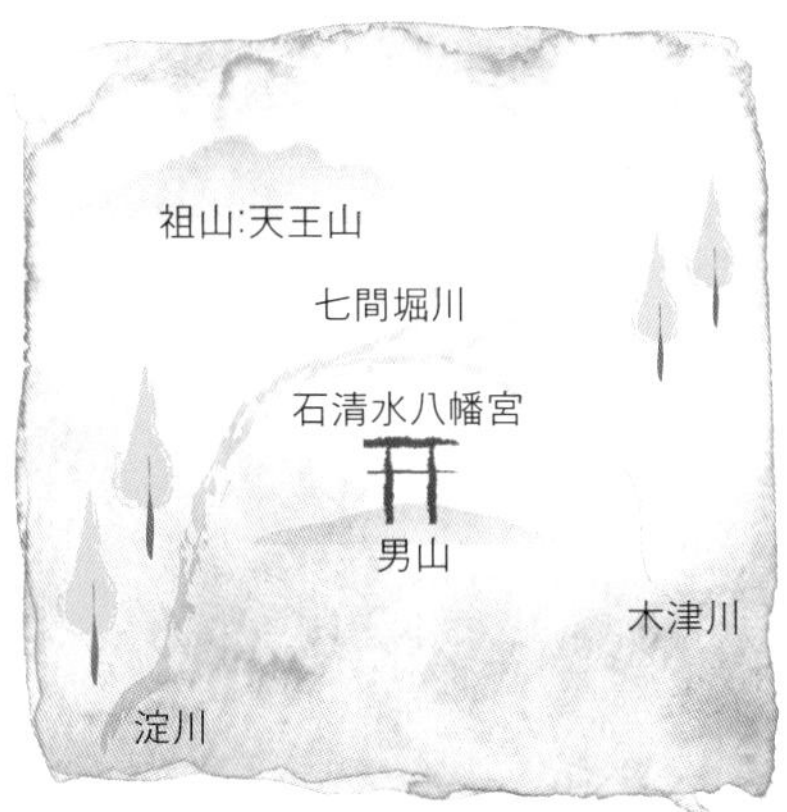

祖山は天王山（▲270m）。「天王山の戦い」で有名な天王山は、物事を正したり、変える運気を持つ山。石清水八幡宮は、男山とも呼ばれる鳩ヶ峰（▲142m）と天王山に挟まれた場所にあり、両方の山の影響を受けている。淀川などの川の力によって、八幡宮に龍脈が流れ込んでいる。

京都府

貴船神社

KIFUNE JINJA

◎祖山＝貴船山 ☆☆☆☆

強力な恋愛パワーがあるスポット。愛情に満ちた人生を与えてくれる。恋愛体質づくりにも効果的。

強力な「水」の気が流れ込むパワースポットで、愛情を充実させる運気を与えてくれます。

本宮では参道の石段と本殿の前が強いスポット。愛情の運気をより強く受け取るためには、本宮にある霊泉で『水占みくじ』を引きましょう。吉凶よりも「水」から言霊をいただくことに意味があります。

奥宮には強い神気があるため、心を正してお参りを。マナー違反な行動や、人の不幸を願うなど、「神気」と相容れない行動をとると、必ず自分に返ってきます。せかせかせずに、ゆっくりお参りすると願いが叶いやすくなります。

貴船神社は、たいへん強い「水」のパワーがあるた

参道

所在地：京都府京都市左京区鞍馬貴船町180
アクセス：「貴船口駅」より徒歩30分
https://kifunejinja.jp

Power spot map
船形石
奥宮
とても神聖な場所なので、敬虔な気持ちで参拝を。
思ひ川
つつみが岩
相生の大杉
雨乞の滝
天の磐船
結社
貴船川
鏡岩
貴船山
本宮
境内にある御神水では水占みくじにトライして。
石庭
鈴鹿谷
ご神木の桂
鞍馬山
至 奥の院 魔王殿
貴船川沿いにパワーが流れている。
烏帽子岩
蛇谷橋
梅宮社
梅宮橋
蛍岩
出町柳へ
貴船口
梶取社
梶取橋
鞍馬へ
一の鳥居

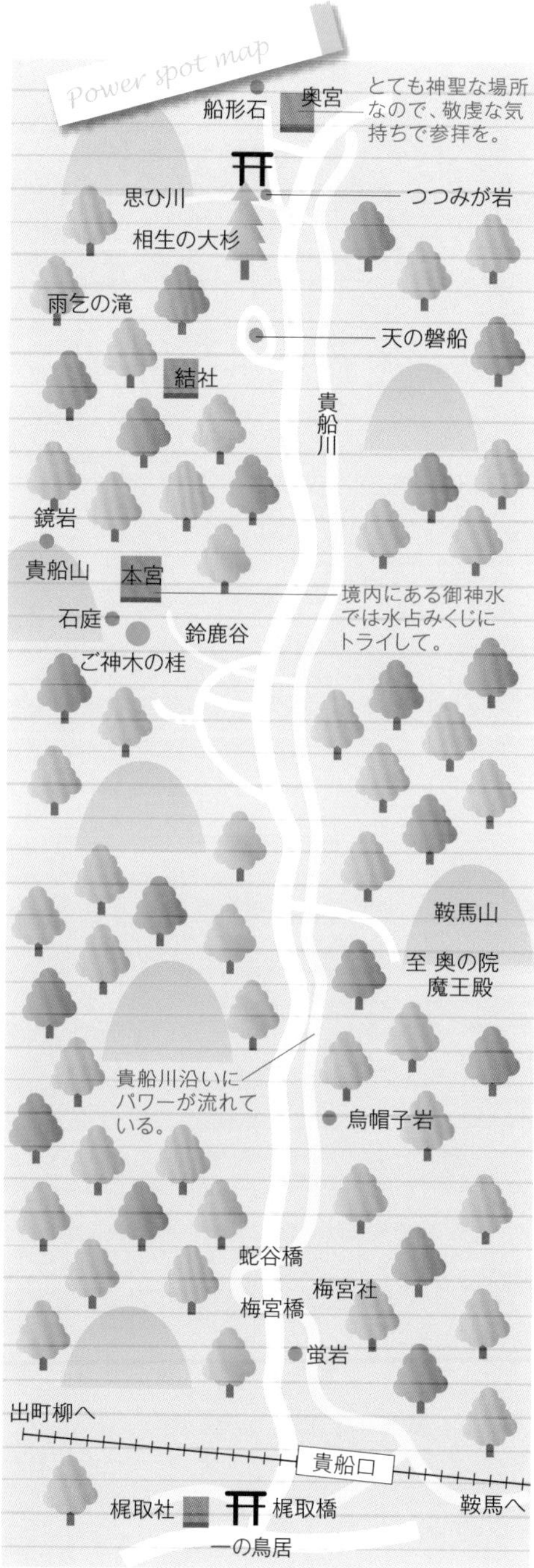

め、男女でお参りすると陰陽のバランスが崩れやすくなります。カップルでお参りするときは別々に鳥居をくぐることを心がけて。「水」のパワーを受け止め、強力な運気を得ることができます。

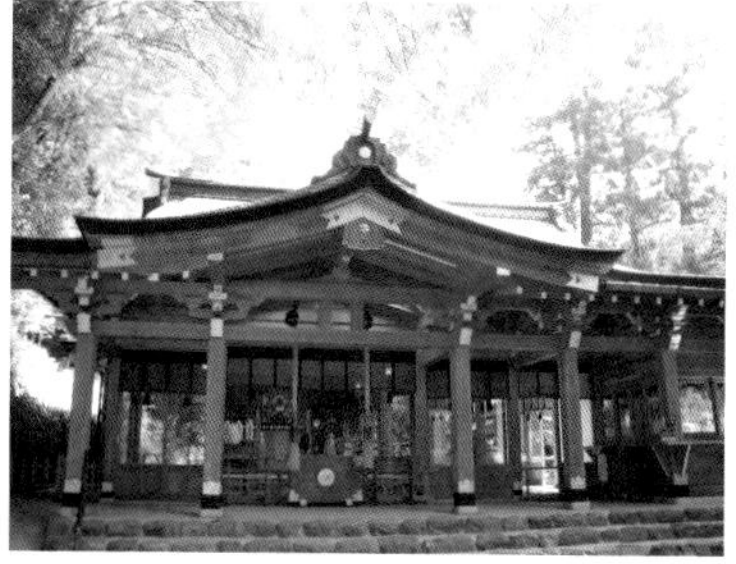

拝殿・本殿

貴船川
祖山:貴船山
貴船神社
鞍馬山
鞍馬川
竜王岳

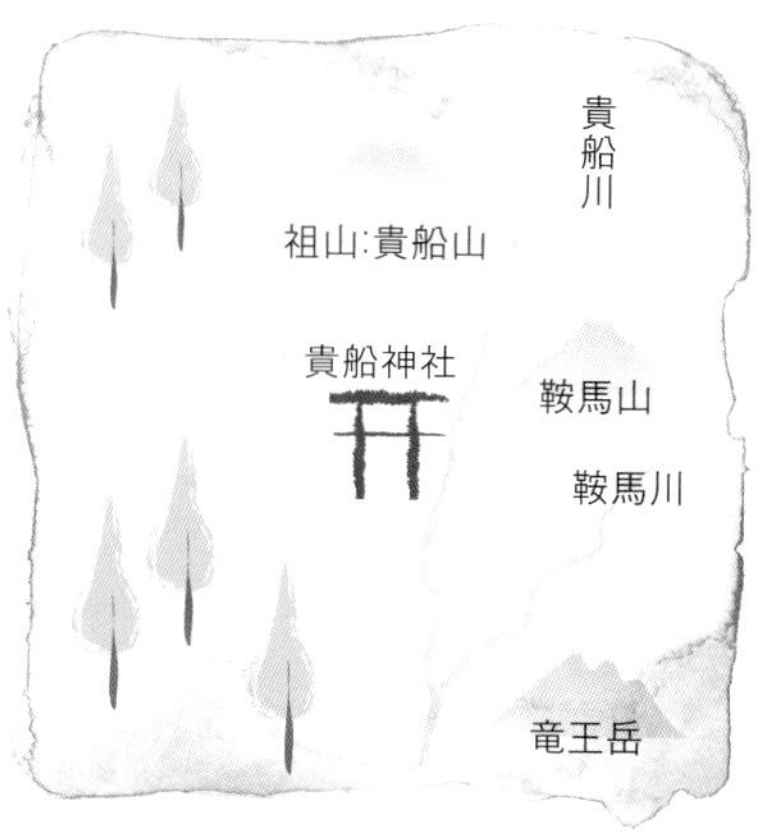

祖山は貴船山（▲700m）だが、鞍馬山（▲584m）の影響も受けている。山の生気が貴船川に溶け込んで、強いスポットをつくっており、竜王岳はその気を食い止めるはたらきをしている。ちなみに、鞍馬山は強い気を持つが、鞍馬山中にある鞍馬寺は山の気が強すぎるため、その気を受け止めきれていない。

運をリセット・新しい運の土台をつくってくれる

京都府 上賀茂神社

KAMIGAMO JINJA

◎祖山=神山 ☆☆☆☆

強力な浄化のパワーがあるスポット。自分のベースに新しい運気を与え、地盤を固めてくれるパワーも。

京都北部の山々の生気を受け止め、その気を清浄化して京都市内に送り込んでいるパワースポット。強力な浄化作用があり、訪れる人の運気を土台から好転させるパワーがあります。

二の鳥居をくぐると、細殿(ほそどの)前に一対の砂山があります。これは『立砂(たてずな)』といって祖山の神山(こうやま)を模したもの。立砂には魔を払う力があるので、浄化のパワーが欲しい人は写真を撮りましょう。

ここで最も強いスポットは、楼門の向かいにある『岩上(がんじょう)』と呼ばれる岩山で、この土地の気の発生源になっています。その付近ではゆっくり気を吸収してください。特別参拝で入ることができる本殿の中にはさらに強いパワーがあるので、ここでも気

立砂

所在地:京都府京都市北区上賀茂本山339
アクセス:「京都駅」よりバスで40分、「上賀茂神社前」下車
https://www.kamigamojinja.jp/

を体感しましょう。

この地は山から生じた「土」の気の強いスポットですが、境内に流れる小川から清らかな「水」の気も受けることができます。小川の付近でゆっくり深呼吸をして「水」の気を取り込んでください。また、手水舎の水は「神山湧水」といって、祖山である神山の水をくみ上げたものです。口に含んで、山から生じる神気を吸収しましょう。

ならの小川

岩上

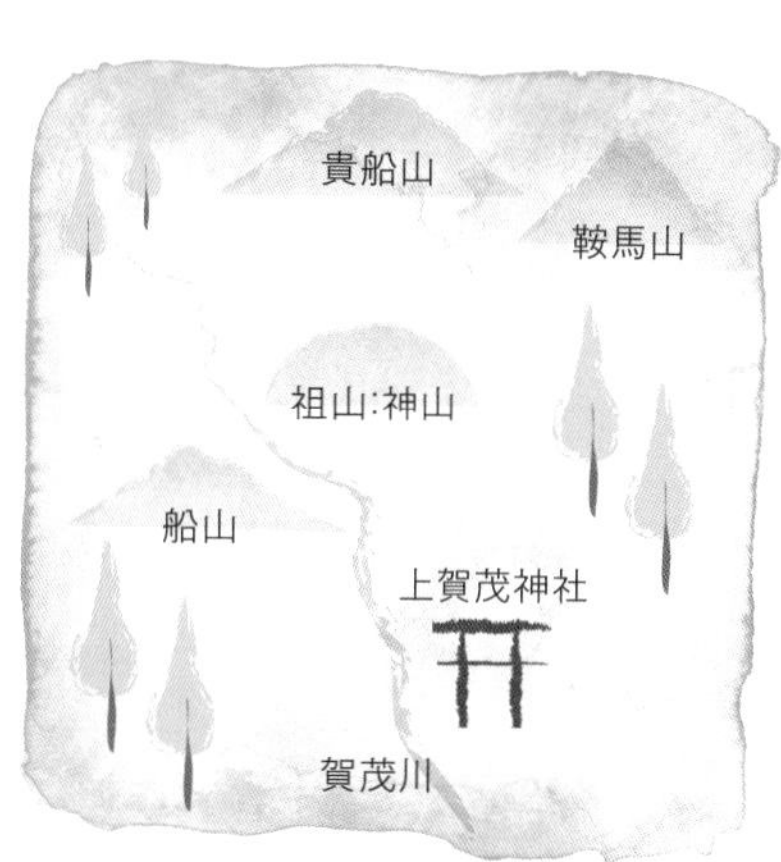

上賀茂神社の祖山は神山(▲301m)。上賀茂神社には強い浄化力があるが、それは貴船山(▲700m)、船山(▲317m)など、神山の背後にある山の性質によるもの。それらの山々の気は神山でいったん受け止められてから上賀茂神社にたまり、その後、京都市内に流れていく。

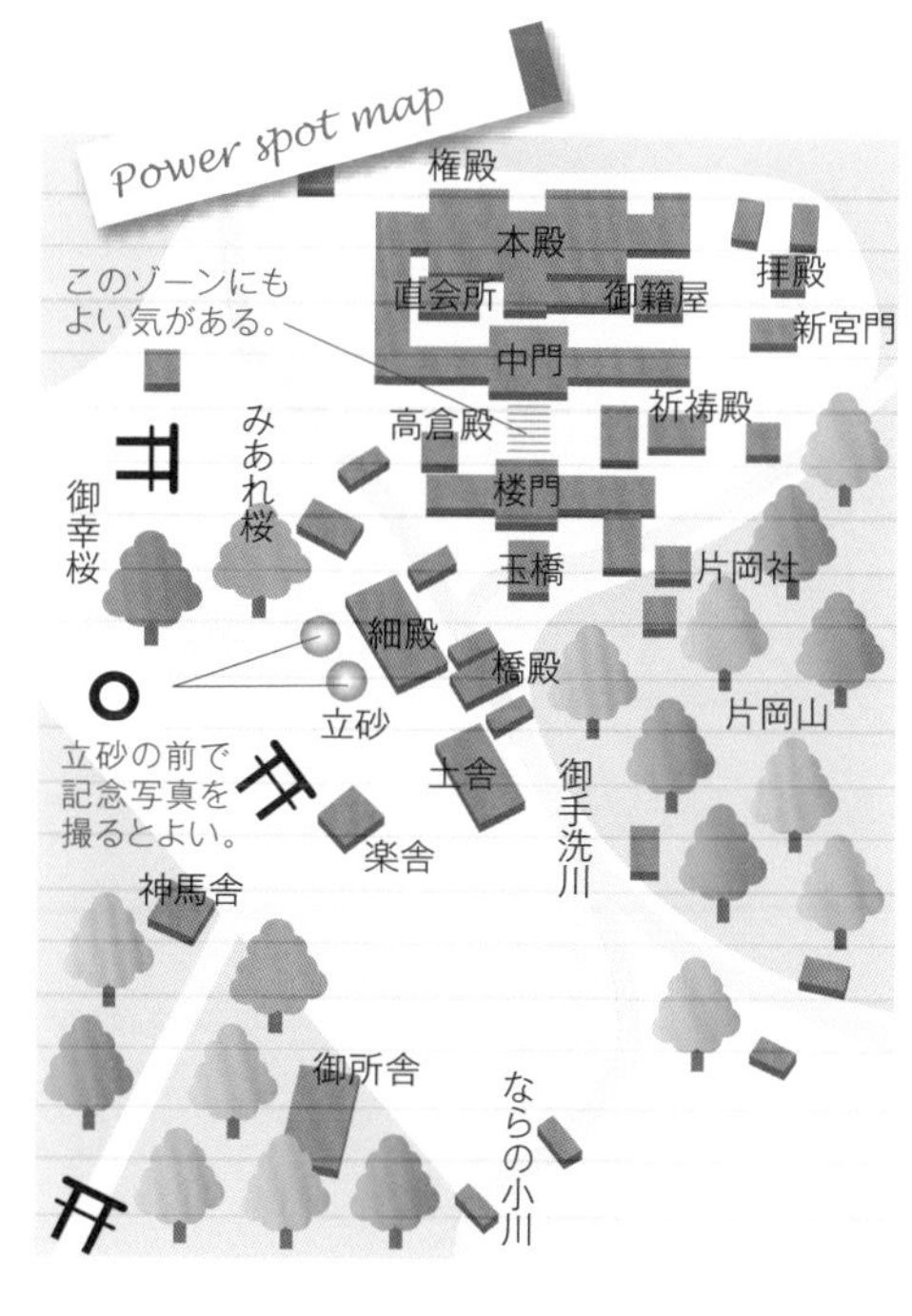

愛情運・出会い運

京都府

下鴨神社

SHIMOGAMO JINJA

◎祖山＝北山 ★★★★★

京都で最強のパワーを持つ、「水」の気に満ちたパワースポット。愛情や「縁」の運気を与えてくれる。

風水都市・京都を守護する北山からのパワーを受け、同時に、左右を流れる水龍に守られているパワースポット。「水」の気が強く、愛情や「縁」に関するパワーを強く授けてくれます。

この土地からのパワーを得るためには、神社の南側に位置する『糺(ただす)の森』の参道をゆっくり歩くことが大切。波形を描くように、大きくS字に歩きましょう。自分が気に入った場所で立ち止まり、深呼吸をするのもおすすめです。

楼門をくぐったら本殿の前で参拝し、『えとの社』へ。自分の干支の守り神にもお参りをすることで、言霊の力が強まり、願いが叶いやすくなります。さらに、言霊のパワーをもらうためには絵馬を書くのも効果的です。

また、有料ですが本殿横にある『大炊殿(おおいどの)』へはぜひ立ち寄って。ここは神様の食事をつくる場所とされています。その斜め向かいにある『水ごしらえ場』は強力なパワースポット。神様が降臨する場所とされているので、マナーを守りながらパワーを体感しましょう。その後は、井戸の上に建つ『御手洗社(みたらしのやしろ)』でお参りし、霊水に触れて水の気を吸収しましょう。ここの霊水でジュエリーなど天然石を洗うと石のパワーが増幅します。また、社の前

糺の森
Photo by Yuchiku Rinoie

所在地：京都府京都市左京区下鴨泉川町59
アクセス：「京都駅」よりバスで35分、「糺ノ森」下車　https://www.shimogamo-jinja.or.jp/

にある『御手洗池』に足を浸けると愛情運に恵まれやすくなります。気候のよいときに訪れたら、試してみましょう。

出会い運が欲しい人は、楼門の手前にある縁結びの御利益で有名な『相生社』へ立ち寄って。ここでは、絵馬を書いて願いを告げましょう。絵馬を奉納する作法が男女で異なるので、確認してから絵馬を掛けてください。

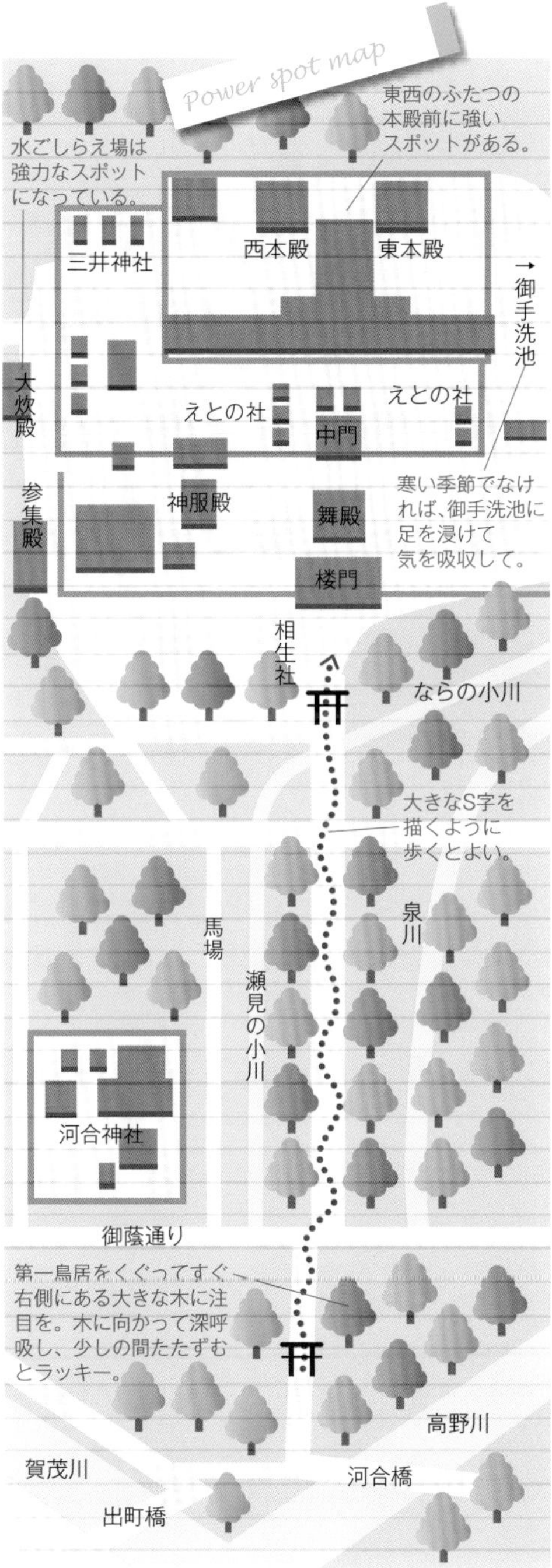

Power spot map

東西のふたつの本殿前に強いスポットがある。

水ごしらえ場は強力なスポットになっている。

三井神社

西本殿

東本殿

→御手洗池

大炊殿

えとの社

えとの社

中門

参集殿

神服殿

舞殿

楼門

寒い季節でなければ、御手洗池に足を浸けて気を吸収して。

相生社

ならの小川

大きなS字を描くように歩くとよい。

馬場

瀬見の小川

泉川

河合神社

御蔭通り

第一鳥居をくぐってすぐ右側にある大きな木に注目を。木に向かって深呼吸し、少しの間たたずむとラッキー。

高野川

賀茂川

河合橋

出町橋

御手洗池

Photo by Yuchiku Rinoie

賀茂川

下鴨神社

大文字山

衣笠山

船岡山

東山

音羽山

岩倉山

鴨川

祖山は船岡山をはじめとする、京都市街の北側にある山々（北山）。北山の気を下鴨神社に導き入れているのは賀茂川。また、下鴨神社は川が合流する場所にあるため、「水」の気が強い。

金運・よい出会い・仕事の発展

清水寺

京都府

KIYOMIZU DERA

◎祖山＝比叡山　☆☆☆☆

上昇と発展の運気をもたらす「東山龍」が降り立つスポット。早朝に訪れると強い生気を吸収できる。

清水の舞台

所在地:京都府京都市東山区清水1-294
アクセス:「京都駅」よりバスで10分、「五条坂」下車、徒歩10分
https://www.kiyomizudera.or.jp/

東山には青龍が巡回するルートがあります。それは、比叡山からの龍脈が東山界隈の知恩院や八坂神社を経て清水寺を通過し、三十三間堂から醍醐寺へと流れ、また同じルートをたどるというものです。その「東山龍」が遊び場としている場所が清水寺で、この場所は「金」の気に満ち、楽しみ事や財運を与えてくれます。

特にパワーが強いのは『清水の舞台』の上と、その横にある『音羽の滝』へと下る石段付近。ここではゆっくりと気を吸収しましょう。ただし、人が多いと気がたまりにくい土地なので、早朝に出かけるのがベストです。

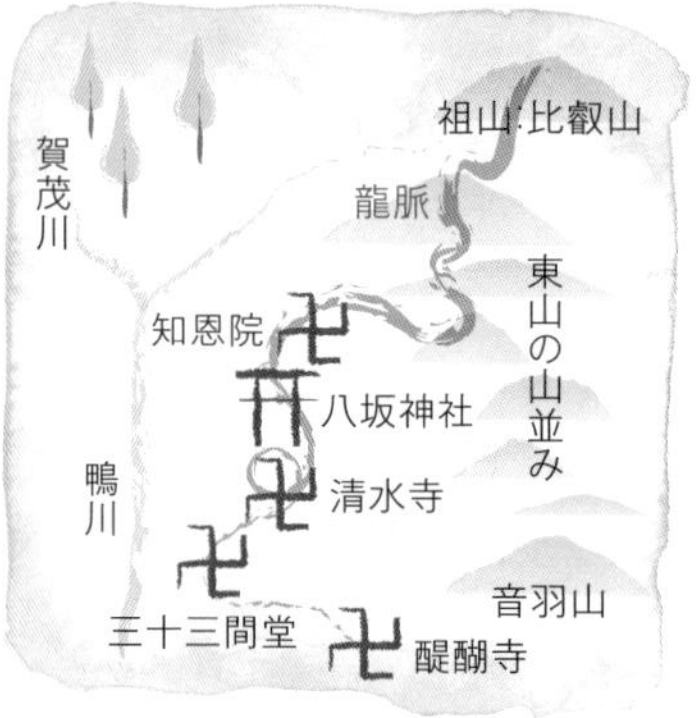

祖山は比叡山（最高峰は大比叡▲848m）。比叡山で生まれ、東山の山並みで育った龍が、知恩院から三十三間堂に至るルートを通って南に下っていく。なかでも、清水寺と三十三間堂はこの龍が必ずとどまる場所なので、強いパワーがある。また、パワースポットというほどではないが、最後は醍醐寺を通る。

【京都・東山のパワースポット】

知恩院

☆☆☆☆

CHION IN

やる気を与え、運気の滞りを改善してくれる。

三門

所在地：京都府京都市東山区林下町400
アクセス：「東山駅」より徒歩8分。または「京都駅」よりバスで20分、「知恩院前」下車、徒歩5分
https://www.chion-in.or.jp/

三門（さんもん）をくぐった先の石段を上がると、運気が活性化され、やる気がみなぎってきます。この石段付近がこの土地で一番のパワースポット。途中で写真を撮ったり、立ち止まって気を定着させましょう。本堂に上がって、ゆっくり過ごすのもおすすめです。晴れた日の午前中に訪れると、よりよい運気を与えてもらえます。

三十三間堂

☆☆☆☆☆

SANJUSANGEN DO

疲れた体に生気をプラス。心身ともに健康に。

三十三間堂

所在地：京都府京都市東山区三十三間廻町657
アクセス：「京都駅」よりバスで10分、「博物館三十三間堂前」下車
https://www.sanjusangendo.jp/

失った生気を補ってくれるスポット。特に健康回復に効果を発揮してくれます。たくさんの仏像が並ぶ長い道沿いには、強い生気が感じられます。順路に沿ってゆっくりと気を吸収しながら歩きましょう。ただし、ここの気は常に動いているため、訪れるたびに堂内でのスポットの場所が変わっています。歩きながら気を体感して、お気に入りの場所を探してみましょう。帰路にある本堂の裏側も強いスポットです。

人生に必要なすべての縁を発展させてくれる

出雲大神宮

京都府

IZUMO DAIJINGU

◎祖山＝愛宕山　☆☆☆☆☆

天から舞い降りる「光」を体感できる場所。ご神水である『真名井の水』と、本殿の裏にある『磐座』に強いパワーがある。

この土地は、「地」からも「天」からもパワーが発せられる特別なスポット。天からは「光」が降り注ぎ、その光によって人々の願いが天へと上がっていくため、願い事が叶いやすい場所といえます。なかでも「縁」に関しては、叶えてくれるパワーが強大。恋愛や結婚など、愛情に関する縁をはじめ、人間関係や仕事、お金との縁もつないでくれます。

境内は全体に強い気が流れています。本殿の裏にある『磐座（いわくら）』には、天からの光が舞い降りるので、願い事はこの場所で行ないましょう。『上の社（かみやしろ）』の先にも磐座がありますが、この場所は人が近づくのを好まないので、立ち寄らないように注意してください。

拝殿

所在地：京都府亀岡市千歳町千歳出雲無番地
アクセス：「亀岡駅」よりバスで15分、「出雲神社前」下車
http://izumo-d.org/

また、『稲荷社（いなりしゃ）』の右手にある『御蔭（みかげ）の滝』にも強い生気があります。立ち寄って水の流れを眺めましょう。

ご神水の『真名井（まない）の水』には、縁のパワーが凝縮されています。ミネラルに富んだおいしい水ですから、その場でいただくのはもちろん、家に持ち帰って、お茶や料理に使うのもおすすめです。

磐座

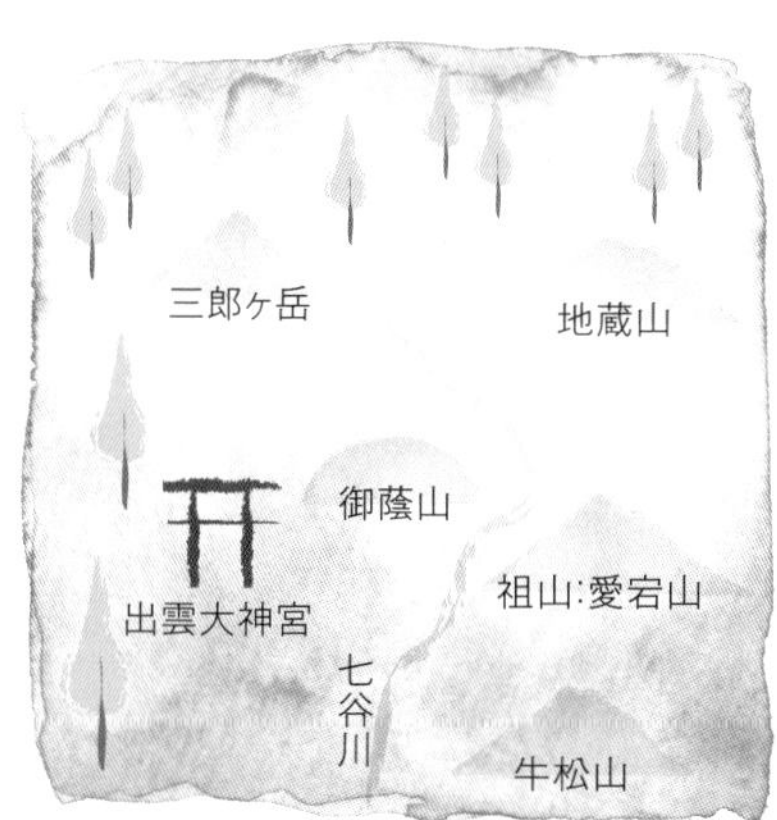

祖山は愛宕山（あたごやま、▲924m）。愛宕山は、パワフルな霊山だが、人によって好き嫌いが分かれるタイプの山。この山と気の合う人が訪れると、強い生気を与えてくれ、すべての運を充実させてくれる。七谷川の水流が、明堂水となっている。また、出雲大神宮は三郎ヶ岳や牛松山などの気の影響も受けている。

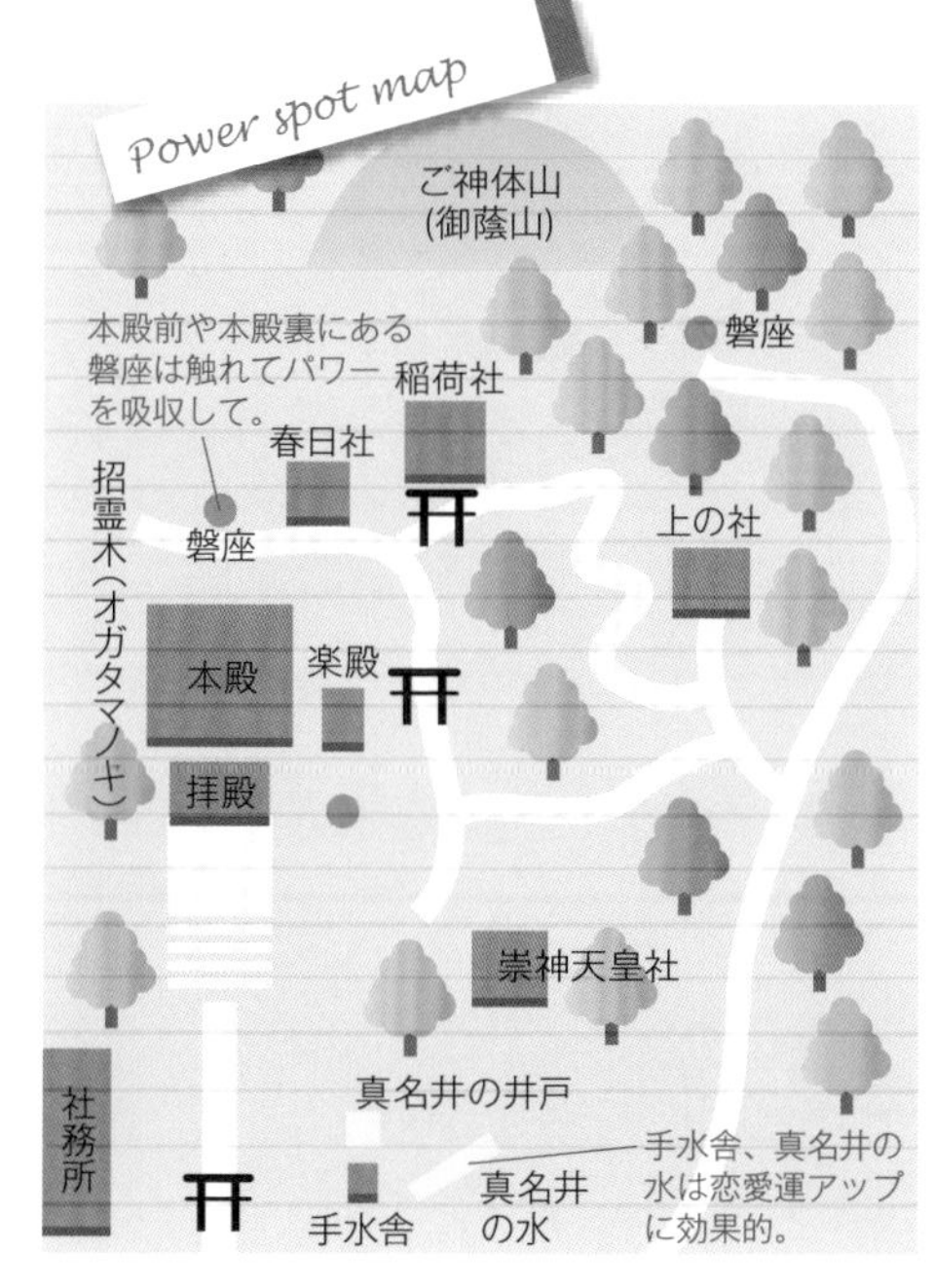

金運・人生に必要な出会いをくれる

京都府

籠神社

KONO JINJA

◎祖山＝鼓ヶ岳　☆☆☆☆☆

青龍が舞う強力なパワースポット。奥宮には清浄な神気が漂う。

天の真名井の水
Photo by Yuchiku Rinoie

所在地：京都府宮津市字大垣430
アクセス：「天橋立駅」より車で15分
https://www.motoise.jp/

天橋立を望む場所に位置する籠神社は、青龍が巡るルートに建てられた強力なパワースポット。金運や家庭運、子宝運、縁に関する運気など、生活を豊かにする運がすべてあります。青龍は雨を司るため、訪れたときに雨が降ったら、この土地と気がつながった証拠です。

最もパワーが強いスポットは拝殿前で、温かい気が感じられます。清浄な神気が漂う奥宮の眞名井神社では、『天の真名井の水』に触れてパワーの吸収を。天照大神が産湯を使ったとされる『産だらい』付近も神聖な気に溢れています。

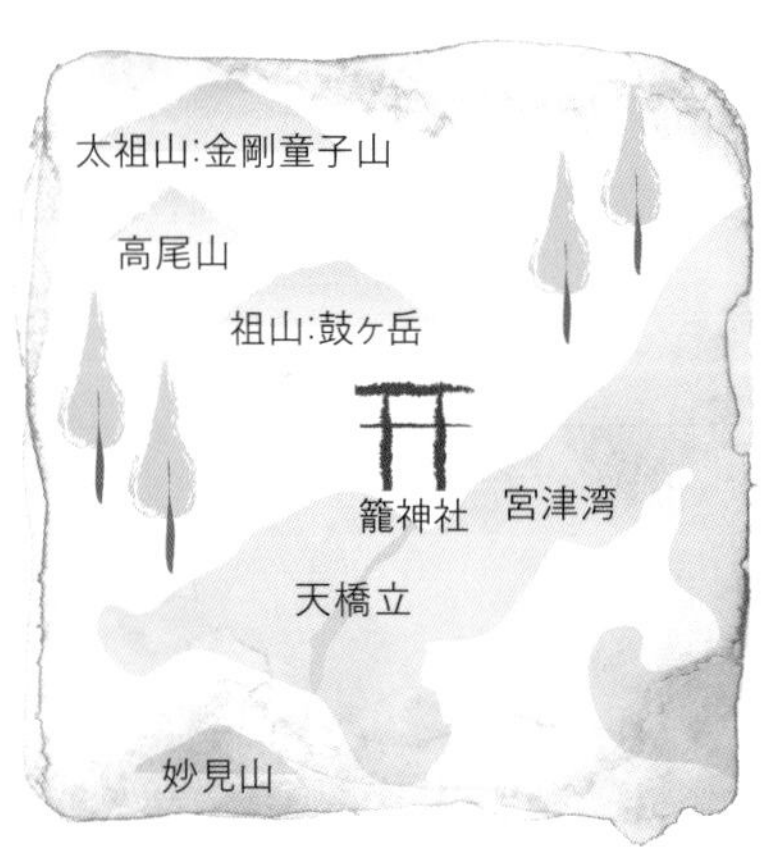

祖山は鼓ヶ岳（▲569m）、太祖山は金剛童子山（▲614m）。金剛童子山から生じた生気は、高尾山を経て鼓ヶ岳に流れている。天橋立は宮津湾に突き出すようにあり、このように湾に突き出て、しかも陸と陸をつなぐような道になっている場所は、青龍と呼ばれる龍が住む典型的な地形。対岸にある妙見山が砂となっている。

京都府

車折神社

KURUMAZAKI JINJA

◎祖山＝愛宕山　☆☆☆☆

「金」の気を与えてくれるパワースポット。現実的な願いが叶いやすくなる。

所在地：京都府京都市右京区嵯峨朝日町23
アクセス：「京都駅」よりバスで30分、「車折神社前」下車
http://www.kurumazakijinja.or.jp/

拝殿

太秦（うずまさ）は京都の町づくりにおいて、「金」の気を生み出す場所として存在しました。その太秦の「金」の気を今でもとどめているのがこの土地で、金運や愛情運、楽しみ事の運気を持っています。

ここでは現実的な願いを告げるのがポイント。社務所で分けてもらえる「祈念神石（きねんしんせき）」のお守りを持って願うと、より叶いやすくなります。

境内にある『芸能神社』は人気を高める運気を持ったスポット。人間関係にも効果を発揮するのでぜひ立ち寄りましょう。裏参道に向かって石鳥居の脇にある『清めの社（やしろ）』は浄化力が強く、悪い運気を振り払ってくれます。

祖山：愛宕山
牛松山
太秦
龍脈
車折神社
嵐山
桂川

祖山は愛宕山（▲924m）だが、牛松山の気の影響も受けている。愛宕山から太秦にかけての一帯は、強い「金」の気を持っているエリア。車折神社にも、その龍脈が流れ込んでいる。桂川は龍脈を集める明堂水、嵐山は、その気が流れ出ないようにせき止めるはたらきをしている。

愛情運・家庭運・幸せに暮らせる運

奈良県

春日大社

KASUGA TAISHA

◎祖山＝芳山 ☆☆☆☆

結婚に向かう縁を呼び寄せてくれるスポット。女性を輝かせ、家庭の縁を充実させてくれる運気も。

この土地の祖山である芳山（ほやま）が発する気を、御蓋（みかさ）山と若草山が穏やかに、やわらかく変換する役割をはたしています。そのためか、春日大社で感じられるパワーは穏やかで、女性的。愛情に関する運や家庭を持つための運をもたらし、特に女性に効果を発揮します。芳山は物事を活性化させる運気を持っていますが、結婚につながる縁が欲しい人、愛情を深めたい人、家庭を充実させたい人におすすめのスポットです。

南門の手前にある『額塚（がくづか）（出現石（しゅつげんせき））』は、手をかざすと、ふんわりと温かい気が感じられます。

南門をくぐると正面に『幣殿・舞殿』があり、ここから参拝すると参拝料は不要ですが、『中門』の

社頭の大杉

所在地：奈良県奈良市春日野町160
アクセス：「奈良駅」よりバスで10分、「春日大社本殿」下車
https://www.kasugataisha.or.jp/

前から本殿を参拝する有料の特別拝観でお参りしましょう。

境内にある『社頭の大杉』付近は強い気を感じられるので、参拝後、深呼吸をしながらゆっくりと気を体感してください。

この土地は近年、徐々にパワーが強まってきています。以前訪れたことがある人も、ぜひもう一度訪れてみましょう。

春日山原始林

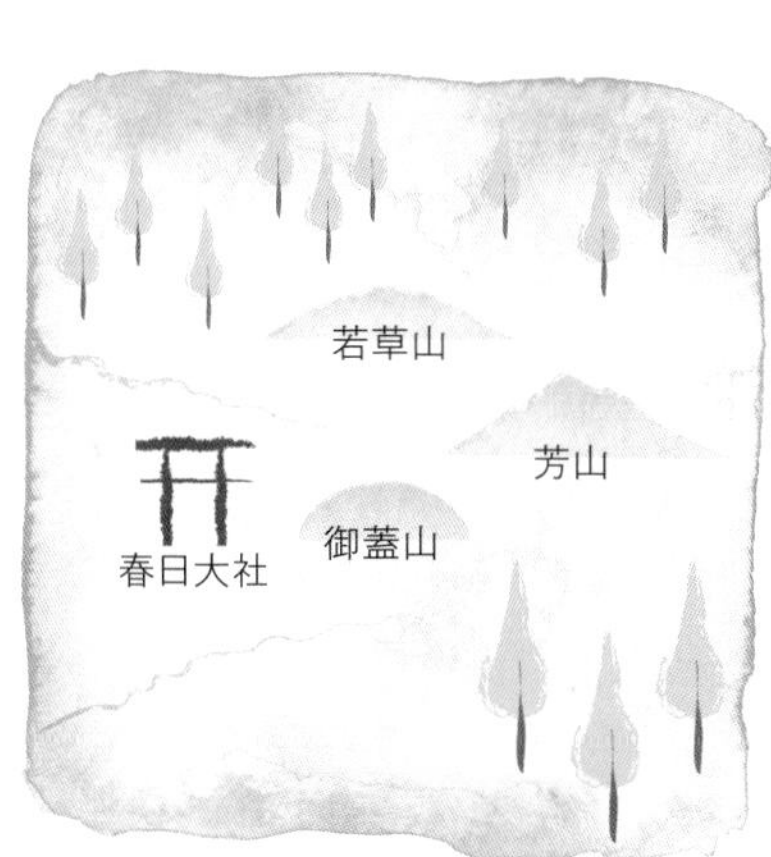

芳山（▲518m）には、訪れる人の運を活性させてくれるパワーがある。若草山（▲342m）と御蓋山（▲295m）が、砂となってその気を春日大社内に囲い込んでいる。春日大社の優しくて穏やかな気は、このふたつの山が持っているやわらかさや優しさによるもの。
※御蓋山は入山できない。

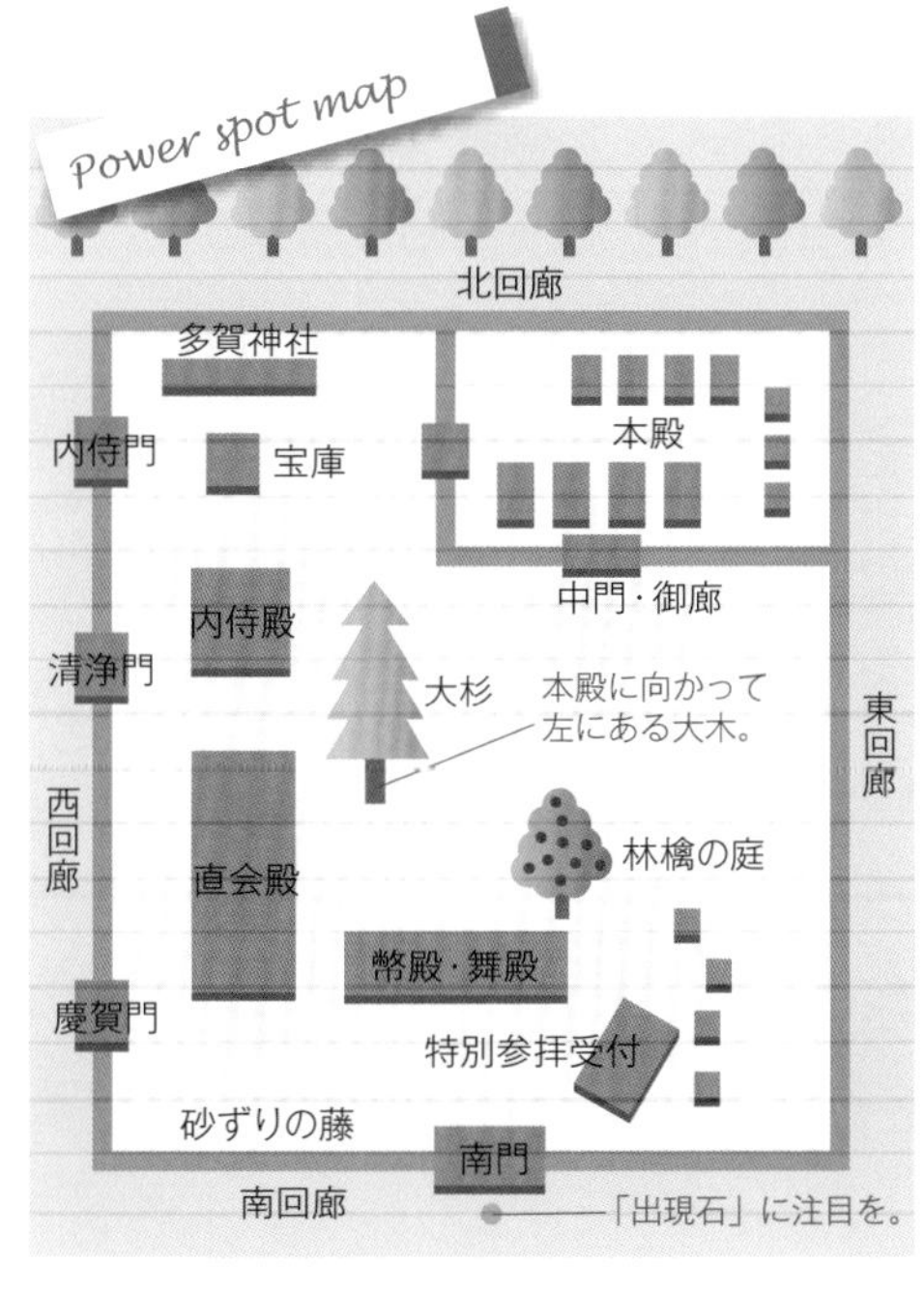

悪運を浄化・運を変える・物事を発展させる

奈良県

大神神社

OOMIWA JINJA

◎祖山＝三輪山 ☆☆☆☆

変化と浄化を求める人は午前9時までに。継続と再生の運気が欲しい人はそれ以降に訪れると効果的。

祖山であり、大神(おおみわ)神社のご神体でもある三輪山は、標高は低くても圧倒的な霊力を持つ山です。大神神社にはこの三輪山の霊力がダイレクトに流れ込んでいるため、山が持つ「変化と継続」「浄化と再生」の運気が強く漂うパワースポットになっています。

本来この土地は継続と再生の運気が強く、物事を安定させ、発展させるパワーに満ちていますが、午前9時までの早い時間に訪れると、山の生気をさらに強く受け、よい変化を起こす運気や、悪運を浄化するパワーを得ることができます。

パワーを吸収するポイントは、気の発生源である山を見上げること。山をいつも意識しながら境

三輪山

所在地:奈良県桜井市三輪1422
アクセス:「三輪駅」より徒歩5分
https://oomiwa.or.jp/

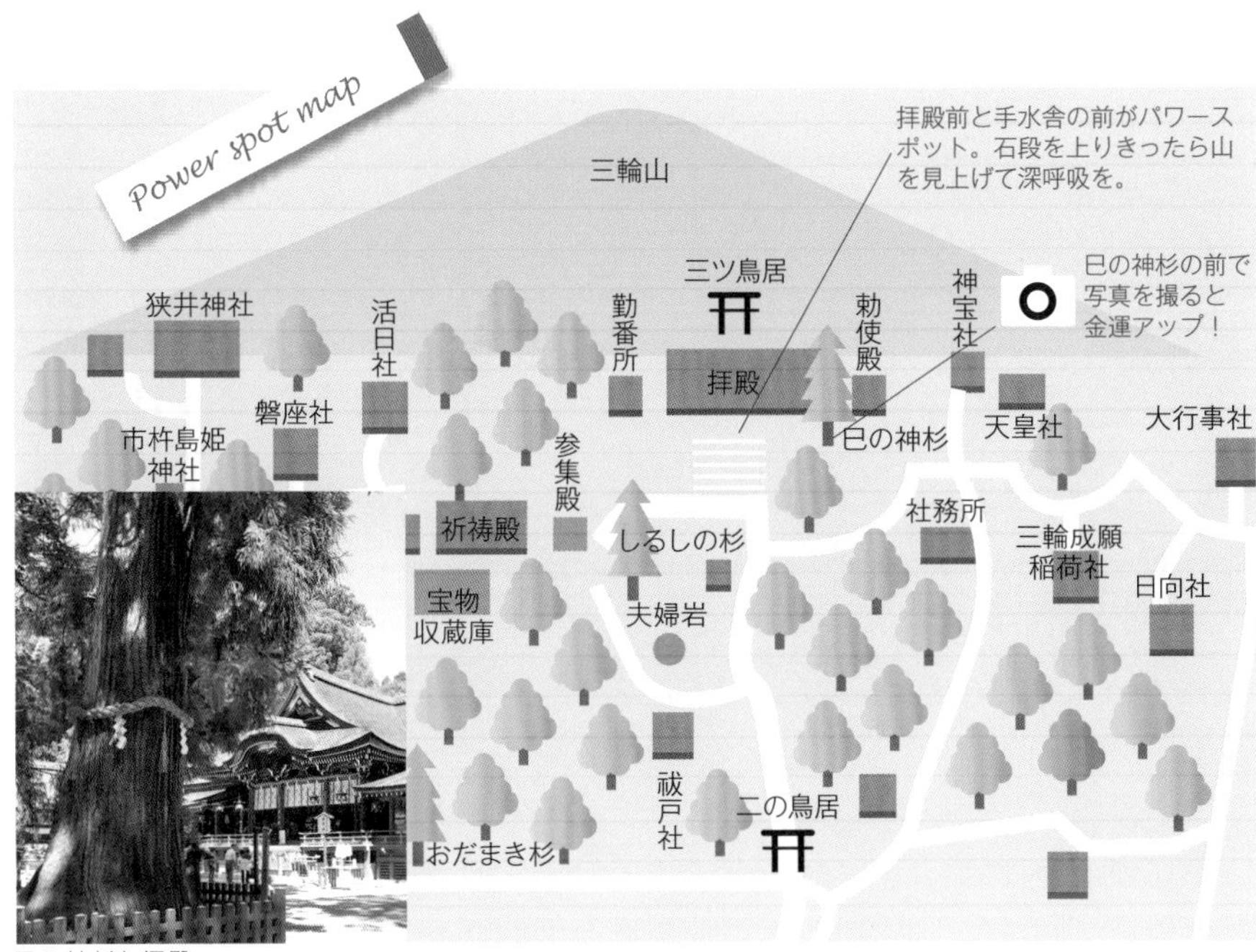

巳の神杉と拝殿

内をゆっくり歩くと、効果的に運気を得ることができます。

特にパワーが強いスポットは、拝殿前と手水舎、『巳の神杉』の付近。拝殿前ではゆっくり滞在して気を体感しましょう。手水舎では水に触れることでパワーを取り込むことができます。蛇を祭った巳の神杉では木と一緒に写真を撮ると金運アップに効果的です。

この土地を訪れた帰りに、自分の中で「何かが変わった」と感じられたら、大神神社の運気がしっかり定着できています。

大和川
初瀬川
祖山:三輪山
大神神社
巻向川

祖山は三輪山（▲467m）。なだらかな円錐形をした美しい山で、進むべき道を示してくれる大きなパワーを持つ。三輪山の北麓には初瀬川、南麓には巻向（まきむく）川が流れており、三輪山の気を大神神社に送り込んでいる。大和川が明堂水のはたらきをしている。

体に
たまった
悪い気を
浄化

奈良県 吉野神宮

YOSHINO JINGU

◎祖山＝山上ヶ岳 ☆☆

体にたまった悪い気を浄化。女性は恋愛ストレスを、男性は人間関係のストレスを流してくれる。

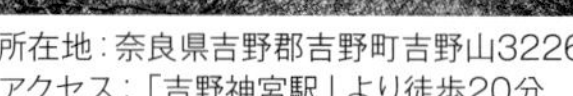
所在地：奈良県吉野郡吉野町吉野山3226
アクセス：「吉野神宮駅」より徒歩20分

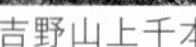
吉野山上千本

この土地は体にたまった悪い気を浄化してくれるパワーが強くあります。女性は恋愛から生じる悪い運気やストレス、男性は職場環境や仕事のストレスが流されます。訪れたとき、一瞬息苦しさを感じる人がいるかもしれませんが、それは浄化されている証拠です。ゆっくり深呼吸して、体内の毒素を流しましょう。名所として名高い吉野の桜は、修験道の開祖・役小角(えんのおづの)の信者たちによって、植え続けられてきました。「水」の気が強まる桜のシーズンには強い運気を発するので、開花時期に訪れるのもおすすめです。

祖山は大峰山脈の主峰、山上ヶ岳（▲1719m）。山上ヶ岳や大峰山脈で生まれた気が、青根ヶ峰を通って龍脈となり、その気は吉野山に受け止められている。吉野川や、青根ヶ峰を水源とする秋野川（吉野川の支流）は明堂水になっている。また、竜門岳（▲904m）からの気も、吉野神宮に流れてきている。

光に満ちた人生を歩ませてくれる

奈良県

橿原神宮

KASHIHARA JINGU

◎祖山＝畝傍山 ☆☆☆☆

「光」のパワースポット。
人生に輝きが欲しい人はぜひ訪れて。

内拝殿

所在地:奈良県橿原市久米町934
アクセス:「橿原神宮前駅」より徒歩10分
https://kashiharajingu.or.jp

橿原神宮は光のオーラに包まれたパワースポット。参道から境内まですべての場所から光が発せられ、歩いているだけで細胞のひとつひとつが輝いていく感じがします。この土地の気を受けると、闇に取り込まれることなく、光の中を進んでいける人生を与えてもらえます。

内拝殿に向かう参道では穏やかな光を、南神門をくぐると強く光る土地の気を受けることができます。特に、外拝殿の前は大和三山から流れてきた気をとどめる場所となっているので、ゆっくりと滞在して光の運気を吸収しましょう。

耳成山
祖山:畝傍山
天香久山
橿原神宮
飛鳥川

祖山は大和三山のひとつである畝傍（うねび）山。標高199mと三山の中では最も高い。畝傍山が持っている光り輝く気は周辺に散りやすい性質があるが、両脇の天香久（あまのかぐ）山や耳成（みみなし）山が上手に気を集め、橿原神宮に流し込んでいる。飛鳥川の水流が明堂水となり、気を増幅させている。

未来を
引き寄せる
・
運気を
好転させる

奈良県

玉置神社

TAMAKI JINJA

◎祖山＝大峰山 ☆☆☆☆☆

「招かれた人」だけがたどり着ける光に満ちた聖なるスポット。ゆっくり参拝して人生を変えるパワーの吸収を。

玉置神社は、霊峰・玉置山の山頂近くにある人里離れた神社。天然記念物に指定されている樹齢3000年の『神代杉』や高さ約50メートルの『大杉』など、大樹に囲まれた神聖なスポットです。

熊野三山（熊野本宮大社、熊野速玉大社、熊野那智大社）の奥院で「修験道の聖地」として知られ、「この地に招かれた人だけがたどり着ける」といわれる特別な神社でもあります。もちろん行こうと思えばどなたでも訪れることはできますが、自身が「行こう」と思ったときが土地に招かれたタイミングであると考えてください。

丹生川上(にうかわかみ)神社と同じく、玉置神社も福井県の御神島(おんがみじま)から和歌山県の熊野本宮大社へと続くレ

本社

所在地：奈良県吉野郡十津川村玉置川1
アクセス：「大和八木駅」または「五條バスセンター」からバスで「十津川温泉」下車
https://tamakijinja.or.jp

イライン上にあります。

この土地の気は「光」に満ちており、訪れる人の人生に光を与えて、運気を好転させてくれるパワーがあります。

また、自身にさまざまな「気づき」をもたらし、進むべき未来が光に満ちたものになるよう導いてくれる運気も。この地を訪れることで、人生をよい方向へと大きく変えてくれる分岐点となるような出来事に出会えるはずです。

この土地は、まるで時が止まっているかのような穏やかでゆっくりとした気を持つ場所です。そのため、土地の気も体にゆっくり浸透していきます。この土地の時の流れに合わせることが運気吸収のポイントになるため、この地を訪れるときは、時間に余裕を持って、滞在時間も長めに取るよう心がけてください。また、土地と気を合わせるために、いつもより少しゆっくり歩くことが大切です。土地の気とリズムを合わせることで、自分の時の流れを変えることができます。

玉石社

玉置山の山頂付近にある末社の『玉石社』は、玉置神社の始まりとされる場所。社殿はなく、ご神体の丸い石に礼拝する古代の信仰様式を残しています。この土地は、自身の望む未来を引き寄せてくれるパワーがありますので、自分が望む未来をしっかりイメージしながら参拝を。山の中を歩くため、歩きやすい服装でお参りしてください。

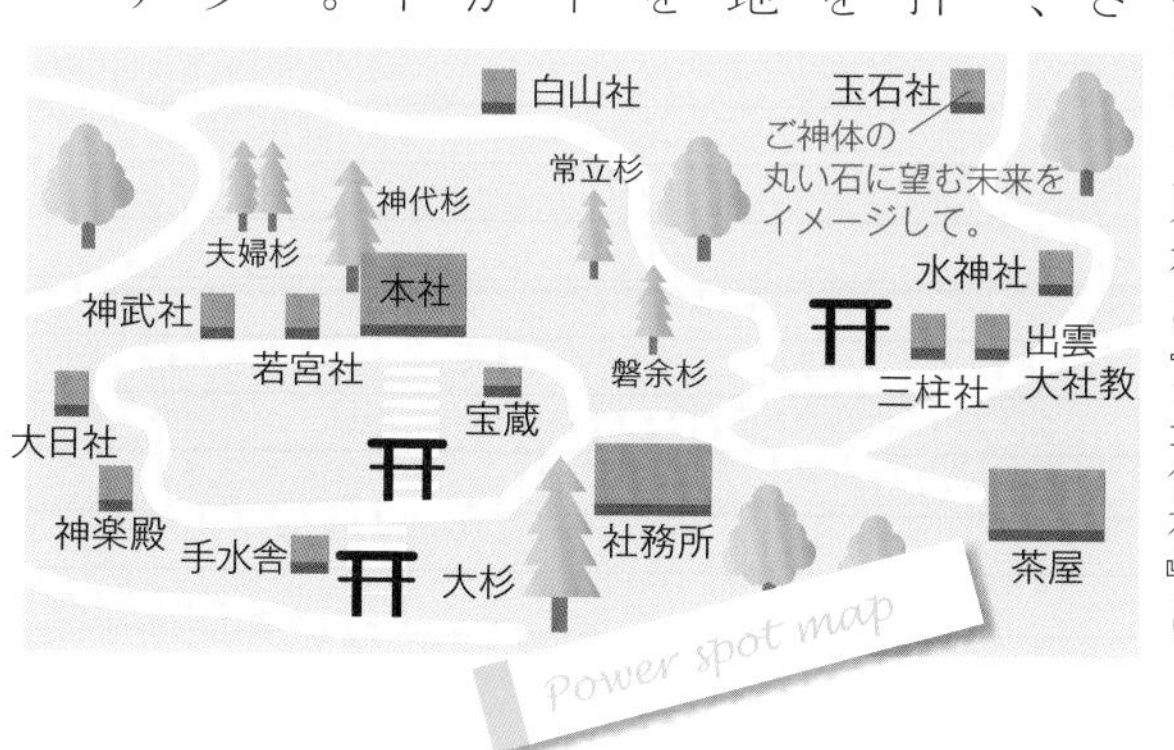

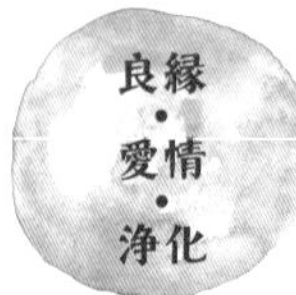

奈良県 ◎祖山=吉野山 ☆☆☆☆☆

丹生川上神社 中社

NIUKAWAKAMI JINJA NAKASHA

人間関係や恋愛など、あらゆる縁に関する願いが叶うスポット。神秘の瀧に願いを込めて。

丹生川上神社の三社(上社・中社・下社)は、「神が住む島」と崇められる福井県の御神島から、貴船神社、平安京、平城京、藤原京、熊野本宮大社の縦のレイライン、淡路島の伊弉諾神宮から伊勢神宮内宮の横のレイラインが交わる、非常に強い龍脈に位置しています。

なかでも、中社は特に「縁」の運気が強い土地にあり、恋愛、結婚、人間関係など、自分の人生にとっての「光」となる人との縁をもたらしてくれるスポットです。

この地は、特に「水」の気が強い影響を与えているため、愛情など縁を運ぶ運気はもちろんですが、悪い縁を浄化してくれる運気も強くあります。

境内では、特に本殿に向かって右側にある樹齢1000年を超える『叶えの大杉』付近が強い気を発しています。大杉に触れて心願を唱えると願

東の瀧

Photo by Yuchiku Rinoie

所在地:奈良県吉野郡東吉野村小968
アクセス:「榛原駅」よりバスで「東吉野村役場」下車、徒歩41分
https://niukawakami-jinja.jp

いが叶うといわれているので、ぜひ願いを託してみてください。

また、中社に参拝したら必ず訪れていただきたいのが、神社から徒歩5分ほどのところにある『東の瀧』。高見川（丹生川）、四郷川、日裏川の合流地点にあり、龍神が棲むともいわれる強力なパワーに満ちたスポットです。

水龍の合流地点は、縁の運気を強力につなげ育ててくれる運気を持つため、ここは強力な縁の運気をもたらしてくれる場所になっています。

流れ落ちる瀧を見ることで、自身の望む縁をもたらされるだけでなく、悪縁や自分を害する縁の運気を浄化することができます。

瀧に向かう前に、神社で龍玉を購入しておきましょう。龍玉の穴に3度、息を吹き込み、願いを込めて瀧に投げ入れると、穢れが取り除かれ、運が開けるとされています。

人数が集まれば川で禊を行なってもらえることもあるそうです。水龍の気が合流する川に入ることでさらにパワーをいただけますので、希望する方は事前に神社に問い合わせてみましょう。

叶えの大杉　*Photo by Yuchiku Rinoie*

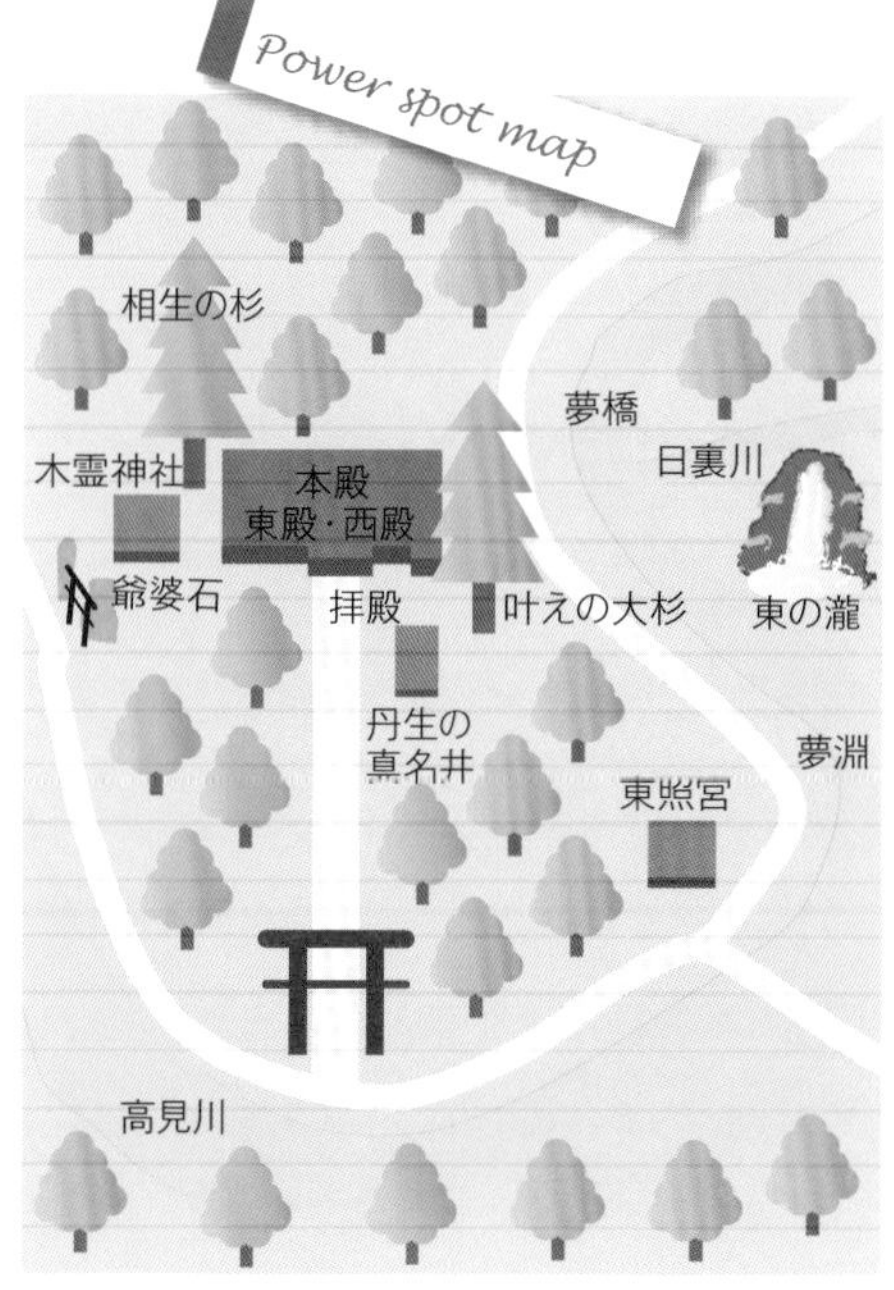

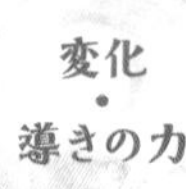

奈良県

丹生川上神社 上社

NIUKAWAKAMI JINJA KAMISHA

◎祖山=吉野山☆☆☆☆

「水」のパワーに満ちたスポット。一歩踏み出す力を与え、行くべき場所へと導いてくれる。

丹生川上神社・上社は、吉野川の「水」の気を受けて生気を発しているスポットです。この土地は、訪れる人の心に光を灯し、自信を与え、目標や進むべき道を示してくれます。

拝殿に向かって左の拝殿裏への入り口付近にある巨木から生気が流れています。また、拝殿裏の本殿の前も強い気が満ちていますが、通常は立ち入ることができないので、拝殿でゆっくりお参りをしてパワーを吸収してください。

丹生川上神社の中では比較的アクセスのよい場所ですので、中社・下社とともにぜひ訪れてみてください。

拝殿

所在地:奈良県吉野郡川上村大字迫167
アクセス:「大和上市駅」よりバスで「湯盛温泉杉の湯」下車、徒歩10分
https://niu-kamisya.jp

願いを叶える・未来を引き寄せる

奈良県

丹生川上神社下社

NIUKAWAKAMI JINJA SHIMOSHA

◎祖山＝吉野山☆☆☆☆☆

時空を超える神秘の階段で望む未来を引き寄せ過去の悪運を浄化してくれる特別なスポット。

御神島－貴船神社－平安京－平城京－藤原京と、水龍が流れるレイライン上に位置する特別な土地。この土地の持つ気は「時空」を超える力です。自分が望む未来へと最短ルートで導き、未来を妨げる過去の運気を浄化してくれます。

特に強い運気を持つのは拝殿から本殿へと続く75段の階段。6月1日の特別拝観の日以外は上ることはできませんので、境内から拝殿を眺めながら願いをイメージしましょう。運がよければ、拝殿に上がって直接階段を見ることができる場合もあります。そのときは、階段を眺めながら願いを告げましょう。

拝殿奥の階段

所在地:奈良県吉野郡下市町長谷1-1
アクセス:「下市口駅」よりバスで「長谷」下車

つらさを払拭し、心を開かせてくれる

大阪府

枚岡神社

HIRAOKA JINJA

◎祖山＝生駒山 ☆☆

心を開いてくれるスポット。心が凝り固まったときや心にマイナスを感じたときに訪れて。

拝殿と中門

所在地：大阪府東大阪市出雲井町7-16
アクセス：「枚岡駅」より徒歩3分
http://hiraoka-jinja.org/

奈良の春日大社が創建されるときに、こちらの二神をお祭りしたことから「元春日」とも呼ばれる神社。春日大社と同様に、優しく穏やかな生気が流れています。いちばん強いパワーを得られるのは本殿の前。やわらかで体感しにくいかもしれませんが、ゆっくりと過ごして吸収しましょう。この土地には、閉じこもってしまった心を開き、修復するパワーがあります。つらいことがあって心を閉ざしているとき、人と距離を置きたいと感じているときに訪れると、心を開放してくれ、効果的です。

枚岡神社は、大阪平野と奈良盆地との境界線にある生駒の山並みの中央部、枚岡山の中腹にある。祖山は生駒山（▲642m）。生駒山は包容力があり、優しい気を持っている。枚岡神社の裏手を流れる豊浦川が、山の気を境内に引き入れている。花岡山などが砂となってその気を食い止めている。

活気をくれる・商売繁盛

大阪府

住吉大社

SUMIYOSHI TAISHA

祖山＝生駒山 ☆☆☆

大阪湾の「水」の気から生じたパワースポット。やる気や根気を高め、発想力を豊かにしてくれる。

第一本宮

所在地：大阪府大阪市住吉区住吉2-9-89
アクセス：「住吉大社駅」より徒歩3分
https://www.sumiyoshitaisha.net/

大阪湾は商業を発展させる運気を持っていて、大阪の商売繁盛に貢献しています。ここ住吉大社はそんな大阪湾から流れてくる気を受けて、やる気や根気、行動力をアップさせ、アイデアを豊かにしてくれる運気を持っています。

本殿は第一本宮から第四本宮まで4つの棟がありますが、最もパワーが強いのは『第一本宮』です。太鼓橋を渡って門を入ると、広い範囲でパワーを感じられます。言霊が強く響くスポットなので、心の中で願い事を何度も唱えることによって、願いが叶いやすくなります。

祖山は生駒山（▲642m）だが、山というよりも水の流れの影響を受けたパワースポット。川と海がぶつかり合う場所は、活気、流通、商売繁盛などの運を持つ。住吉大社の場合、生駒山の生気が淀川に乗って大阪湾へ流れ込み、さらにその気を淡路島が受け止めて、住吉大社にとどまるようにしている。

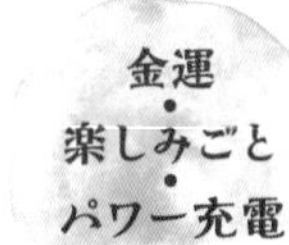

大阪府

四天王寺

SHITENNOU JI

◎祖山＝生駒山 ☆☆☆☆

日常に溶け込んでいるぶん、運が浸透しやすいスポット。お金の流れがよくなり、幸せな人生に。

パワースポットのなかには、人を寄せ付けない雰囲気の場所もありますが、ここは聖徳太子が建立したという歴史ある寺院でありながら、近隣の人々が境内を散歩したり、自転車で走り抜けていったりと、日常に溶け込んでいることが最大の特徴。そのため、ほかの場所より運が浸透しやすくなっています。

この土地が与えてくれるのは、豊かさや楽しみ事の気。エネルギーを充電し、「私って幸せ」と思えるようにしてくれる作用もあるので、自分の人生に不満がある人、心が満ち足りていない人はぜひ訪れてみてください。

境内全体にパワーが満ちているので、ただ散策

救世観音菩薩半跏像

所在地:大阪府大阪市天王寺区四天王寺1-11-18
アクセス:「天王寺駅」より徒歩約12分。または「四天王寺夕陽ヶ丘駅」より徒歩5分
https://www.shitennoji.or.jp

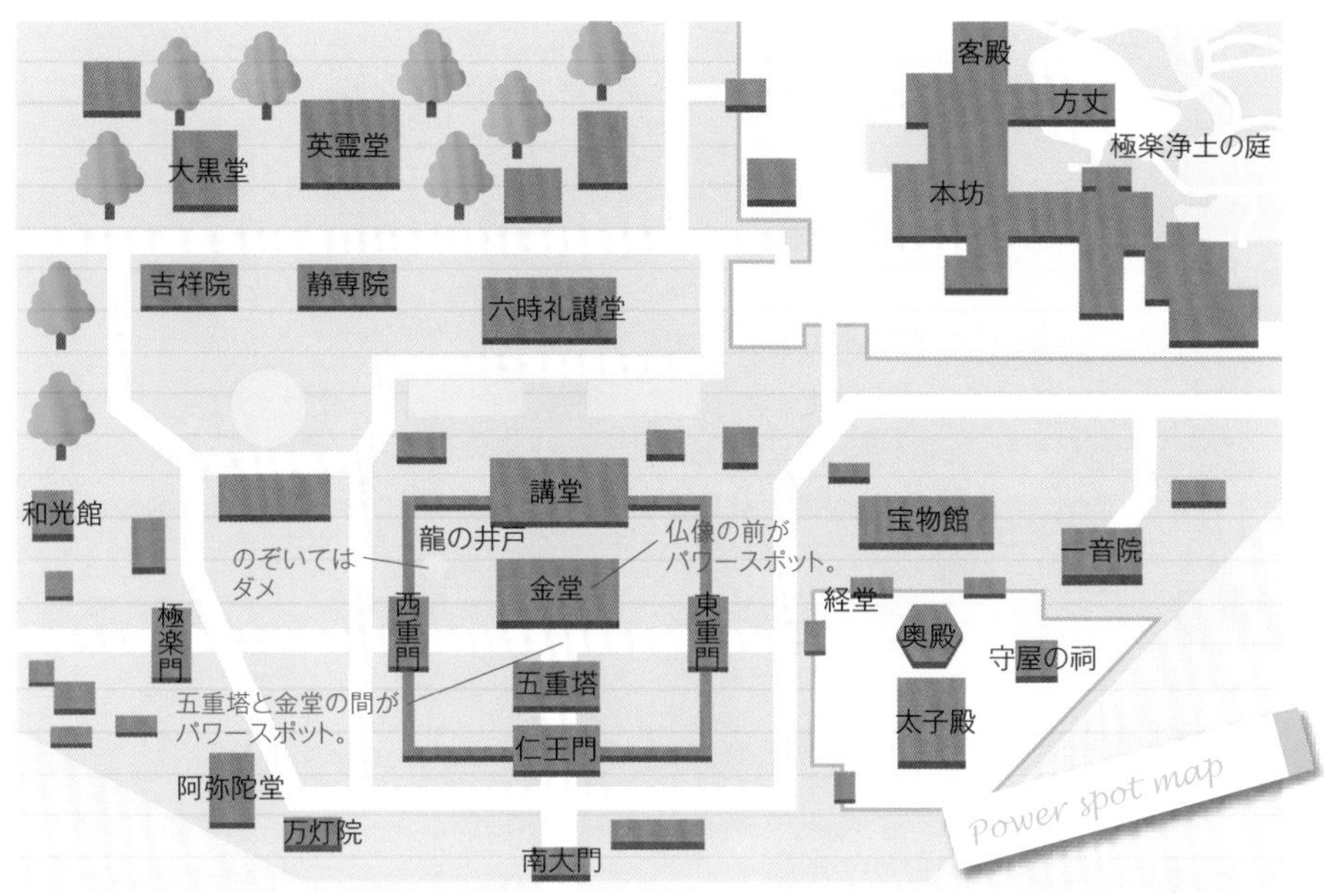

するだけで運がもらえますが、中心伽藍に入るとさらに気が強まります。最も強力なパワースポットは、金堂の観音像の前。観音さまの前に立ったときに光が体に入ってくるように感じられれば、お金の流れも自分のほうに向いてくるでしょう。五重塔と金堂の間の道、講堂内の仏像の前もパワースポット。なお、『龍の井戸』からは「陰」の気が吹き上がっているので、のぞかないように。

また、西大門（通称「極楽門」）の門柱に設置されている転法輪もぜひ回してください。

転法輪を右に回し、心を清浄にしてから境内へ

極楽門（西大門）

浄化

大阪府

三島神社

MITSUSHIMA JINJA

◎祖山＝飯盛山　☆☆☆☆☆

樹齢1000年超の『薫蓋樟』が悪いものをすべて浄化してくれます。木にはさわらず、大地から気を吸収して。

拝殿正面からの薫蓋樟

所在地：大阪府門真市三ツ島1-15-20
アクセス：「門真南駅」より徒歩約8分
https://mitsushimajinja-kadoma.com

浄化にかけてはほかに並ぶものがないほど強いパワーを持つスポットです。ここを訪れたら、まず境内にある樹齢1000年超の巨木『薫蓋樟（くんがいしょう）』の前でパワーを体感しましょう。根を踏まないように気をつけながら木のそばに立ち、自分が木になったつもりで深呼吸すると、足元から気が上がってきて、たまっている悪いものが下から上に一気に抜けていきます。なお、木に触れたり抱きついたりしてパワーを吸収しようとする行為は、木の生気を奪い取ることになるので絶対にやめましょう。

運気を刷新・貯蓄運・健康運

和歌山県

熊野本宮大社

KUMANO HONGU TAISHA

◎祖山＝熊野連山☆☆☆☆☆

じわじわと運気が体に入り込んで運気を根底から変えてくれる。ゆっくりとお参りすることで運気アップ。

参道入り口の鳥居
Photo by Yuchiku Rinoie

所在地:和歌山県田辺市本宮町本宮
アクセス:「新宮駅」よりバスで1時間15分、「本宮大社前」下車　http://www.hongutaisha.jp

京都から南に位置する熊野は「浄化と再生」を司るエリア。なかでも熊野本宮大社は、周りの山々の影響を受けて、運のベースを再生したり、活性化してくれるパワーがあります。「土」の気も強く、貯蓄運や健康運ももたらしてくれます。

社殿右横の木や、『満山社（まんざん）』があるエリアにパワーがあります。参拝の際は社殿に向かって左側からお参りしましょう。

境内にある八咫烏（やたがらす）の黒いポストは、「時空」につながるアイテム。自分の未来に向けた手紙を、自分自身に投函するのも開運行動です。

樫尾森山
百前森山
音無川
熊野本宮大社
熊野川
大塔山
大雲取山

風水では、北から生じた気は、南に流れるとされる。熊野は都から見て南方にあり、都から流れてきた気を浄化し、再生させる場所。熊野本宮大社の祖山は熊野連山。山にしっかり囲まれているために、「土」の気が強いスポットとなっている。なかでも大塔山（おおとうざん、▲1122m）の気を強く受けている。

悪運をリセット・生命力アップ

和歌山県

熊野那智大社

KUMANO NACHI TAISHA

◎祖山＝大雲取山 ☆☆☆☆

人生を変える「気づき」を与えてくれる。悪運をすべて流してくれるパワースポット。

訪れる人に強い生命力を与え、滞っていた運気をスムーズに流し清浄化してくれるパワースポット。

人生を変えるために必要な「気づき」を与え、この先の人生の道を示してくれる運気を持っています。この地を訪れるときに大切なのは、心の声に敏感になること。ふと感じたことがこの先の人生を左右する「気づき」につながります。

また、本殿に白玉石を奉納する特別参拝を行ないましょう。拝殿の先にある本殿前は、別世界が広がる清浄な場所。本殿前で告げた言霊は、より強いパワーを持って天に届きます。

境内にあるご神木の大樟で胎内くぐりを行なうのも効果的。運気の再生を促します。また『那智大滝』はその強い再生力で訪れる人の悪運を浄

礼殿

Photo by Yuchiku Rinoie

所在地：和歌山県東牟婁郡那智勝浦町那智山1
アクセス：「紀伊勝浦駅」よりバスで30分、「那智山」下車、徒歩10分
https://kumanonachitaisha.or.jp/

化し、希望を与えてくれるパワースポット。自分でも気づかないうちに体にため込んでしまった運気の澱を強力な力で浄化して、運気に「希望」という強い光を与えてくれます。この土地の再生力は「生まれ変わり」を促すため、新たな人生を歩みたいと願う人はぜひ訪れて。滝の前で参拝した後は、那智の滝を最も間近で拝観できる『御瀧拝所舞台』に向かいましょう。間近で滝を眺めながら、叶えたい願いを言霊にして。できるだけ滝に近い場所で過ごすのが運気吸収のポイントです。『延命長寿のお瀧水』を飲むのも忘れずに。

本殿　*Photo by Yuchiku Rinoie*

樟霊社(しょうれいしゃ)　*Photo by Yuchiku Rinoie*

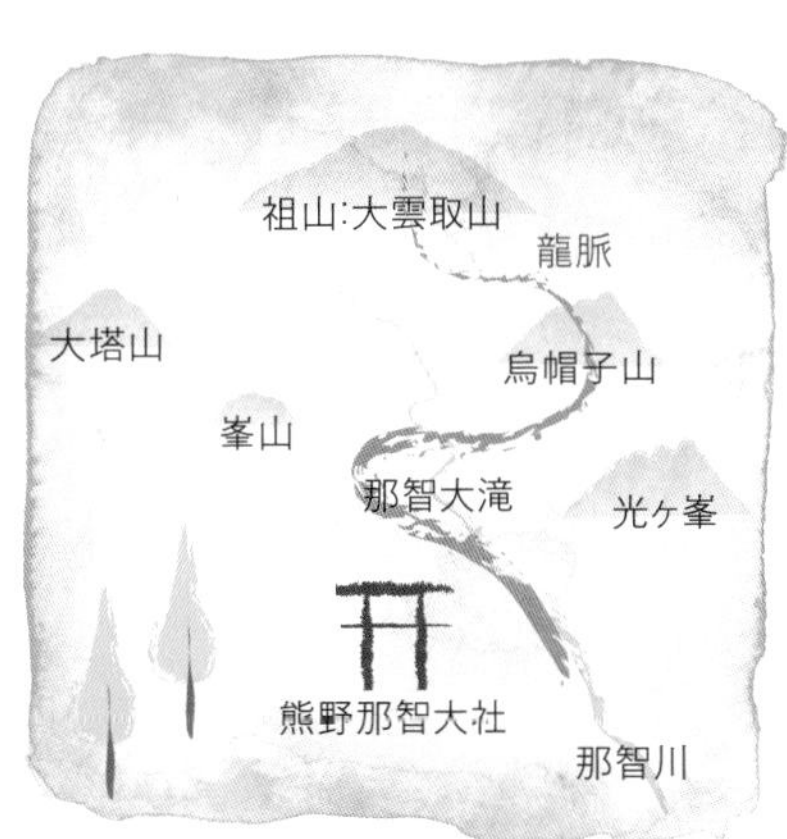

祖山は大雲取山（▲966m）。大塔山や峯山、烏帽子山や光ヶ峯が砂となって、よい気をこのエリアにとどめている。大雲取山から生じた生気は烏帽子山を経て流れ、さらに那智川沿いを流れる。那智大滝には、烏帽子山をはじめ周囲の山々の気もすべて集まってきている。

那智大滝　*Photo by Yuchiku Rinoie*

恋愛運・人間関係運

和歌山県　熊野速玉大社

KUMANO HAYATAMA TAISHA

◎祖山＝大雲取山　☆☆☆

人とのつながりを築いてくれるパワースポット。気の流れに沿って、ゆっくりと気の吸収を。

参道、大鳥居

所在地:和歌山県新宮市新宮1
アクセス:「新宮駅」より徒歩15分
https://kumanohayatama.jp

恋愛運をはじめとして、出会いや人間関係運など、人とつながるための運気を与えてくれるスポット。熊野川に抱かれるように建っていますが、このような土地は「水龍環抱」の地といい、豊かさや楽しみ事を与える運気に満ちています。土地本来の性質である、「縁」を通じて豊かさや楽しみ事を与える土地となったようです。

この土地は「速玉」という名に反して、緩やかに気が流れています。土地の動きに合わせてゆっくり参拝することがポイント。拝殿の前が強いスポットなので、特にゆっくり滞在してください。

拝殿、上三殿

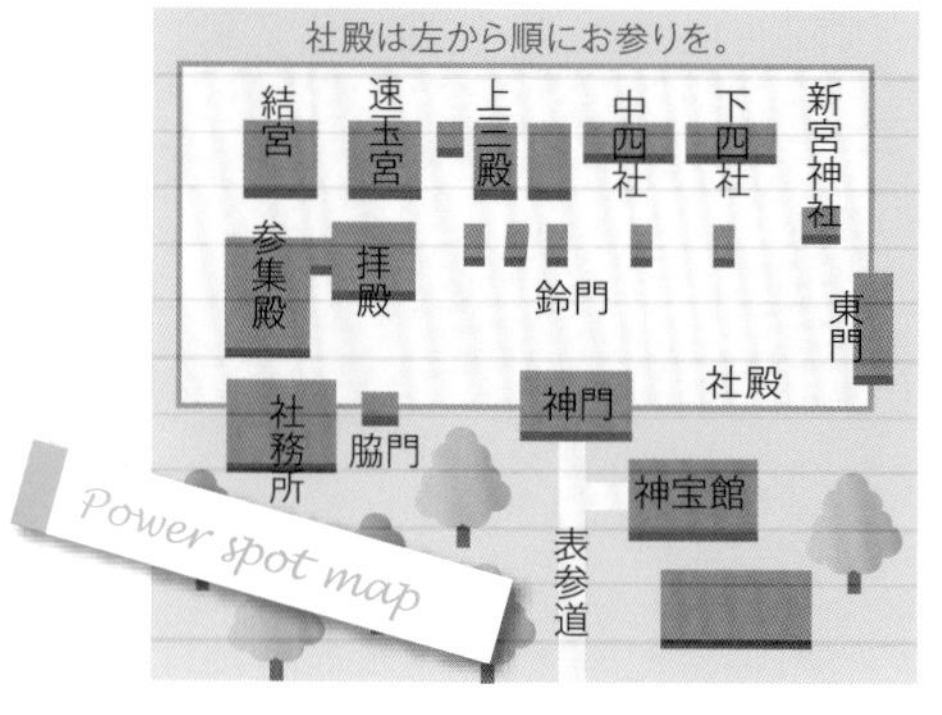

神倉神社

和歌山県

KAMIKURA JINJA

◎祖山＝大雲取山 ☆☆☆☆

岩山の鼓動が感じられるスポット。強い生命力のパワーに満ちている。

所在地：和歌山県新宮市神倉1-13-8
アクセス：「新宮駅」より徒歩15分

ゴトビキ岩

ここは「この世」とは異なる気で満ちていて、あえて表現するなら「天界」に近い場所といえるでしょう。強力な生命力を宿した気に満ちており、訪れる人に生命力を与えて、願いを天に届けるパワーを持っています。

538段もある急勾配の石段を上がっていくと、『ゴトビキ岩』の巨石群が見えてきます。ご神体でもあるその岩の上が強力なパワースポット。岩の上に乗っていると、ドクンドクンと脈打つ岩の鼓動を感じることができます。強いエネルギーを受けるため、驚くこともあります。

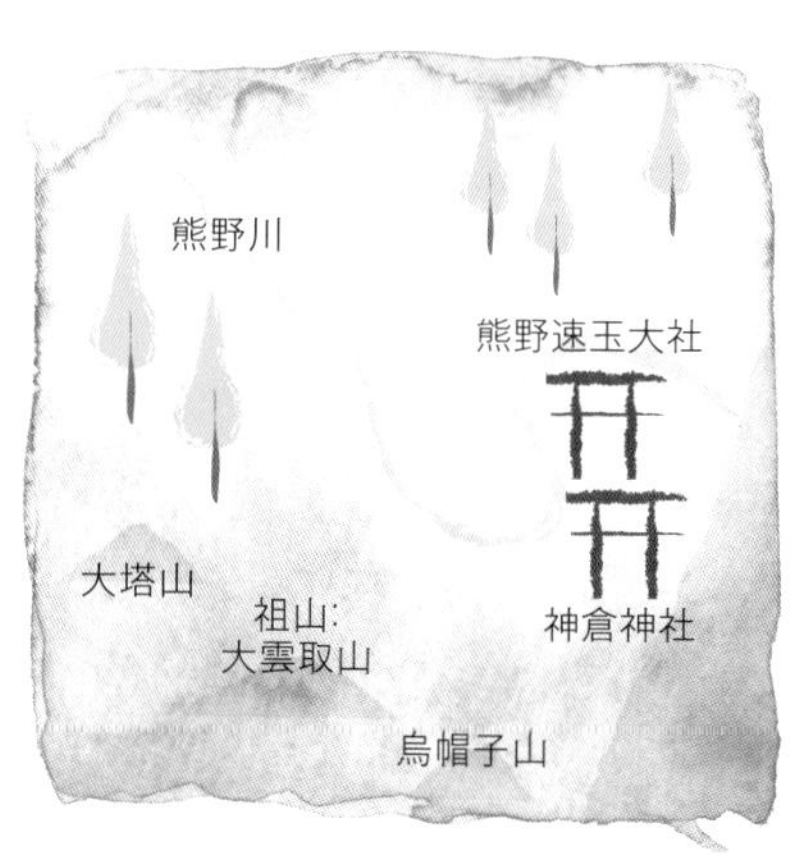

祖山は大雲取山（▲966m）だが、烏帽子山や大塔山など、そのほかの熊野連山の気も受けている。熊野速玉大社と神倉神社は、蛇行する熊野川に抱かれるようなエリアに建っている。これは「水龍環抱」と呼ばれる典型的な龍穴地形。

兵庫県

伊和神社

IWA JINJA

◎祖山=氷ノ山 ☆☆☆

物事の善悪を見極めることができるスポット。決断力も与えてくれる。

鶴石

所在地:兵庫県宍粟市一宮町須行名407
アクセス:「姫路駅」よりバスで1時間20分、「一の宮伊和神社」下車

物事の善し悪しをはっきりと見極め、強い決断力を与えてくれるパワースポット。迷いのある人には特におすすめの場所です。本殿の裏にある『鶴石』は、その昔、神からの使いの白鶴が2羽舞い降りて、その上で眠っていたと言い伝えがある石。ここと参道には強いパワーがあります。

ただし、この土地は陰陽どちらの気も持つので、できれば晴れた日の午前中に訪れることをおすすめします。また、陰の気を持つ場所がところどころにあるため、林の奥には入り込まないよう注意しましょう。

祖山は氷ノ山(ひょうのせん、▲1509m)。氷ノ山は陰の部分と陽の部分の落差が激しい山なので、白黒をはっきりさせるパワーを持つ。周囲を山に囲まれているため、祖山の気が外にもれることなく境内にたまっている。明堂水は揖保(いぼ)川。氷ノ山の背後にある扇ノ山(おうぎのせん)や鉢伏山の影響も受けている。

良縁・清浄化

兵庫県 大市八幡神社

OICHI HACHIMAN JINJA

◎祖山＝六甲山 ☆☆☆

人と人の縁を結ぶ清らかな気に満ちた神社。ご神木の大楠からパワーをいただいて。

所在地:兵庫県西宮市若山町3-31
アクセス:「門戸厄神駅」より徒歩8分
https://oichi-hachiman.wixsite.com/oichi

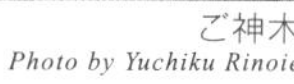

ご神木
Photo by Yuchiku Rinoie

日本三大八幡宮の一つである石清水八幡宮から勧請された由緒ある神社。地元では「大市の八幡さん」の愛称で親しまれています。

土地のパワーはとても清々しく、境内は清浄な空気に満ちています。人と人をつなぎ、良縁を運ぶパワーがあります。

境内の奥へと進むと、樹齢400年を超えるご神木の大きな楠があります。この大楠の周辺が強い生気を放つスポット。本殿横の木々も良縁の運気に満ちていますので、ゆっくりお参りしてパワーを吸収しましょう。

祖山:六甲山
大市八幡神社
西宮市
神戸市
六甲アイランド
大阪湾

祖山は六甲山(最高峰は六甲最高峰▲931m)。六甲山は、神戸市の塩屋から宝塚市まで、東西約30キロにわたっている。その大きな山系の気が大阪湾へと引き寄せられるようにして流れ込んでおり、ルート上にある西宮の大市八幡神社へと降りてくる。

金運・楽しみ事・願いを叶える

兵庫県

湯泉神社

TOSEN JINJA

◎祖山＝六甲山☆☆☆☆

金運と楽しみ事をもたらす「金」の気が満ちたスポット。温泉とあわせてぜひ足を運んで。

湯泉神社階段

湯泉神社　所在地:兵庫県神戸市北区有馬町1908
アクセス:「有馬温泉駅」より徒歩8分
https://www.feel-kobe.jp/column/arima-powerspot/

金運や豊かさをもたらすパワースポット。本殿に向かう長い階段を上がり始めると、光の膜を通り抜けるかのように強い「光」のパワーに包まれ、上昇する気を受けられます。階段付近で写真を撮るなどして、パワーを吸収してください。

この場所は、六甲山の気と有馬温泉の地熱が合わさり生じたパワースポットです。有馬温泉には「金」の気が満ち、名泉として知られる『金泉』には金運を運ぶ強いパワーがあります。参拝後にはぜひ温泉に入って運気の吸収を。

近隣の水天宮も願いが叶うスポット。湯泉神社と水天宮、有馬天神社の三社巡りもおすすめです。

天神泉源と有馬天神社

水天宮

有馬天神社　所在地:神戸市北区有馬町1402
アクセス:「有馬温泉駅」より徒歩5分

水天宮　所在地:神戸市北区有馬町1091-2
アクセス:「有馬温泉駅」より徒歩12分

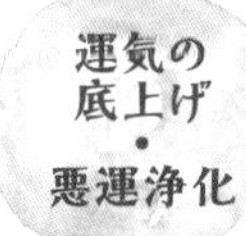

兵庫県

☆☆☆☆

おのころ島神社

ONOKOROJIMA JINJA

イザナギとイザナミが最初に創った「国生み」の島。天に届く生気がさまざまな運気を上昇させる。

所在地：兵庫県南あわじ市榎列下幡多415
アクセス：「西淡三原IC」より車で6分
https://www.freedom.ne.jp/onokoro/

正殿
Photo by Yuchiku Rinoie

日本神話でイザナギとイザナミが国生みをしたとき、最初に創った島が、現在の淡路島にあるといわれている「おのころ島」です。

おのころ島神社は、島のような小さな丘にあります。この土地は、天へと上る「上昇」の気が満ち、その気が循環している場所。訪れる人の運気を大きく上昇させてくれます。

大鳥居の先の階段を上がって右にある『鶺鴒石（せきれい）』付近、神楽殿の右奥に祀られているご神木付近が強い生気を発しています。また、正殿左奥にある八百萬神社も強い生気が漂っています。

Power spot map

八百萬神社
神楽殿
ご神木
正殿
鶺鴒石
手水舎

淡路島周辺は大阪湾、瀬戸内海、太平洋から海流が流れ込み、南北には鳴門海峡と明石海峡があるため、四国と本州の気の流れをつなぐ場所になっている。

運気アップ・ステージを上げる・生命力、変化

兵庫県

先山千光寺、岩戸神社

SENZAN SENKOJI, IWATO JINJA

◎祖山＝先山 ☆☆☆☆

天に引き上げられる気を感じる強力なパワースポット。ふたつの寺社を参拝することで上昇運が得られる。

石段の参道から淡路島全体を眺める

Photo by Yuchiku Rinoie

所在地:兵庫県洲本市上内膳2132
アクセス:「洲本バスセンター」よりバスで「先山口」下車、徒歩27分
https://kuniumi-awaji.jp/heritage/23senkoji/

先山千光寺は、イザナギとイザナミが最初に創ったとされる山、「先山」の頂上にあります。本堂へ向かう石段を上ることで上昇運が得られ、また、石段の途中にある舞台から淡路島全体を眺めることで、土地のパワーを吸収することができます。

先山千光寺にお参りしたあとは、「天の岩戸」の神話で知られる天照大神を祭る岩戸神社に向かいましょう。ご神体の岩に強いパワーがあり、天に引き上げられるような気を感じる場所です。ただし、足元の悪い山道なので、歩きやすい靴を履き、雨の日に行くのは避けましょう。

岩戸神社 *Photo by Yuchiku Rinoie*

先山千光寺は、山頂へ向かうことで天へ上昇する気が得られる。岩戸神社は風水的な地形ではなく、ご神体の岩からパワーが生じている。先山千光寺で上昇運を得てから岩戸神社にお参りすると、風水的なパワーと岩のパワーを効果的に吸収できる(体力面が心配な人は岩戸神社だけでも◎)。

Chapter 7 中国・四国地方

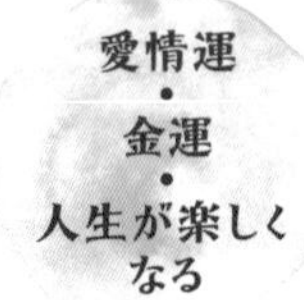

岡山県

吉備津神社

KIBITSU JINJA

◎祖山＝鬼城山

☆☆☆☆☆

七色に輝くオーラを持ったパワースポット。愛情に満ちた人生を与えてくれる。

この場所は、虹色のオーラに溢れています。虹の七色の中でも突出して美しい光を発しているのがピンクカラー。吉備津(きびつ)神社はこのピンクカラーの発する愛情の運気が境内に満ちていて、訪れる人に優しさや豊かさ、愛情運や金運を与えてくれます。特に女性には、愛情に満ちた人生を送るための運気をもたらしてくれるでしょう。また、知識を吸収させるパワーもあるので、学業運にも効果が期待できます。

境内全域が強いスポットですが、特にパワーが強いのは本殿・拝殿に続く石段と本殿・拝殿の前。石段は七色のオーラが強く、やわらかい光に包まれたような感覚を体感できます。写真を撮ると、光り輝く土地のオーラをとらえることもあり

石段参道

所在地:岡山県岡山市北区吉備津931
アクセス:「吉備津駅」より徒歩10分
https://kibitujinja.com/

ます。また、石段を上りながら心の中で願いを告げると、その願いが叶いやすくなります。

本殿・拝殿前ではゆっくり深呼吸をしてからお参りしましょう。参拝後は、廻廊を通って、『えびす宮』から『一童社』『祈願殿』のほうへ抜けましょう。境内をぐるっと回ることで、より運気を吸収し、定着させることができます。

廻廊

十二本木山
十文字山
祖山:鬼城山
飯盛山
笹ヶ瀬川
旭川
吉備中山
吉備津神社
吉備津彦神社
児島湖

祖山は鬼城山（きのじょうざん、▲397m）だが、吉備津神社も吉備津彦神社も小さな山々に囲まれた場所にあり、十二本木山や飯盛山など、さまざまな山の気の影響を受けている。神社の背後にある吉備中山（▲162m）が、祖山やそれらの山々の気を受け止めて、ふたつの神社に強い生気を送り込んでいる。旭川、笹ヶ瀬川、児島湖が明堂水となっている。

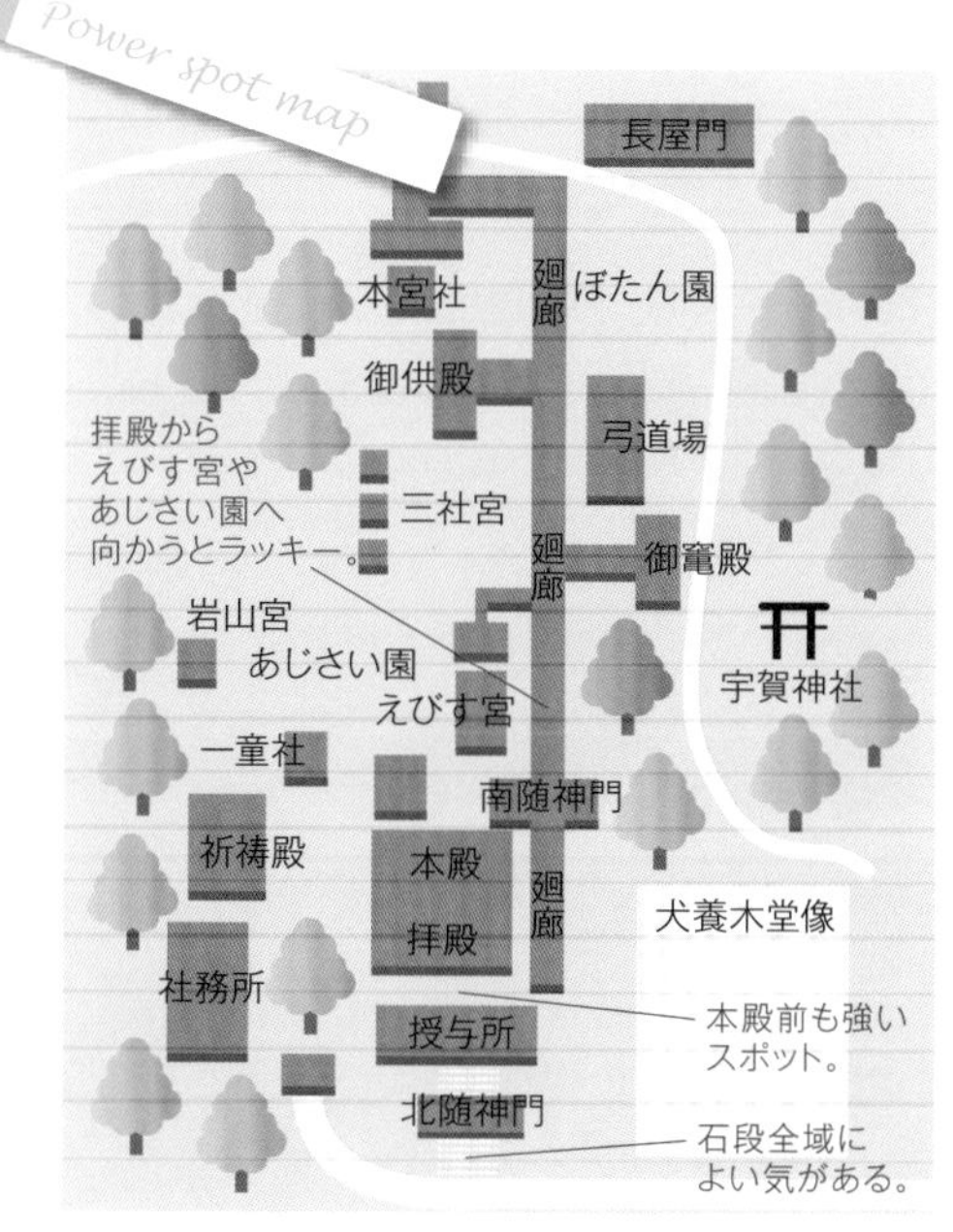

愛情運・健康運

岡山県

吉備津彦神社

KIBITSUHIKO JINJA

◎祖山＝鬼城山 ☆☆☆☆

温かい空気に包まれたスポット。
美しいグリーンのオーラが
健康運と家庭運を強めてくれる。

随神門

所在地:岡山県岡山市北区一宮1043
アクセス:「備前一宮駅」より徒歩5分
https://www.kibitsuhiko.or.jp/

吉備津神社（P172）から程近い場所に位置しますが、持っているパワーは少し異なります。この土地は美しいグリーンのオーラに包まれていて、訪れた人のベースを強め、運気を底上げしてくれるパワースポット。健康運や家庭を守る運気も持ち合わせています。

強いパワーは、『随神門』を抜けて拝殿に向かう間に満ちています。ここでは、感謝の気持ちを持ちながらゆっくりと歩きましょう。恋愛運が欲しい人は『子安神社』へ。金運が欲しい人は境内にある『神池』に立ち寄りましょう。

拝殿

金運・人生が楽しくなる

広島県 千光寺

SENKO JI

◎祖山＝平木山 ☆☆☆

陽の気に包まれ、光に照らされたスポット。人生に楽しみを与えてくれる。

夫婦岩

所在地:広島県尾道市東土堂町15-1
アクセス:「尾道駅」よりバスで5分、「長江口」下車後、千光寺山ロープウェイで「山頂駅」
https://www.senkouji.jp/

尾道市街が見渡せる高台にあり、景色がすばらしく、訪れるだけでも心が楽しくなるところです。千光寺が位置する千光寺山は豊かな「金」の気に満ちていて、その「金」の気が海流によってさらに豊かさを増幅しています。訪れる人の人生を光で照らし、楽しみ事や豊かさを与えてくれます。

本堂は風が強く気が散っていますが、『玉の岩』と弘法大師を祭る『大師堂』の間は風が遮られ、この土地に漂う気を強く体感できます。また、境内の『鼓岩』と『梵字岩』付近もパワーが強いので、立ち寄りましょう。

尾道を見渡せる千光寺山の山頂にある。祖山は平木山（▲264m）だが、真訶衍（まかえん）山や鳴滝山からも生気をもらっているスポット。瀬戸内海に浮かぶ島々と海流が、山からの気を受け止めて、さらに増幅させている。ちなみに、千光寺が「金」の気を持つのは、千光寺山が岩山であることによる。

啓示をくれる・運気の底上げ

鳥取県

大神山神社 奥宮

OGAMIYAMA JINJA OKUNOMIYA

◎祖山＝大山 ★★★★★

霊山・大山に抱かれた、パーフェクトな龍穴。すべての運気を底上げし、大きく好転させてくれる。

大山（だいせん）は、強い生気とカリスマ性を持つ独立峰の霊山。大神山（おおがみやま）神社・奥宮は、その大山の強力な生気をそのまま受け取った、圧倒的なパワーを持つスポットです。訪れる人の運気を底上げし、強い浄化力で自分の周囲にある悪い気を消し去ってくれる運気があります。また、強いカリスマ性を与えてくれるので、人を導く立場にある人や、人の上に立つ人はぜひ訪れてください。

長い参道の坂を上がり、鳥居をくぐってからさらに700メートルもある石畳の道を歩きますが、この石畳の道はそのまま龍道となっていて、歩きながら強いパワーを受けることができます。歩

大山

所在地：鳥取県西伯郡大山町大山
アクセス：「米子駅」よりバスで50分、「大山寺」下車、徒歩15分
http://www.oogamiyama.or.jp

いているうちに、悪運が浄化されていくのが感じられる人もいるでしょう。

『銅鳥居』を抜けたところからさらに気が上昇し、神気に満ちた聖域への入り口となります。神門から拝殿までの階段は生気溢れるパワースポット。神門から拝殿を見上げて強い神気を受け取りましょう。拝殿では心静かにお参りを。願い事は小さなものよりも、この先の人生を左右する大きな願いにすることが大切です。

神門　*Photo by Yuchiku Rinoie*

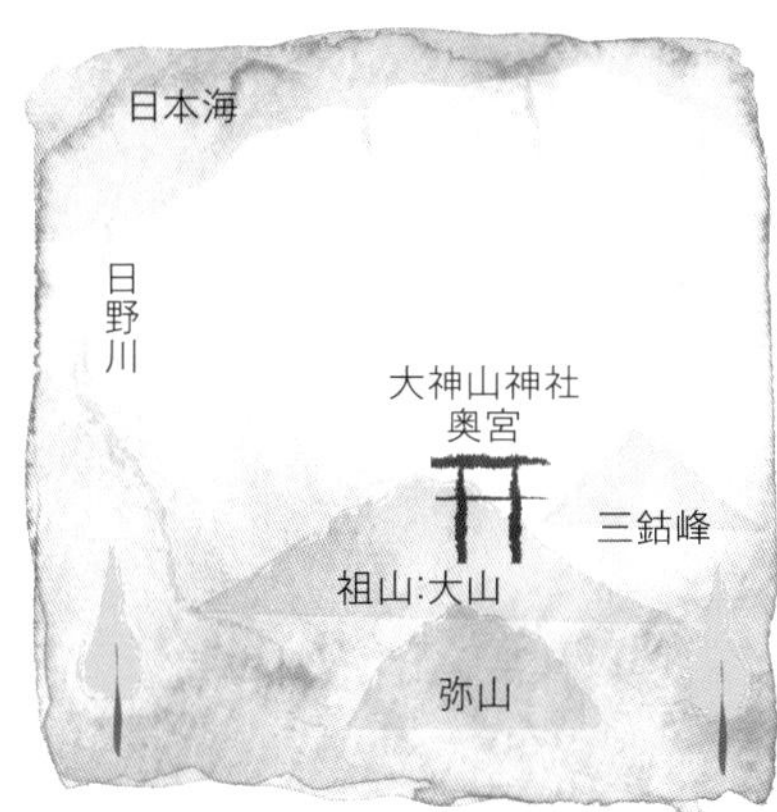

祖山は大山（最高峰は剣ヶ峰▲1729m）。大山は強いカリスマ性を持つ独立峰。大神山神社奥社は大山の山腹にあり、弥山（みせん、▲1709）、三鈷峰（さんこほう、▲1516m）に抱かれるような場所に位置しているため、大山の生気をもれなく吸収することができる。日野川などが明堂水となっている。

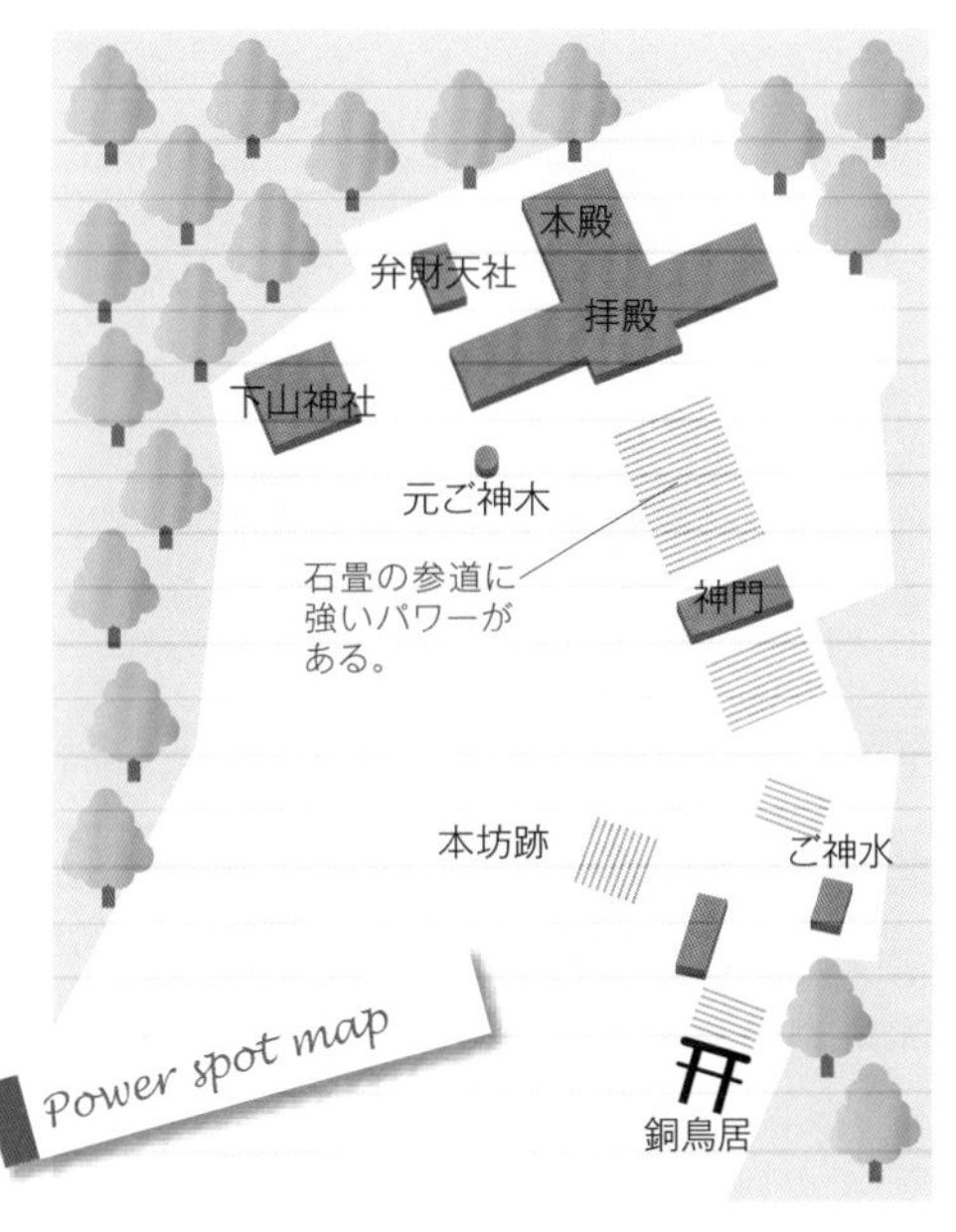

出会い運・恋愛運・結婚運

島根県

八重垣神社

YAEGAKI JINJA

◎祖山＝大平山 ☆☆☆☆

「水」の気を受け取るパワースポット。恋愛に関するすべての運を与えてくれる！

鏡の池

所在地：島根県松江市佐草町227
アクセス：「松江駅」よりバスで25分、「八重垣神社」下車
https://yaegakijinja.or.jp

出会いから恋愛、結婚まで、縁に関するすべての運気を与えてくれるパワースポット。女性だけでなく、男性も同様の運気を受けられます。

本殿には強い恋愛パワーがありますが、最も強いパワースポットは、本殿裏手にある『佐久佐女の森』。この森の奥にある縁占いの『鏡の池』周辺から縁の運気が生じています。佐久佐女の森から鏡の池に向かうルートは左右に分かれているので、必ず左側から向かいましょう。この道が「水」の気を受け取るルートになっています。午前中の早い時間に出かけると、より効果的です。

祖山：大平山
真山
龍脈
和久羅山
宍道湖
大橋川
中海
八重垣神社
神魂神社
天狗山

祖山は大平山（▲503m）だが、真山（▲256m）や和久羅山（▲244m）など、八方からの気を受けている。さらに、最も影響を及ぼしているのは宍道湖（しんじこ）。大平山で生じた気は天狗山（▲610m）を伝って大橋川を流れ、宍道湖へ注ぎ込まれて一度たまり、増幅された気が八重垣神社や神魂（かもす）神社に流れ込んでいる。

出会い運・人間関係運

島根県

出雲大社

IZUMO OYASHIRO

◎祖山＝弥山

☆☆☆☆☆

「風」の気を持つパワースポット。出会うべき人と出会わせてくれる。

神楽殿

所在地：島根県出雲市大社町杵築東195
アクセス：「出雲大社前駅」より徒歩7分
https://izumooyashiro.or.jp/

出雲大社は「風」の気を強く持っています。「風」の気は縁を運んでくれるので、この土地はさまざまな出会いをもたらしてくれるパワースポットとなっています。とても強いパワースポットですが、「風」の気は上空にあり、大地から感じる気は体感しづらいかもしれません。上空にある気をとらえるため、できるだけ空を見上げるようにしましょう。

神楽殿の長さ13メートルに及ぶ大注連縄の下と、本殿の裏手にある『素鵞社』で強い気を感じられます。出雲大社は2016（平成28）年に大遷宮が終わりました。

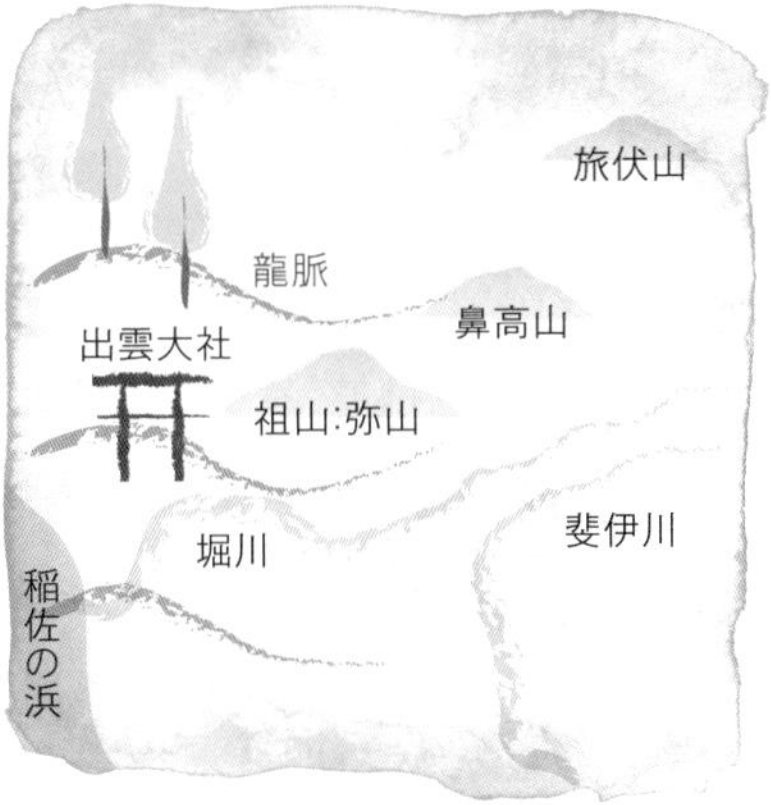

祖山は弥山（みせん、▲506m）。弥山は、旅伏（たぶし）山や鼻高山（▲536m）などがある出雲北山という山群のひとつで、このような連山のある場所は、人と人とのつながりを司る運も持つ。大きな「砂」がなく、気が風に乗って常に動いているのも特徴的。稲佐の浜を越えてくる西からの潮風が、豊かさを運んでいる。

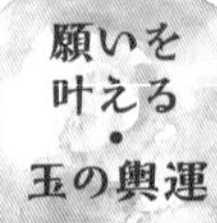

島根県

熊野大社

KUMANO TAISHA

◎祖山＝天狗山 ☆☆☆☆☆

強い活性力が運気を上昇へと導いてくれる。玉の輿運も併せ持つ。

拝殿

所在地:島根県松江市八雲町熊野2451
アクセス:「松江駅」よりバスで35分、「熊野大社前」下車
http://www.kumanotaisha.or.jp/

強い活性力と上昇の力を持ちながらも、体感する気が優しくやわらかな、稀有なパワースポット。境内のどこにも陰がなく、温和な陽の気が、訪れる人に安らぎを与えてくれます。このように、強い生気を持ちながらも優しいパワーを発するスポットは、願いを叶える力を強く持っています。

ただし、この土地はマイナスの波動を嫌うので、後ろ向きな願い事は効果がありません。自分も周囲も幸せになるような前向きな願いを告げるのがポイントです。結婚を望む人には、男女問わず玉の輿運がもたらされます。

祖山は天狗山（▲610m）。天狗山からはいくつかの龍脈が生じており、そのうちのひとつは大平山の気と引き合う形で八重垣神社方面へ流れ、もうひとつは、八雲山を経て宍道湖に向かっている。熊野神社は宍道湖に向かう龍脈の途中にあるため、天狗山の気を受けている。

悪運をリセットする・現状打破

島根県

須佐神社

SUSA JINJA

◎祖山＝王院山 ☆☆☆

樹齢1200年以上といわれる『大杉さん』にパワーが集中。心の迷いや悪運を消してくれる。

境内に入ってすぐには強い気を体感できないと思いますが、本殿の裏側にある樹齢1200年以上といわれる大杉（通称『大杉さん』）に近づくにつれ、強大なパワーを感じることができるはずです。この土地の気の発生源はこの大杉周辺で、そこから土地の生気が生まれています。本殿にお参りした後、この大杉周辺に長く滞在し、生気を吸収しましょう。

この土地の持つ運気は強い浄化力。悪運や心の迷いを打ち消し、困難に立ち向かうパワーを与えてくれます。ただし、夕方近くになると少し陰の気が生じるので、できれば午後2時ぐらいまでに訪れてください。

祖山:王院山
朝原川
須佐神社
須佐川
三子山
大水口
鳥屋ヶ丸

祖山は出雲市の最高峰、王院山（▲554m）。須佐神社は須佐郷と呼ばれる小盆地にあり、その中でも須佐川と朝原川が合流する「水龍環抱」の場所に位置している。また、須佐郷は周囲を三子山や鳥屋ヶ丸などの山々に囲まれているため、王院山から生じた生気が外に逃げないようになっている。

大杉さん

所在地：島根県出雲市佐田町須佐730
アクセス：「出雲市駅」よりバスで40分、「出雲須佐」下車、徒歩20分
https://www.susa-jinja.jp/

変化の運・愛情運・豊かさや楽しみ事をもたらす

大山祇神社

OYAMAZUMI JINJA

愛媛県

◎祖山＝鷲ヶ頭山 ☆☆☆☆☆

海流によって生じたパワースポット。人生の転換期を迎える人、大きな変化が欲しい人に。

瀬戸内海に浮かぶ「大三島（おおみしま）」にあるパワースポットです。この土地は瀬戸内海の海流からパワーが生じ、海の持つ「火」の気と、島々の間を流れる海流の気が穏やかに流れ込んでいます。

土地の気は20年周期で変化していきますが、このスポットも近年の変換期により、大きく性質を変えました。もともとは「火」の気が強く、出世運やステイタス運、勝負運など、戦いや上昇の気を強く持っていましたが、現在は優しさに満ち、愛情運や豊かさ、楽しみ事をもたらす場所となっています。土地の気は変化していくものですが、このように性質を大きく変えることは珍しく、ここではよい意味での「変化」の運気も受け取れます。人生の転換期を迎える人、大きな変化が欲しい人もぜひ訪れて。多少ではありますが、以前に存在した上昇の気運も受け取ることができます。

神門と拝殿

所在地：愛媛県今治市大三島町宮浦3327
アクセス：「今治駅」よりバスで1時間10分、「大山祇神社前」下車
https://oomishimagu.jp

パワーは境内全体に流れていますが、特に強い生気を感じられるのは、拝殿前と樹齢2600年といわれる天然記念物の『大楠』周辺。深呼吸をして、しっかりと気を体感してみましょう。

拝殿から『宝物館』へ向かう道も強いパワーを体感できるので、参拝を終えて神門を出たら、向かって左側で気を吸収してください。

この土地では、ゆったりした気持ちで時間を過ごすことが運気吸収のポイントです。

大楠

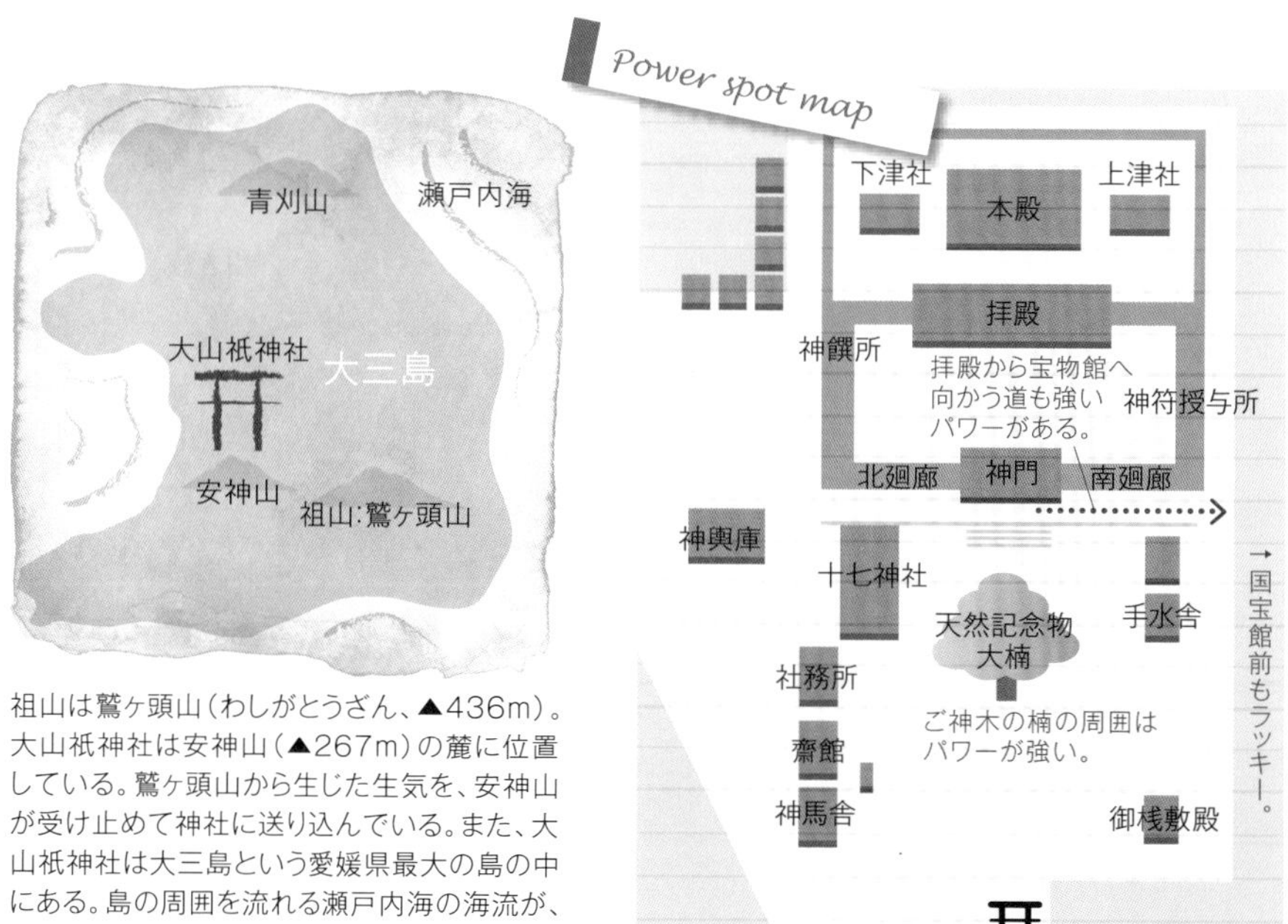

祖山は鷲ヶ頭山（わしがとうざん、▲436m）。大山祇神社は安神山（▲267m）の麓に位置している。鷲ヶ頭山から生じた生気を、安神山が受け止めて神社に送り込んでいる。また、大山祇神社は大三島という愛媛県最大の島の中にある。島の周囲を流れる瀬戸内海の海流が、山からの気をさらに強めている。

土壌の底上げ・才能の強化・浄化

愛媛県

石鎚神社

ISHIZUCHI JINJA

◎祖山＝石鎚山 ☆☆☆☆☆

石鎚山の険しい気が瀬戸内海の気によってやわらかく穏やかな気に。「水」にふれることで吸収率が高まります。

役小角（えんのおづの）によって開山された石鎚山を神体山とする神社です。古代から霊山として信仰されてきた石鎚山は、威厳に満ち、人を寄せ付けない険しい気を持つ山ですが、その気が瀬戸内海のやわらかい気によって中和され、穏やかで優しい気へと変わっています。

ここでは、土壌を底上げするとともに、底にこもったおりを浄化するパワーが得られます。自分の才能や能力を伸ばしたい、変わりたい、と願っている人にもおすすめ。気を体感しづらい場所なので、思ったほどパワーを感じないかもしれませんが、吸収率のいいスポットなので、境内を散策しているうちに、いつの間にか気がたまっているはずです。

石鎚山

所在地：愛媛県西条市西田甲797
アクセス：「石鎚山駅」から朱の鳥居まで徒歩約2分
https://ishizuchisan.jp

境内に入るときは、必ず神門をくぐるのがルール。もし駐車場から直接境内に入ってしまった場合は、一度外に出て神門をくぐり直しましょう。そこから本殿へと進み、本殿の前でたっぷりと気を吸収して。お参りのあとは、御神水所でお水取りをしましょう。水に触れれば触れるほど、気が受け取りやすくなります。さらに、役小角の像の周辺も「水」のパワーが得られるスポットなので、立ち止まって気を取り込みましょう。

本殿

御神水所

祖山は石鎚山（▲1982m）。その圧倒的なパワーに加えて、周囲を取り囲んでいる笹ヶ峰、瓶ヶ森といった山々の気が石鎚神社に集結し、さらに瀬戸内海から流れ込んだ気もここに合流している。石鎚神社のある場所は、山に守られるような地形になっていることから、土地の気はやや閉鎖的。

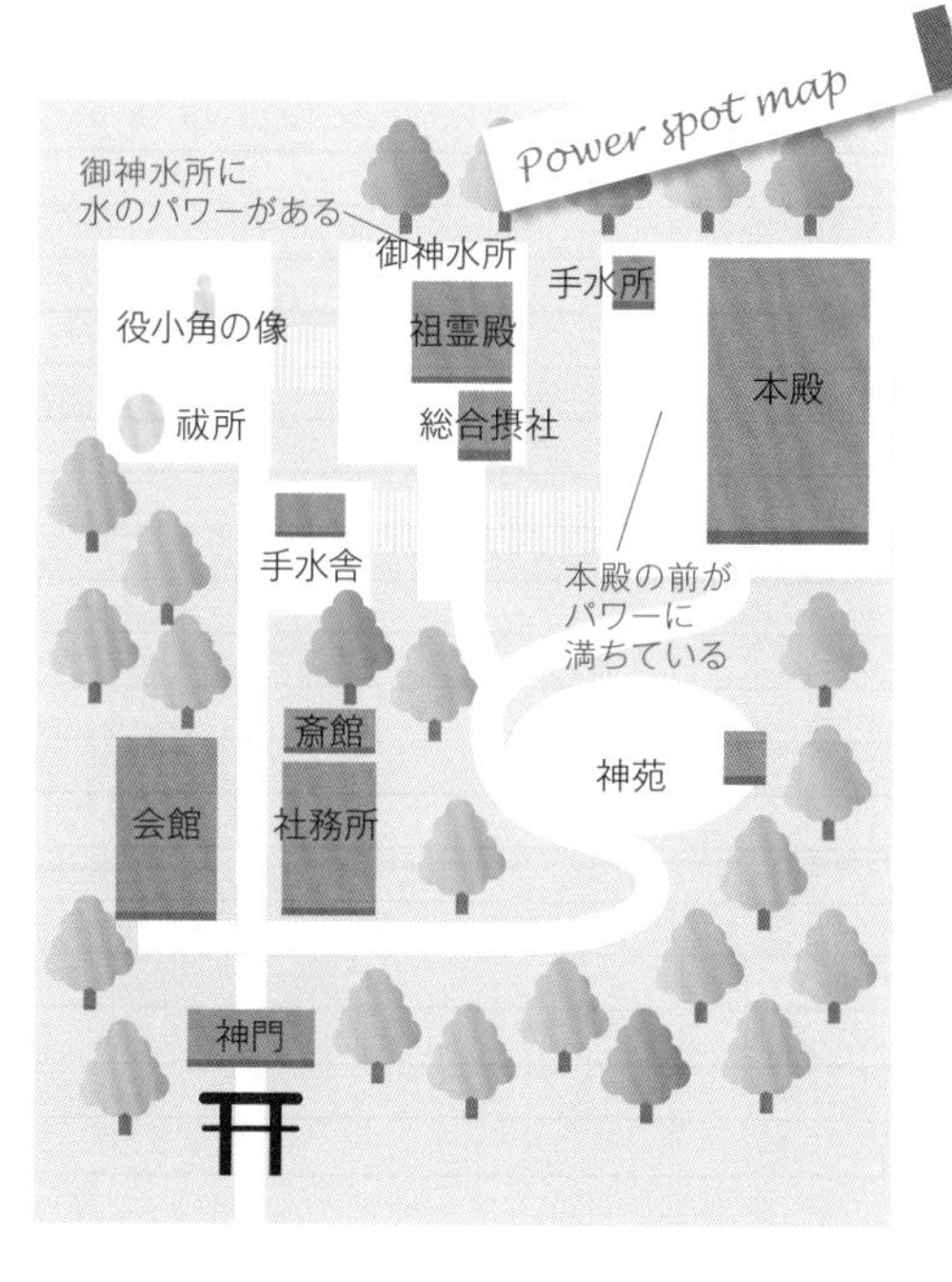

縁・心を癒し、和ませる

愛媛県

伊豫豆比古命神社

（椿神社）IYOZUHIKONOMIKOTO JINJA

◎祖山＝石鎚山 ☆☆☆

マイナスの気がまったく存在しない希有なスポット。人との出会い、運との出会いを導いてくれます。せかせかせず、ゆったりした気持ちで訪れて。

本殿
Photo by Yuchiku Rinoie

所在地：愛媛県松山市居相2-2-1
アクセス：「松山市駅」よりバスで約20分、「椿神社前」下車　https://tubaki.or.jp

祖山である石鎚山の強いパワーを受けつつも、温かく和やかな気に満ちており、境内のどこにもマイナスの気が存在しない、珍しいスポットです。「縁」の運気が強く、人との縁を生み出すほか、ほしい運と出会える効果も。

参拝後は、本殿の回廊を通って裏手に回って。本殿の真裏にあたる場所が最も強いパワースポットです。また、絵馬を書くのも開運行動。「こうなれば人生が楽しくなる」というような願いを書くといいでしょう。

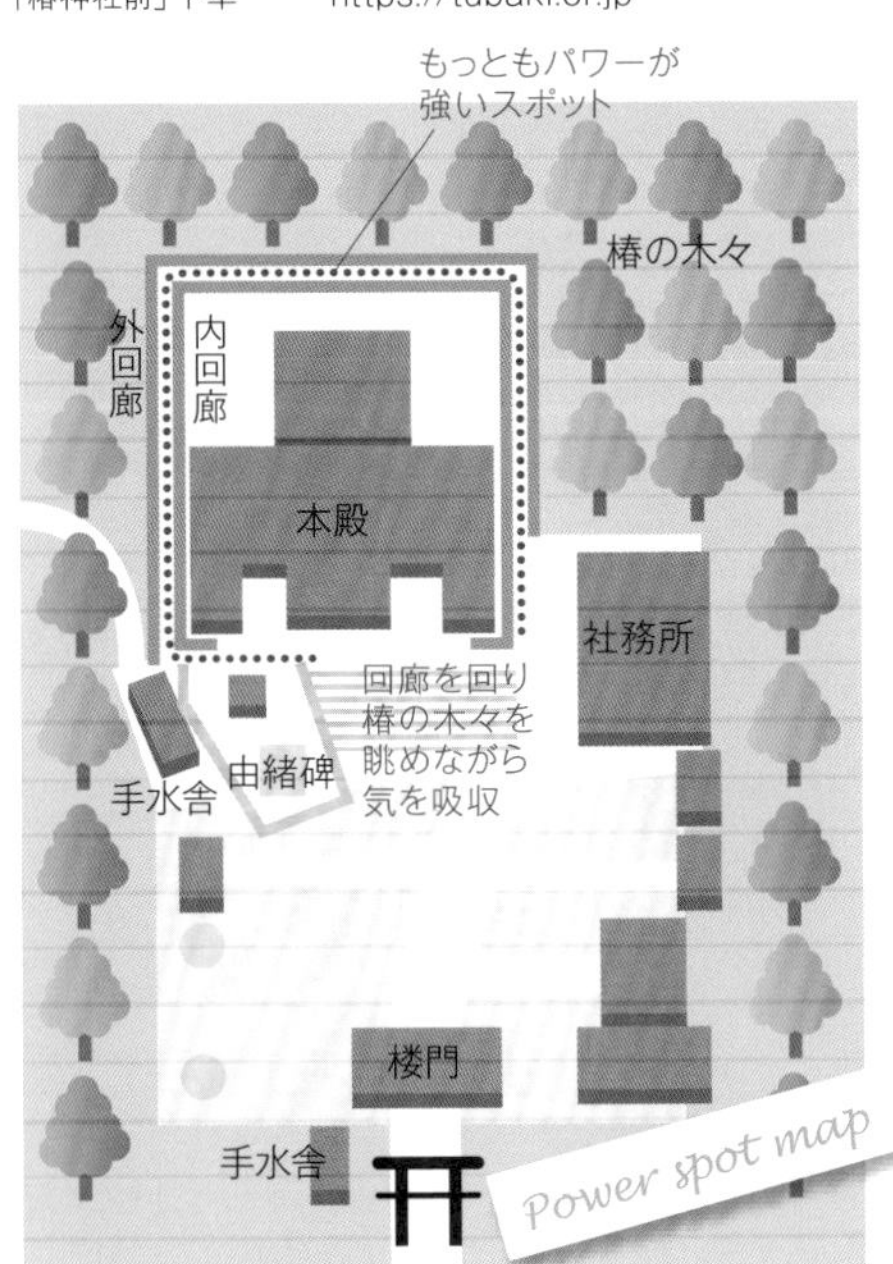

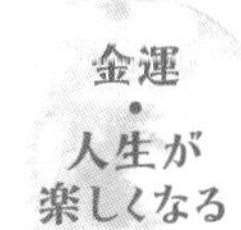

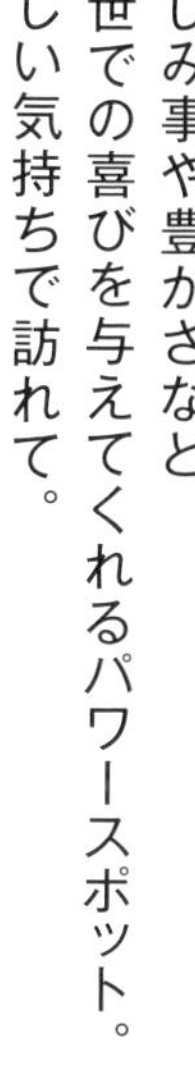

楽しみ事や豊かさなど現世での喜びを与えてくれるパワースポット。楽しい気持ちで訪れて。

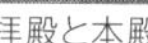
拝殿と本殿

所在地：香川県仲多度郡琴平町892-1
アクセス：「琴平駅」より石段上り口まで徒歩20分
https://www.konpira.or.jp/

この土地に運気をもたらしている山々は、丸い形をしていて、その気は穏やか。その山々のパワーが、金刀比羅宮に喜びや楽しみなど現世での幸せを与えてくれるベースとなっています。このスポットには、心を楽しくして笑顔で訪れましょう。運気の吸収が高まります。

金刀比羅宮へは７８５段の石段を上っていきますが、「つらい」と思わないように、同行者と楽しい会話をしながら、ゆっくりと。この土地は心が穏やかな人の願いを叶える性質があります。気持ちを整えて、リラックスして訪れてください。

祖山は連山になった大麻山（おおさやま、▲616m）で、金刀比羅宮は大麻山南西部にある琴平山（▲524m）の中腹に位置する。香川県では丸い形をした山が多くみられるが、金刀比羅宮にある「金」の気も、ぽわんと丸い形をしたこれらの山々によるもの。愛宕山はそれらの生気を食い止めるはたらきをしている。

進むべき道を示す・チャンスをもたらす・出会い運

高知県

土佐神社

TOSA JINJA

◎祖山＝石鎚山

★★★★★

石鎚山と周囲の山々からの気が1カ所に集結しているスポット。自分がこの先進むべき道が明らかに。

拝殿

所在地：高知県高知市一宮しなね2-16-1
アクセス：「土佐一宮駅」より徒歩約20分
https://tosajinja.com

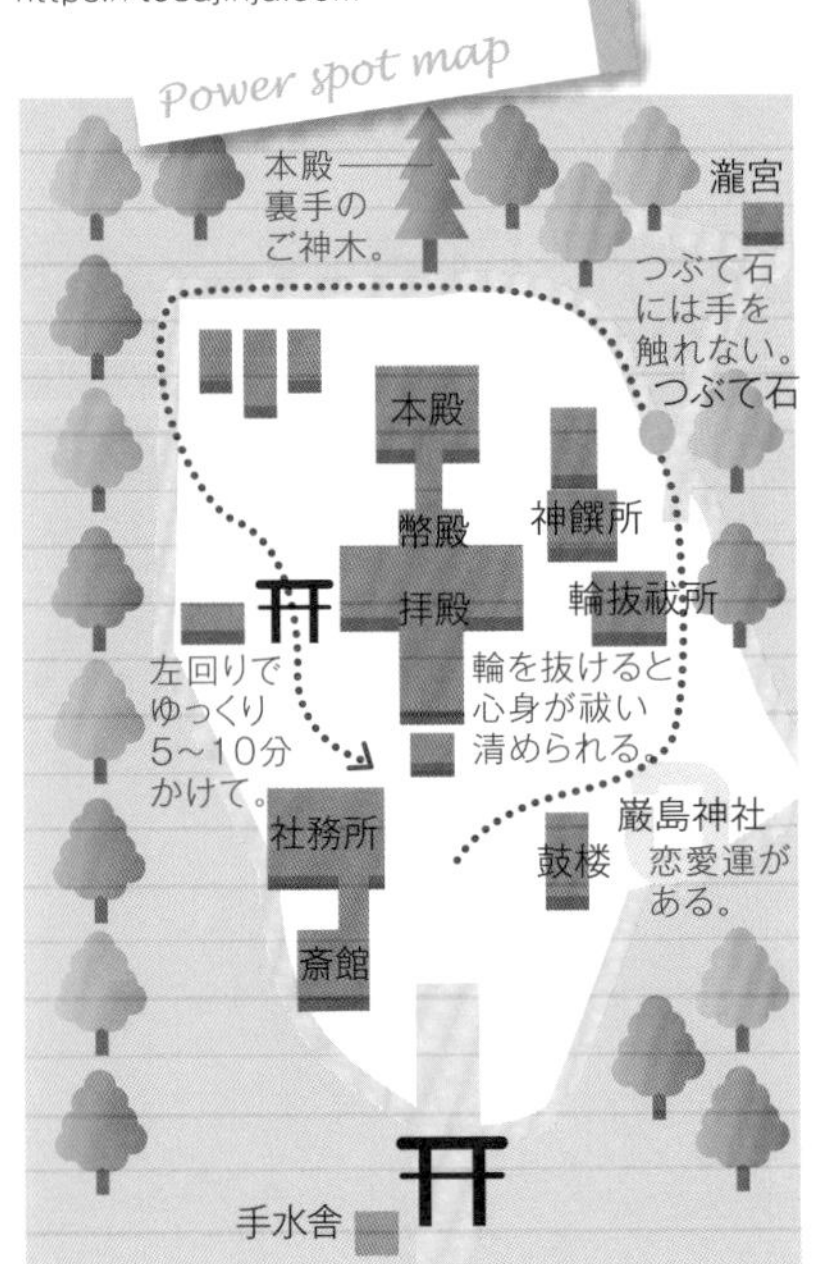

石鎚山から放たれた気が周囲の山々を経由して広がった後に再び集結している場所、それが土佐神社です。自分が進むべき道を示し、正しい道を歩む手助けをしてくれます。

拝殿で参拝したら、境内を左回りで巡る「志那祢の森めぐり」を。特に本殿の真裏にあるご神木の大杉周辺に強力な気が満ちています。木には触れず、近くに立って大地の気を吸収しましょう。また、『輪抜祓所』では、願い事を思い浮かべながら輪を抜けて。恋愛運が欲しい人は、『厳島神社』にも参拝しましょう。

Chapter 8

九州・沖縄地方

宗像大社 辺津宮
太宰府天満宮
宇佐神宮
高良大社
国造神社
阿蘇神社 下宮
高千穂神社
霧島神宮
鵜戸神宮
アマミチュー
シルミチュー
首里城
セーファウタキ

出世運・玉の輿運・ステイタスアップ

福岡県

宗像大社 辺津宮

MUNAKATA TAISHA HETSUGU

◎祖山＝孔大寺山 ☆☆☆☆

強い浄化力のあるパワースポット。運気を妨げるすべての原因をクリアにし、出世運や玉の輿運も与えてくれる。

強い浄化力を持っていて、自分の運気を滞らせているすべての原因を消し去ってくれるパワースポット。がんばっているのに成果が出ない人、自分の思い通りに人生が進まない人はぜひ訪れてみましょう。また、この土地には上昇のパワーもあり、訪れた人を今の状態よりもひとつ上のステージへと導いてくれます。出世運や玉の輿運を願う人にもおすすめです。

宗像(むなかた)大社は、沖ノ島にある沖津宮(おきつぐう)、大島にある中津宮(なかつぐう)、そして辺津宮(へつぐう)の3社からなります。沖津宮は神域で、一般の人はほぼ訪れることはできま

辺津宮本殿

所在地:福岡県宗像市田島2331
アクセス:「東郷駅」よりバスで20分、「宗像大社前」下車
https://munakata-taisha.or.jp/

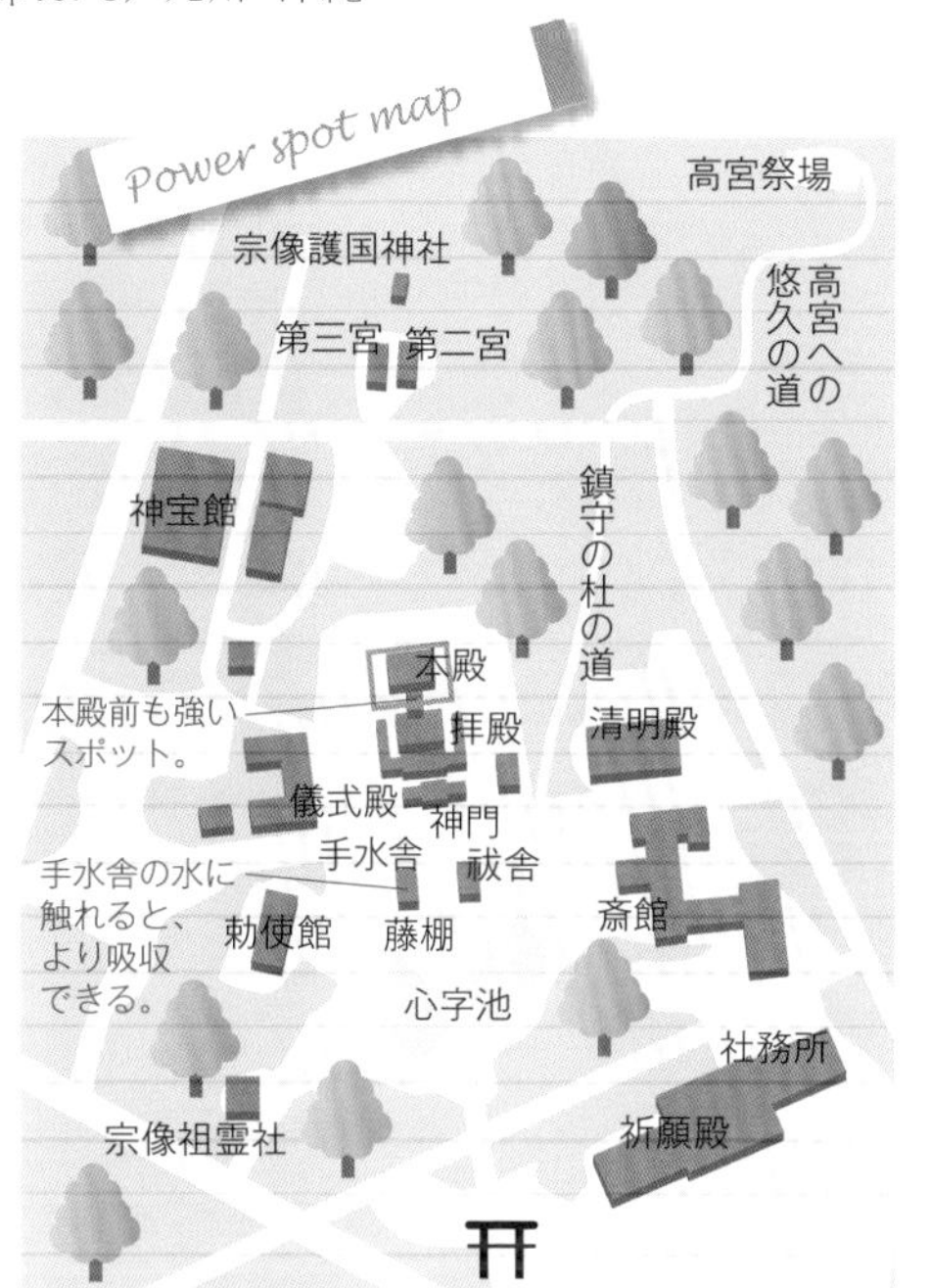

せんが、沖津宮から中津宮を経て辺津宮へと神気が流れてきているので、辺津宮を訪れることで、3社すべての気を吸収できます。

この土地でいちばん強く気を体感できるスポットは、岩をくり抜いてつくられた手水舎の付近。手水舎の水に触れることで、この土地の運気をより吸収できます。本殿の前も強いスポット。ここでは深呼吸することが運気を得る大切なポイントです。

また、この土地は言霊（ことだま）の力が強いので、願い事がある人は絵馬に願いを書くと、言霊を天に届けることができます。

本殿の右手にある『鎮守の杜の道』を抜けて、『高宮への悠久の道』を進むと、その昔、神様が降臨したという言い伝えのある『高宮祭場』です。こちらも強いパワーがありますが、午後2時までに訪れないと体感しづらくなります。

高宮祭場

沖津宮
中津宮
龍脈
辺津宮
湯川山
祖山：孔大寺山
金山
城山

宗像市にある辺津宮、沖ノ島にある沖津宮、大島にある中津宮の3社を合わせて宗像大社となっている。辺津宮の祖山は宗像四塚連峰の最高峰、孔大寺山（こだいしやま、▲499m）。このパワースポットに満ちる強い浄化力は、海や島からもたらされたもの。中津宮や沖津宮からの気も、玄界灘を越えて辺津宮に集まっている。

福岡県

高良大社

KORA TAISHA

◎祖山＝発心山

☆☆☆

高良川の流れが、ストレスを解消してくれる。人間関係のトラブルを改善したい人におすすめ。

高良大社の大樟

所在地：福岡県久留米市御井市1
アクセス：「久留米駅」よりバスで20分、「御井町」下車、徒歩20分
http://www.kouratasya.or.jp/

自分の中の淀んだ気を押し流してくれるパワースポット。特に、人間関係から生じる淀みを清浄化してくれるパワーが強くあります。

最も強いパワースポットは拝殿前から3歩ぐらい後ろに下がったあたりと、樹齢約４００年といわれている楠のご神木の付近。

この土地では景色を楽しみながら、ゆったりした気持ちで過ごすことが運気吸収のポイントです。流してしまいたいことや、よくない思いがある人は、そのことを意識しながら境内を歩くとさらに効果的です。

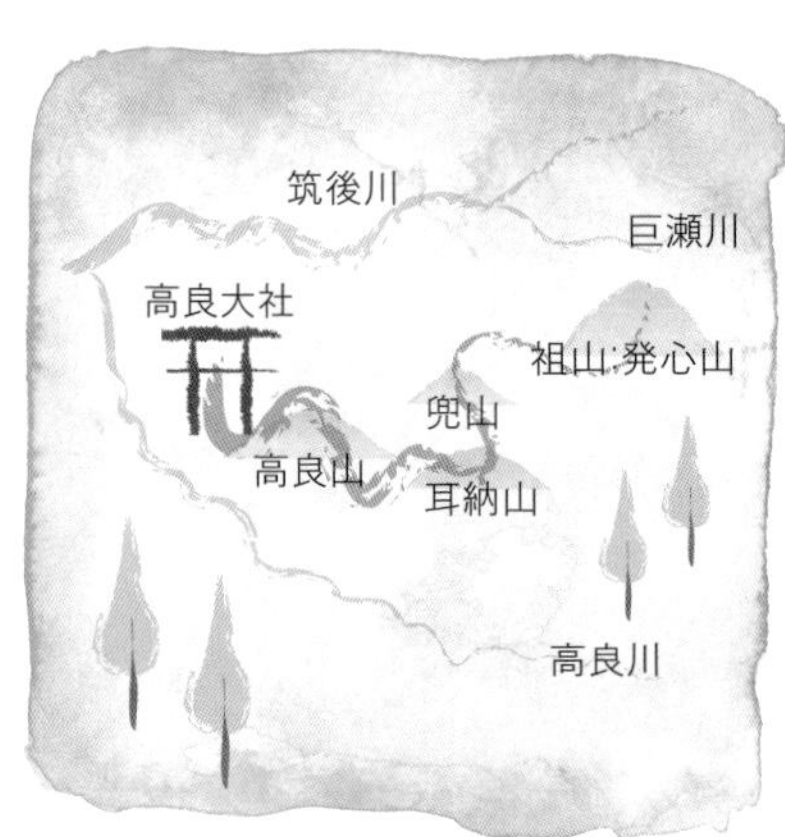

高良神社は高良山（▲312m）の中腹にあり、祖山は発心山（ほっしんざん、▲697m）。発心山から生じた気が、兜山と耳納（みのう）山に囲まれたルートを龍脈として、高良山に集まっている。また、神社は筑後川と高良川の合流地点にあるため、「水」の流れによって訪れる人の運を浄化する性質も持っている。

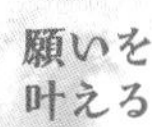

福岡県

☆☆☆

太宰府天満宮

DAZAIFU TENMANGU

宝満山の持つ「金」の気と宝満川の流れが豊かさをもたらすパワースポット。願いを叶えるパワーも強い。

楼門

所在地：福岡県太宰府市宰府4-7-1
アクセス：「太宰府駅」より徒歩5分
https://www.dazaifutenmangu.or.jp/

祖山である宝満山は、その名の通り豊かな「金」の気を持つ山。大宰府天満宮自体は、その「金」の気を受け止めながらも「土」の気を強く持ち、現実的な願いを叶えるパワースポットとなっています。願い事は、より具体的にするのがポイント。たとえば「お金持ちになりたい」と漠然と願うのではなく、「年収〇万円になりたい」というようなお願いの仕方が効果を高めます。

パワーの強いスポットは、本殿周辺や『太鼓橋』、楼門の下。誠心館近くにある大楠にも強いパワーがあります。

祖山は、太宰府天満宮の背後に位置する宝満山（▲829m）。笹尾山や大城山が砂、宝満川が明堂水となっている。宝満山には強い「金」の気がある。初心者でも比較的登山しやすく、山頂からの展望もすばらしいので、登山者にも人気が高い。ちなみに、太宰府天満宮の手水舎の石も、宝満山から切り出されたもの。

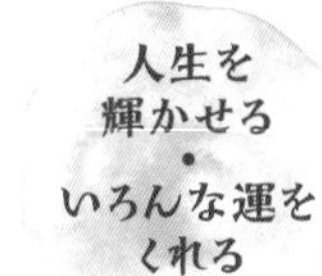

大分県

宇佐神宮

USA JINGU

◎祖山＝両子山　☆☆☆☆☆

光り輝く聖なるパワースポット。願いを叶えるためのきっかけがもらえる。

周囲を生気溢れる山々に囲まれ、強力な水龍からのパワーを吸収したパワースポット。この龍脈と水龍の強い気がこの土地に光を与え、訪れる人の願いを叶えるためのきっかけをもたらしてくれます。なかでも、人との縁をつなぐきっかけを与えてくれるパワーが強くあるので、縁を望む人や新しい人間関係を築きたい人はぜひ訪れて。

ただし、この土地の気は、願いを叶えるためのきっかけを与えてくれるもの。きっかけをいただいた後は、自分自身でその願いに向かって進まなければなりません。依存心が強かったり、他力本願な人は、この土地から運を得られないのです。

境内はどこにも陰がなく、光に満ちています。歩いているだけでさまざまなチャンスを吸収でき

三之御殿前の大楠

所在地:大分県宇佐市南宇佐2859
アクセス:「宇佐駅」よりバスで10分、「宇佐八幡」下車
http://www.usajinguu.com/

るので、ゆっくりと時間をかけて回って、この土地の光を体内に取り込みましょう。

パワーが強い場所は『三之御殿』の前。手水舎を抜けた左手にあるイチイガシや楠の付近や、西大門を抜けた『祈祷殿』の前も強いスポットになっています。また、大元神社遙拝所から御許山を眺めると、さらに生気を受け取ることができます。

参道（イチイガシと楠）

周防灘
祖山:両子山
宇佐神宮
寄藻川
和尚山
御許山
向野川
駅館川
大蔵山

祖山は両子山（ふたごさん、▲720m）。宇佐神宮は周防灘に突き出た国東半島の一端に位置する。灘から近いことに加え、周囲には駅館（やっかん）川や寄藻（よりも）川など複数の川が流れ、両子山から生じた生気を増幅させている。和尚山や御許山なども、それぞれが強い光を発しながら、砂の役割もはたしている。

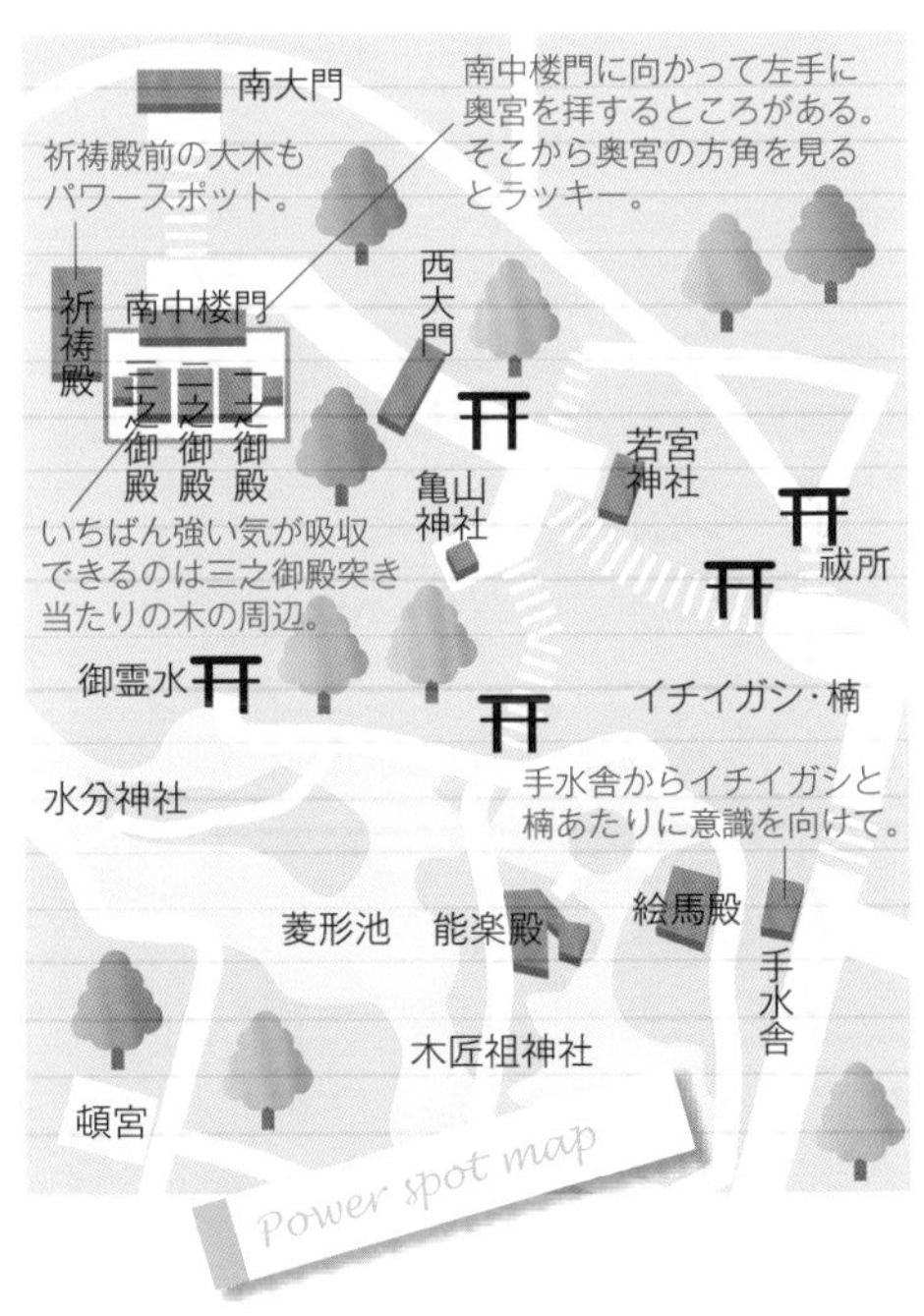

宮崎県

高千穂神社

TAKACHIHO JINJA

◎祖山＝祖母山 ☆☆☆☆

高千穂峡から流れる水の生気を受け止めているパワースポット。今までとは違う世界が広がる。

高千穂は神々が初めて地上に降り立った天孫降臨の地といわれています。その高千穂の地にある高千穂峡は、日本の滝百選に選ばれた『真名井の滝』が有名な、九州山地を水源とする美しい渓谷。周辺の山々の生気を集め、訪れる人を違う世界へと連れていってくれるパワーを持っています。

1800年の歴史を持つといわれる高千穂神社は、そんな高千穂峡から流れる水の気を受け止めた聖なるパワースポット。高千穂峡の生気は外へと広がる活性の運気を持っており、その気を受けたこの土地は、訪れる人にやる気を促し、前へ前へと進んでいくパワーを与えてくれます。

特にパワーの強いスポットは、拝殿前と、拝殿に

夫婦杉（左）、拝殿、秩父杉（右）

所在地：宮崎県西臼杵郡高千穂町三田井1037
アクセス：「延岡駅」よりバスで1時間20分、「高千穂バスセンター」下車、徒歩15分

真名井の滝

向かって右側にある樹高55メートルの『秩父杉』周辺。拝殿に向かって左側に立つ、ひとつの根から2本に分かれている『夫婦杉』から秩父杉に向かって気が流れているので、木から木へと流れる生気を体感してみてください。

ただし、この土地は、陰陽がはっきり分かれるので、午前中に訪れたほうがパワーを吸収できます。午後に訪れる場合も、2時までには鳥居をくぐるようにしましょう。また拝殿に向かって右側にある『鎮石（しずめいし）』にお願い事をするのはNGです。注意してください。

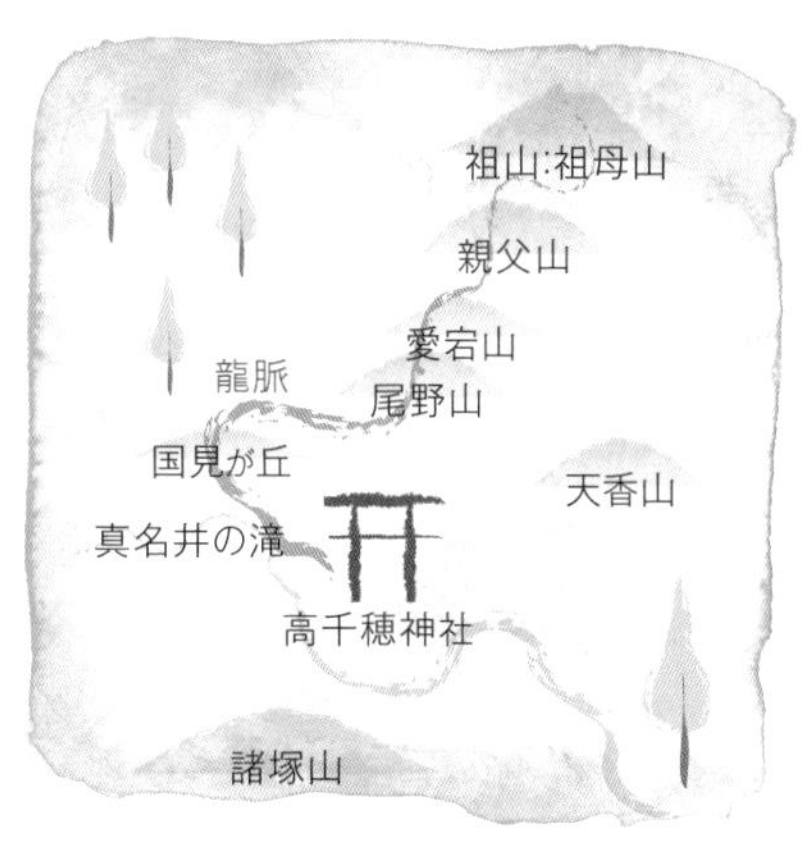

祖山は祖母山（▲1756m）。祖母山は、正義を好む凛とした気質を持ちつつも、人を温かく受け入れてくれる面もある霊山。祖母山で生じた気は、親父（おやじ）山や愛宕山、尾野山を経て高千穂神社に流れ込んでいる。高千穂峡の「水」の気が明堂水となり、国見が丘、天香（あまのかぐ）山、諸塚山などが砂となっている。

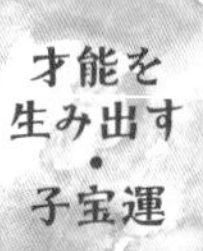

宮崎県

鵜戸神宮

UDO JINGU

◎祖山＝鰐塚山 ☆☆☆☆

**海流から生じたパワーと
山からの生気がひとつになったスポット。
新しいものを生み出す力を与えてくれます。**

本殿洞窟

所在地：宮崎県日南市大字宮浦3232
アクセス：「伊比井駅」または「油津駅」よりバスで20分、「鵜戸神宮」下車、徒歩約10分
https://www.udojingu.com

海からの圧倒的なパワーと、山から流れてくる生気が混ざり合ってわき出しているスポット。才能や子宝など、何かを「生み出す」力を与えてくれます。

洞窟へと向かう参道は、海を眺めながらゆったり歩きましょう。『霊石亀石』では、窪みに運玉を投げ入れて運試しを。本殿のある洞窟に入ると温かい気が感じられます。したたり落ちる『お乳水』にもぜひ触れてください。なお、洞窟内は陰陽のバランスが崩れやすいので、なるべく午前中のうちに訪れて。

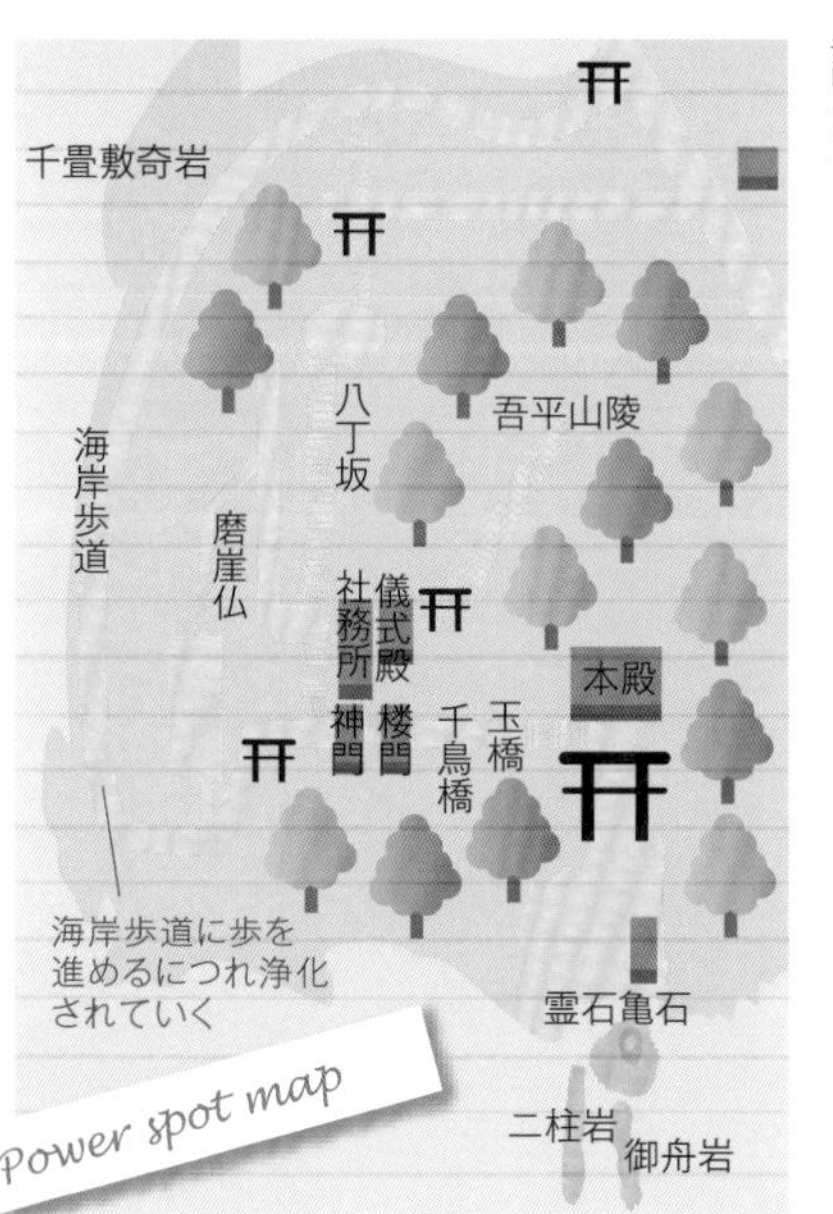

結婚運・家庭運・生活の安定

熊本県

阿蘇神社

ASO JINJA

◎祖山＝阿蘇五岳 ☆☆☆

愛情を深め、結婚へと向かう運気を与えてくれる。『願かけ石』にはひとつの願いを叶えるパワーが。

願かけ石

所在地:熊本県阿蘇市一の宮町宮地3083-1
アクセス:「宮地駅」より徒歩15分
http://asojinja.or.jp

阿蘇山(阿蘇五岳)はパワフルな生気を持っていながら、穏やかで優しいオーラのある山です。阿蘇神社は、そんな阿蘇山の気と、周りからの清らかな水源の気を受けた、澄んだ優しい生気を発するパワースポットです。

この土地は山の持つ「土」の気と水源地の「水」の気が相まって、愛情を深めたり、縁を固定させるパワーに満ちています。結婚を望む人や、パートナーとの縁を深めたい人、豊かな家庭を築きたい人はぜひ訪れて、土地の生気を吸収しましょう。

特にパワーの強い場所は、楼門と拝殿までの石畳。拝殿に向かって右側にある『願かけ石』。その近くにある奉納所そばの大木『高砂の松(えんむすびの松)』のあたり。また、手水舎の周辺にも生気が漂っていますし、第一神陵の『神杉』の付近にも生気が感じられます。

願かけ石では、本当に叶えたい願いをひとつだけ願うこと。そうすることで願いが叶いやすくなります。縁が欲しい人は、縁結びの高砂の松でのお願い事を、案内に書かれている手順で行なってみましょう。

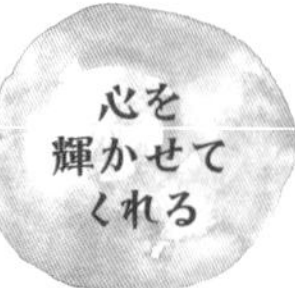

熊本県

国造神社

KOKUZO JINJA

◎祖山=久重山 ☆☆☆

心に光をもたらしてくれるパワースポット。『手野の大杉』に強いパワーがある。

所在地:熊本県阿蘇市一の宮手野2110
アクセス:「宮地駅」より車で15分

手野の大杉

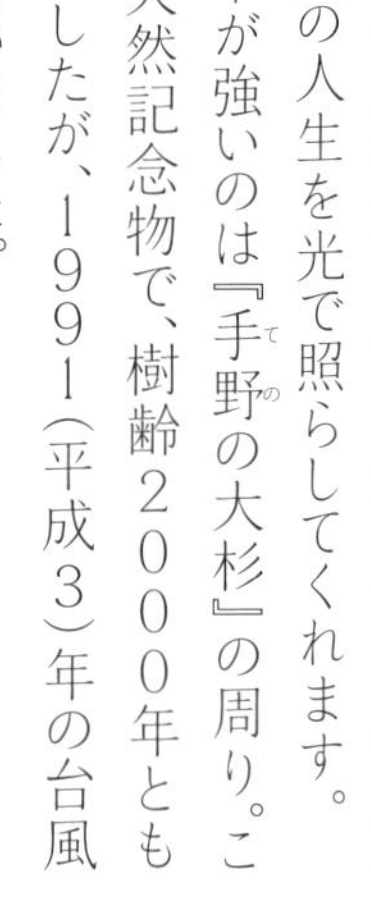

阿蘇神社の北宮とも呼ばれる国造神社は、阿蘇山からの気と九重山の気を受け、強い光を放ち、訪れる人の人生を光で照らしてくれます。

特にパワーが強いのは『手野の大杉』の周り。この杉は国の天然記念物で、樹齢2000年ともいわれていましたが、1991(平成3)年の台風で折れてしまいました。現在では切り取られた幹が置かれた状態ですが、この場所は変わらず強い光に溢れています。木に触れて土地の気を吸収しましょう。

現在、国造神社は気を温存し、生気をため込んでいるため、体感する気は弱くなっています。数年で回復すると思われるので、訪れる際には気の強さをチェックしてみてください。

拝殿

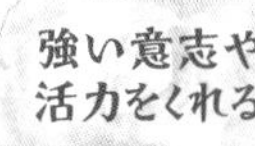

鹿児島県

霧島神宮

KIRISHIMA JINGU

◎祖山＝高千穂峰　☆☆☆☆

霧島連峰の穏やかな陽の気を受けたスポット。上昇の運気や、物事を継続する運気をもらえる。

本殿
Photo by Yuchiku Rinoie

所在地：鹿児島県霧島市霧島田口2608-5
アクセス：「霧島神宮駅」よりバスで10分
https://kirishimajingu.or.jp/

継続や上昇の運気を強く持つパワースポット。ひとつのことを継続できない人や、今の縁や仕事を長続きさせたい人におすすめです。

この土地の気は穏やかに流れているため、せかせかした行動をとると運気が吸収しづらくなります。いつもよりゆっくりした足どりで参道を歩いて運気を吸収しましょう。最も強いスポットは、拝殿の前と、『オガタマの木』の周辺。拝殿でゆっくり参拝した後にオガタマの木へ向かって。晴れた日はオガタマの木の近くにある展望所から桜島や開聞(かいもん)岳を眺めると、運気吸収に効果的です。

祖山は高千穂峰（▲1574m）。高千穂峰は霧島連峰のひとつで、山容が非常に美しく、雲海からのぞく山頂部が島に見えることから「霧島」という地名が生まれた。韓国岳（からくにだけ、▲1700m）も強い気を発する霊山で、霧島神宮は、韓国岳からもパワーをもらっている。また、霧島川の流れが、山の気を集めている。

啓示をくれる・生命力アップ

沖縄県
セーファウタキ
SEIFAUTAKI

◎祖山＝須久名山 ☆☆☆☆

啓示を与えるパワースポット。
神々しい気の宿る琉球王朝最高位の聖地。

久高遥拝所から望む久高島

所在地：沖縄県南城市知念久手堅
アクセス：「旭橋駅」よりバスで1時間、「斎場御嶽入口」下車

神が降臨するとされる琉球王朝の聖地。「セーファ」とは最高位、「ウタキ」とは聖地を意味し、本来は特別な人間しか入るのを許されない場所でした。

そのせいか、この土地の入り口付近は、立ち入る人を拒絶する結界のような強い気を発しています。入り口付近では頭痛がしたり、体にしびれを感じる人がいるかもしれません。

その結界を越えて中に入ると、とたんに空気の質が変わり、やわらかくて優しいオーラが漂います。入り口で圧倒されても、中に入って、この土地が持つ優しい光に満ちた気を体感してください。

『御門口（ウジョーグチ）』から石畳を歩いてたどり着く『大庫理（ウフグーイ）』付近もパワーの強い場所ですが、さらにその先にある『三庫裏（サングーイ）』からは光に溢れた強力なパワーを感じることができます。洞門の下ではゆっくりとパワーを吸収しましょう。

洞門を抜けると『久高遥拝所（くだかようはいじょ）』があります。そこからは、アマミキヨという女神が降臨したという神話の島・久高島が望めます。ここでは、久高島を眺めながら願い事を心の中で唱えましょう。具体

久高島。琉球の始祖アマミキヨが降臨したところといわれ、神の島とされている

三庫理

大庫理

的なことより、大まかな願い事をするのがポイントです。たとえば、「年収○円ぐらい稼ぐお金持ちになりたい」よりも、「豊かで幸せな人生を送りたい」というように、広い視野での願い事のほうが叶いやすいです。絶対に避けてほしいのは、誰かをおとしめるような願い事。ほかのスポットでもNGですが、この土地はそういう思いを持つ人を極端に嫌います。

ここを訪れるときは、雨の日よりも晴れた日のほうが気を体感できます。この土地に来られたことに感謝して土地の生気を受け取りましょう。

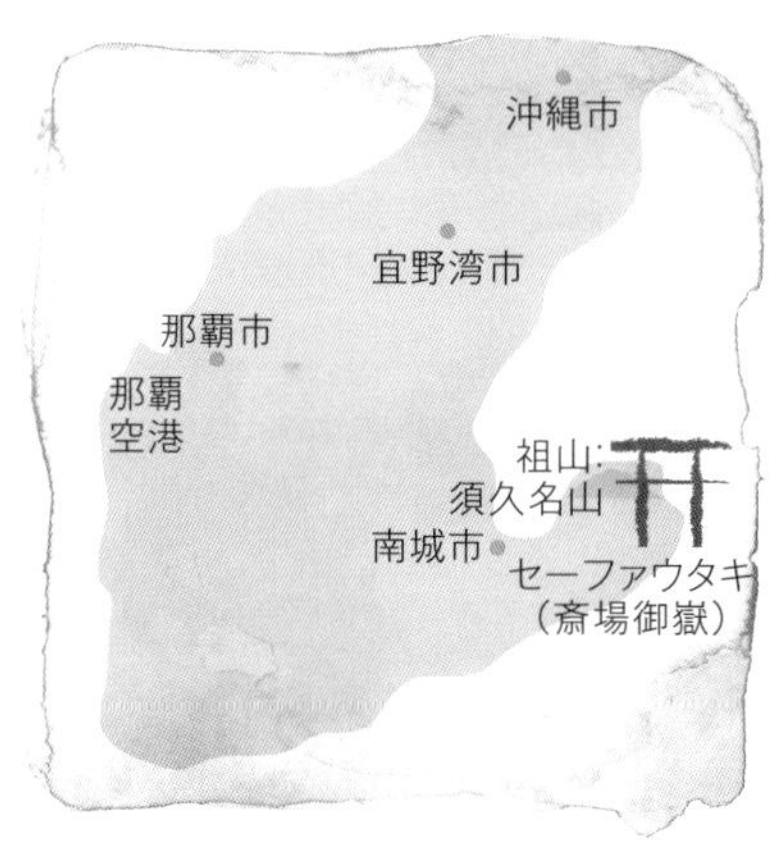

祖山は須久名山(▲149m)だが、島にできるパワースポットは通常の風水地形とは異なるため、祖山の影響力は少ない。島の気は島の真ん中にたまる特徴があり、セーファウタキもその影響を受けている。沖縄を上から見ると、この場所は口を開けたような形をしており、沖縄本島の気が抜ける場所となっている。

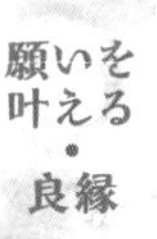

沖縄県

☆☆☆☆

アマミチュー

AMAMICHU

琉球開闢の神が眠る聖地。良縁をもたらしてくれるパワーが。願いを言霊にし、天に届けて。

アマミチューは、琉球開闢（かいびゃく）（沖縄の天と地の始まり）の祖神である女神アマミキヨと男神シネリキヨのお墓として信仰されています。

小島に渡って、海に面した細い岩の道を進み、階段を上ると神々のお墓とされている場所があります。その周辺から強いパワーが吹き出しています。

この土地は願いを天に届ける力があるため、願いを言霊にするか心に思い浮かべましょう。天に通ずる強い気が、自分を引き上げ、恋愛や人間関係、仕事などあらゆる良縁をもたらしてくれます。

景色がよく、美しい沖縄の海を楽しめる観光スポットでもありますが、沖縄の人にとっては大切な聖地です。敬虔な気持ちで訪れましょう。

アマンジ

所在地：沖縄県うるま市勝連比嘉105
アクセス：「沖縄北IC」より車で30分
https://www.okinawastory.jp/spot/20120902

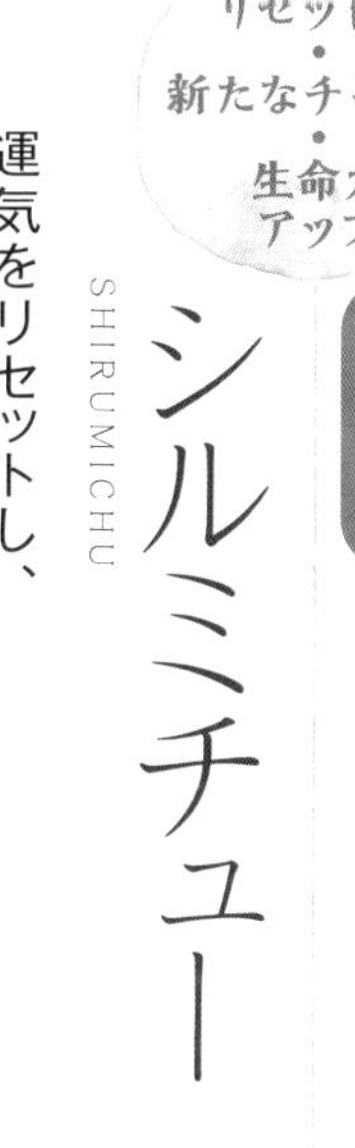

リセット運・新たなチャンス・生命力アップ

沖縄県

シルミチュー

SHIRUMICHU

☆☆☆☆

運気をリセットし、新たな命を与えてくれる聖なるスポット。

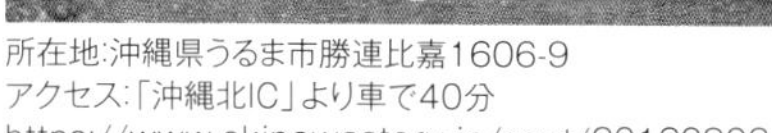

所在地:沖縄県うるま市勝連比嘉1606-9
アクセス:「沖縄北IC」より車で40分
https://www.okinawastory.jp/spot/20120903

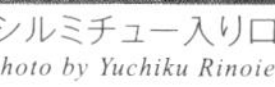

シルミチュー入り口
Photo by Yuchiku Rinoie

シルミチューは、アマミキヨとシネリキヨが暮らし、子どもをもうけたと伝わる場所です。

鳥居をくぐり、１０８段の階段を上るにつれて体中に生気が溢れ、細胞がすべて生まれ変わるような感覚がします。階段を上った洞窟の前が特に強いパワースポットですが、鳥居に向かう道や途中にある兼久ビーチにも強いパワーがありますので、ぜひ立ち寄りましょう。

この土地は、「生まれ変わりの運気」が強くあるため、人生をやり直せるくらいのリセット運、新たなチャンス、生命力アップの運気が得られます。

宮城島
金武湾
平安座島
海中道路
アマミチュー
沖縄本島
藪地島
浜比嘉島
うるま市
シルミチュー

沖縄本島から海中道路と浜比嘉大橋を渡ると浜比嘉島に着く。浜比嘉島は、海流の影響を受けて沖縄の気が集まる龍脈であり、島全体がパワースポット。島の北東部にあるのがアマミチュー。海に出っ張った「アマンジ」と呼ばれる岩の小島にあり、地熱が強いパワースポット。シルミチューは島南部の比嘉集落にある。

社交運・出会い運

沖縄県

◎祖山＝首里城 ☆☆☆☆

首里城

SHURIJO

琉球の地を流れる「風」の生気を受け止められるスポット。人との縁を築く「つながり」の運気を与えてくれる。

正殿

所在地:沖縄県那覇市首里金城町
(首里城公園管理センター)
アクセス:「首里駅」より徒歩

琉球王朝の発展は「風」の気を利用した貿易によるものでした。この土地は、祖山となる霊山がなく、島ならではの強い風が生気を吹き流してしまうため、龍穴となる条件からは大きく外れていますが、琉球王朝最高の風水師・蔡温によって「風」の気を受け止める都市設計がなされ、強い生気をため込める場所となりました。

このスポットでは、「風」の気を強く受けるため、縁に関する運気を得ることができます。また、「風」をとどめる役割をはたす「水」に触れることで、さらに運気を効率よく吸収できます。

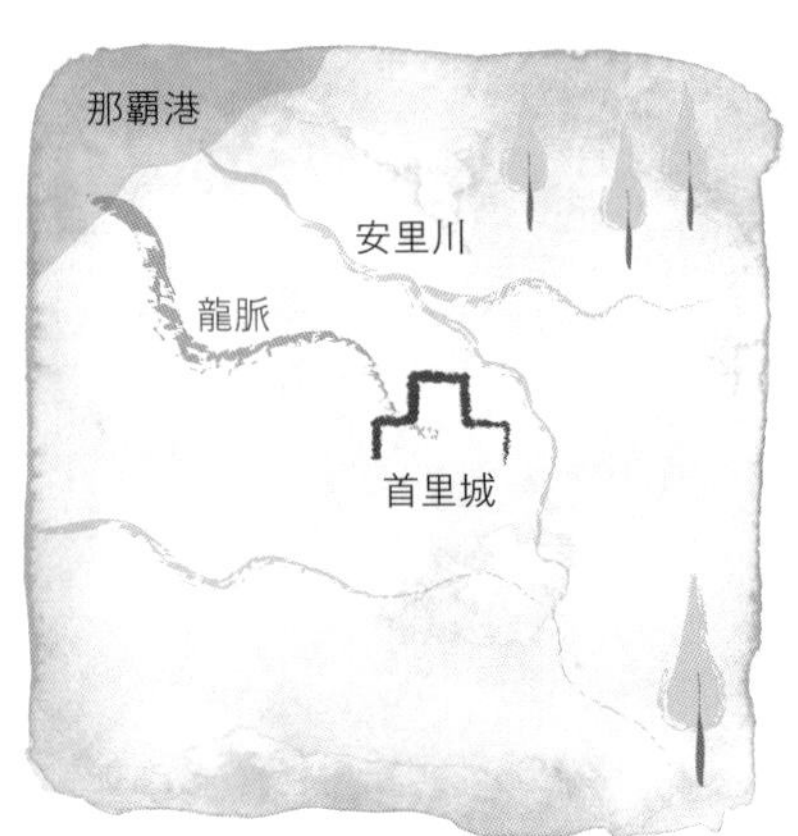

山がない場所でありながら、城が建っている丘陵そのものを祖山としたり、城壁をつくって砂にするなど、島の風水を駆使して、人の力でパワースポットをつくり上げている点が特徴的。首里城が生み出しているのは「風」の気。その気は安里川の流れに乗って那覇港に流れ、那覇港の繁栄を生んできた。

Chapter 9

旅行風水の基本

旅行風水とは

旅行風水は、旅行を利用して「今の自分に足りない運を取りに行く」というもの。具体的には、自分にとっての吉方位へ出かけることで、体にたまった悪い運をリセットし、土地の生気を受けて運気を開いていく、それが旅行風水です。

本来、風水とは、自分の生活すべてを使って運を開いていくためのマニュアルのようなもの。風水の理論に合わせて衣・食・住・行動など環境を整えれば、人生をいい方向に変えることができます。なかでも行動の部分に当たる旅行風水は、動きが速いとされている「木」の気を持ち、最も即効性のある開運法。また風水では、運は待つものではなく、自分から行動することで鍛えられるものだとされていますが、旅行風水はまさにそれに当たります。自分から積極的に動いて運を取りに行くことは、運気の滞りを防ぎ、自分の運をより強くすることにもつながるのです。

吉方位と凶方位

旅行風水では、出かける方位がとても大切です。方位には自分にとっての「吉方位」と「凶方位」があり、その人の本命星ごとに毎年変わります。吉方位とは、自分によい運気をもたらしてくれる方位のこと。同じ場所に出かけるのでも、追い風に乗って進むのと、あえて向かい風に逆らって進むのとでは、感じ方がまったく違うはずです。吉方位に

出かけることは、自分が欲しい運のもとへ追い風に押されて歩くのと同じこと。逆に凶方位へ行くのは、激しい向かい風に向かって歩くようなものです。当然、凶方位へ行けば、運気が上がるどころか、旅が楽しめず、運気も下がってしまいます。ですから、旅行のプランを立てるときは、まずは吉方位をチェックする習慣をつけましょう。

なお、自分の住んでいる家から35キロ圏内は、吉凶いずれの方位の影響も受けません。生まれ育った実家は自分の土地とみなされ、凶方位の影響を受けません。

※自分の吉方位はＰ２１４～２２３で調べることができます。

パワースポットと旅行風水

もちろん、本書でご紹介しているパワースポットへも、旅行風水を活用して、吉方位のときに出かけることをおすすめします。パワースポットで受け取る運気は、その土地のものなので、凶方位のときに出かけても同様に得ることができますが、パワースポットの敷地から出た途端、方位の凶意を受けてしまいます。

ただし、上段でも説明しましたが、旅行風水の方位の影響は、自宅から35キロ以上離れた土地から作用します。35キロ以内の場所へは方位を気にせず出かけられます。

旅行風水の効果の表れ方

旅行風水には「4、7、10、13の法則」というものがあります。月の吉方位へ出かけた場合は、4、7、10、13カ月後に効果が表れます。年の吉方位へ出かけた場合は4、7、10、13年後と、効果は遅く表れますが、長く強く作用します。

Ｐ２１５～２２３の吉方位表では、月の吉方位は☽、年の吉方位は☆で表記しています。◎は☽と☆の両方の効果が合わさった大吉方位となります。△は吉方位でも凶方位でもなく、出かけてもかまいませんが、吉方位の効果は得られません。

二人以上で旅行する場合

一人で旅行に出かける場合は、自分の吉方位を選んで出かけられますが、友人や家族と出かける場合はどうしたらいいのでしょう。もちろん、全員が吉方位のときを選んで出かけるのが理想的ですが、人数が多いときなど、それが無理な場合もあります。

そういう場合、家族で出かけるなら、その家の主人の方位を最優先しましょう。「主人」とは、その家の財政を支えている人物を指します。主人の方位を優先すると、随行する家族は「団体」となるため、凶方位の影響を受けづらくなります。

結婚前のカップルや友人同士で出かける場合は、できるだけ全員の吉方位を選んで出かけるよう心がけましょう。どうしても難しい場合は、凶方位ではなく、「悪くない方位」を選んで。吉方位表を見て、△の方位や、その年に◎のある方位を選びましょう。

【各方位が持つ基本的な運気】

方位にはそれぞれ異なる運気があり、
自分の欲しい運を持った方位が、自分にとって吉方位に
なったときに出かけるのが、最も効果的です。
それぞれの方位には、基本とする運気と、
それにプラスして、年ごとに各方位に回ってくる
星の運気が加わります。
ここでは、旅行風水のベースとなる基本の運気をご紹介します。

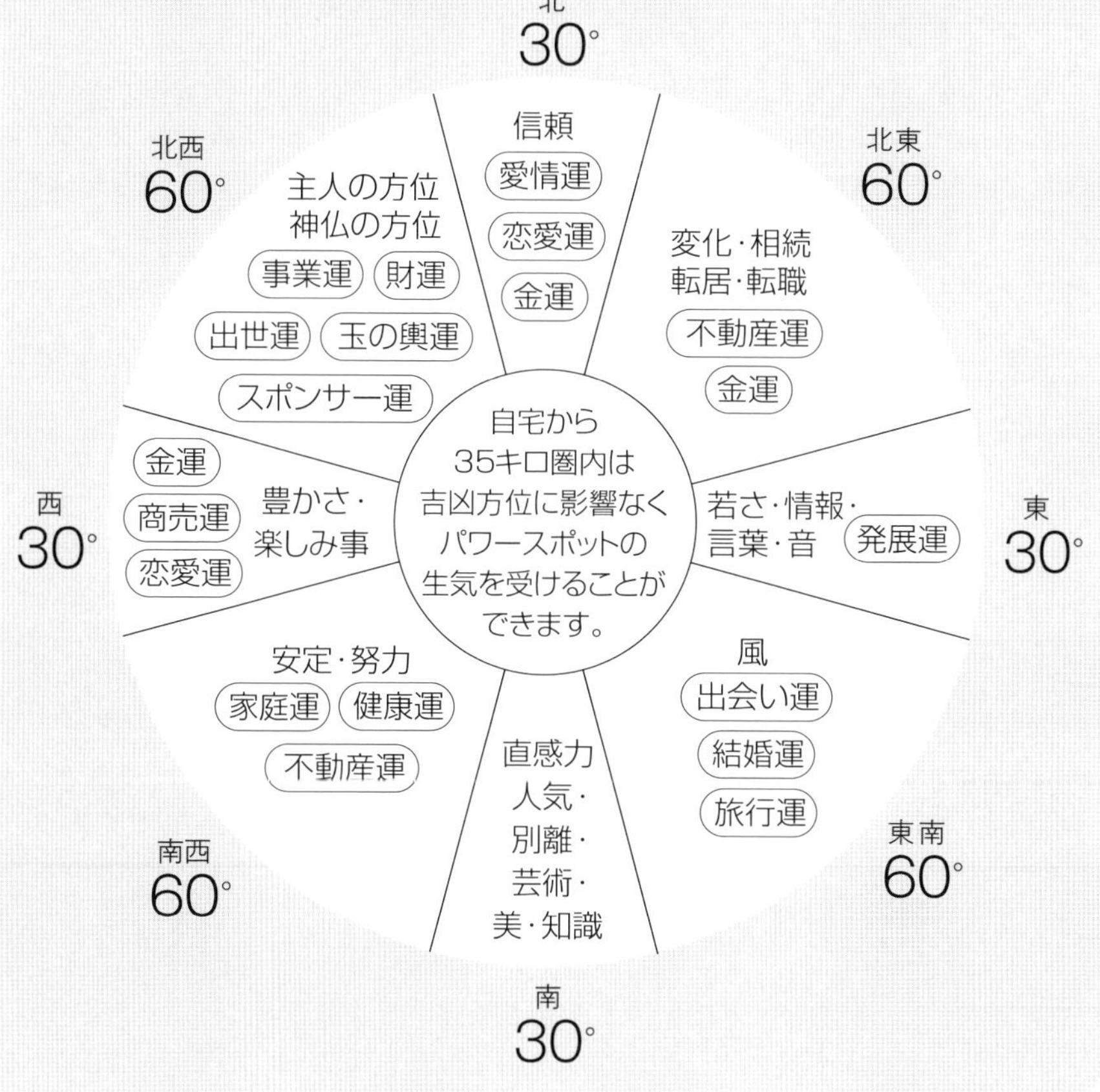

方位の測り方と西偏角度

風水の方位は、自宅を基点にして割り出します。大判の日本地図に方位を書き込み、自分専用の「方位マップ」をつくっておくと便利です。

まず、自宅のある場所に印をつけ、次に方位を書き入れます。このとき、地図上の真北ではなく、そこからやや西に傾いた磁北を北と考えます。この角度を西偏角度といい、住んでいる場所によって異なります。主な都市の西偏角度は左ページの表を参照してください。そのほかの都市の西偏角度は、国土地理院のウェブサイト(http://www.gsi.go.jp)で調べることができます。

また、旅行風水の方位の幅は、北、東、南、西は各30度、北東、南東、南西、北西は各60度と、方位によって異なります。地図上の東西南北と混同しないように、サインペンなどで書くのがおすすめです。さらに自宅から35キロの距離にコンパスで印をつけておくと便利です。

下の図は、東京を基点にした場合の方位マップ。東京の西偏角度は7°40’なので、地図上の真北から7°40’西に傾けたところを風水上の北とし、それを基準にして、ほかの方位を割り出します。

●主な都市の西偏角度

札幌	9°30’	名古屋	7°40’
函館	9°00’	岐阜	7°40’
青森	8°20’	京都	7°30’
盛岡	8°20’	大阪	7°20’
秋田	8°30’	神戸	7°30’
仙台	8°10’	和歌山	7°20’
山形	7°10’	鳥取	9°00’
福島	7°40’	岡山	7°30’
水戸	7°20’	広島	7°30’
前橋	7°40’	下関	7°40’
東京	7°20’	高知	7°20’
横浜	7°20’	福岡	7°20’
甲府	6°20’	長崎	6°50’
松本	7°30’	大分	7°10’
新潟	8°20’	宮崎	6°40’
金沢	8°00’	鹿児島	6°40’
静岡	6°50’	那覇	5°00’

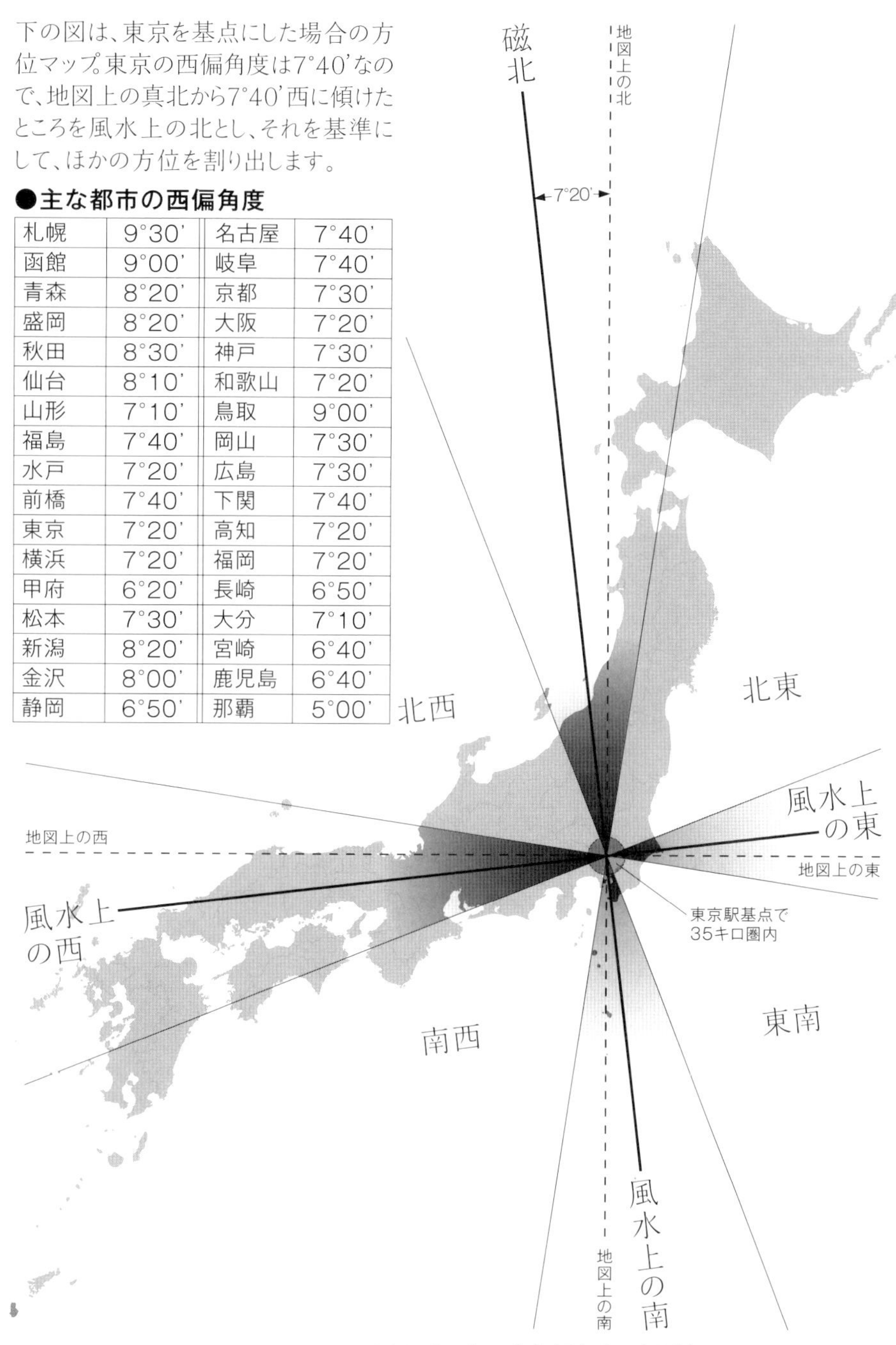

2015年1月1日公表 国土地理院「磁気図2015.0年値」

吉方位表の使い方

吉方位表は生年月日から割り出す本命星で調べます。年や月によって吉方位は変わるため、旅行に出かけるときは、必ず自分の吉方位を確認しましょう。なお、各月は節入日から始まり、翌月の節入日までを1カ月とします。また、13歳未満のお子さんの場合、本命星ではなく月命星を参考にしますので、「子どもの月命星早見表」を参考にしてください。

【本命星早見表】

一白 水星	二黒 土星	三碧 木星	四緑 木星	五黄 土星	六白 金星	七赤 金星	八白 土星	九紫 火星
昭和20年生	昭和19年生	昭和18年生	昭和17年生	昭和16年生	昭和15年生	昭和23年生	昭和22年生	昭和21年生
昭和29年生	昭和28年生	昭和27年生	昭和26年生	昭和25年生	昭和24年生	昭和32年生	昭和31年生	昭和30年生
昭和38年生	昭和37年生	昭和36年生	昭和35年生	昭和34年生	昭和33年生	昭和41年生	昭和40年生	昭和39年生
昭和47年生	昭和46年生	昭和45年生	昭和44年生	昭和43年生	昭和42年生	昭和50年生	昭和49年生	昭和48年生
昭和56年生	昭和55年生	昭和54年生	昭和53年生	昭和52年生	昭和51年生	昭和59年生	昭和58年生	昭和57年生
平成2年生	平成元年生	昭和63年生	昭和62年生	昭和61年生	昭和60年生	平成5年生	平成4年生	平成3年生
平成11年生	平成10年生	平成9年生	平成8年生	平成7年生	平成6年生	平成14年生	平成13年生	平成12年生
平成20年生	平成19年生	平成18年生	平成17年生	平成16年生	平成15年生	平成23年生	平成22年生	平成21年生

※元旦（1月1日）から節分（2月3日か4日）までに生まれた人は前年の九星となります。

【子どもの月命星早見表】

九星／年	一白 水星	二黒 土星	三碧 木星	四緑 木星	五黄 土星	六白 金星	七赤 金星	八白 土星	九紫 火星
平成24年生	6/5～	5/5～	4/4～	3/5～ 12/7～	2/4～ 11/7～	1/6～ 10/8～	9/7～	8/7～	7/7～
平成25年生	3/5～ 12/7～	2/4～ 11/7～	1/5～ 10/8～	9/7～	8/7～	7/7～	6/5～	5/5～	4/5～
平成26年生	9/8～	8/7～	7/7～	6/6～	5/5～	4/5～	3/6～ 12/7～	2/4～ 11/7～	1/5～ 10/8～
平成27年生	6/6～	5/6～	4/5～	3/6～ 12/7～	2/4～ 11/8～	1/6～ 10/8～	9/8～	8/8～	7/7～
平成28年生	3/5～ 12/7～	2/4～ 11/7～	1/6～ 10/8～	9/7～	8/7～	7/7～	6/5～	5/5～	4/4～
平成29年生	9/7～	8/7～	7/7～	6/5～	5/5～	4/4～	3/5～ 12/7～	2/4～ 11/7～	1/5～ 10/8～
平成30年生	6/6～	5/5～	4/5～	3/6～ 12/7～	2/4～ 11/7～	1/5～ 10/8～	9/8～	8/7～	7/7～
平成31年生 令和元年生	3/6～ 12/7～	2/4～ 11/8～	1/6～ 10/8～	9/8～	8/8～	7/7～	6/6～	5/6～	4/5～
令和2年生	9/7～	8/7～	7/7～	6/5～	5/5～	4/4～	3/5～ 12/7～	2/4～ 11/7～	1/6～ 10/8～
令和3年生	6/5～	5/5～	4/4～	3/5～ 12/7～	2/3～ 11/7～	1/5～ 10/8～	9/7～	8/7～	7/7～
令和4年生	3/5～ 12/7～	2/4～ 11/7～	1/5～ 10/8～	9/8～	8/7～	7/7～	6/6～	5/5～	4/5～
令和5年生	9/8～	8/8～	7/7～	6/6～	5/6～	4/5～	3/6～ 12/7～	2/4～ 11/8～	1/6～ 10/8～
令和6年生	6/5～	5/5～	4/4～	3/5～ 12/7～	2/4～ 11/7～	1/6～ 10/8～	9/7～	8/7～	7/6～

※子ども（13歳未満）の月命星は生年月日から調べます。

一白水星の吉方位

2027年

方位	北	北東	東	東南	南	南西	西	北西
1月		☆	☽				☆	
2月			◎				☽	
3月			☆					
4月						☆		
5月			☆				☽	
6月			☆			◎	☽	
7月			◎			◎	△	
8月								
9月								
10月			◎			◎	△	
11月			◎			☆	☽	
12月			☆				☽	

2028年

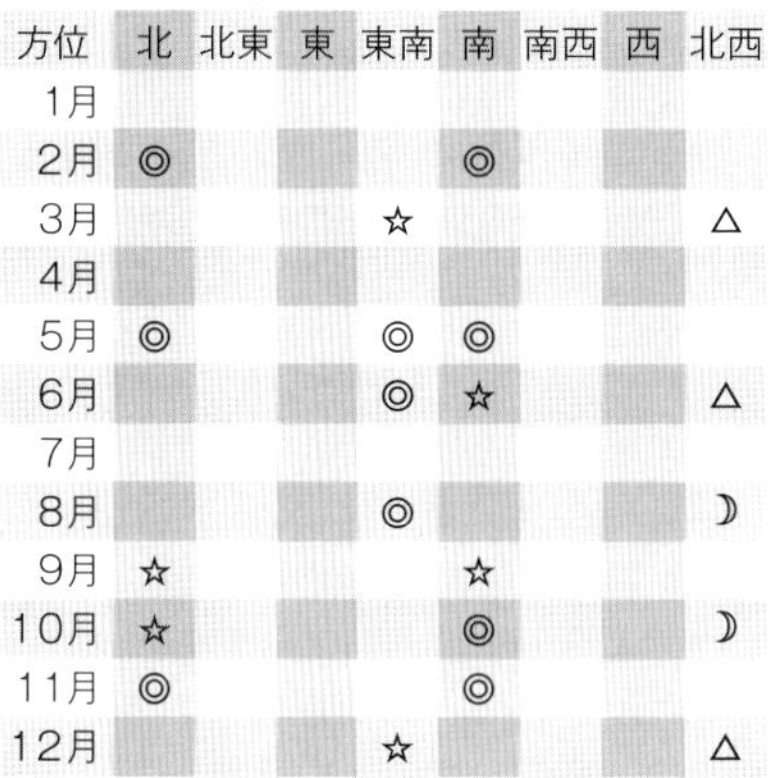

方位	北	北東	東	東南	南	南西	西	北西
1月								
2月	◎				◎			
3月				☆				△
4月								
5月	◎			◎	◎			
6月				◎	☆			△
7月								
8月				◎				☽
9月	☆				☆			
10月	☆				◎			☽
11月	◎				◎			
12月				☆				△

2029年

方位	北	北東	東	東南	南	南西	西	北西
1月								
2月	◎			◎	☽			△
3月	◎			◎	△			△
4月								
5月				◎				
6月					△			
7月	☆			☆	☽			☽
8月	◎				☽			
9月				☆				△
10月								
11月	◎				☽			△
12月	◎			◎				△

2024年

方位	北	北東	東	東南	南	南西	西	北西
1月			☽					
2月		☆		☽				
3月	△				☆			
4月	△	◎		△	◎	△		
5月	☽				◎			
6月		◎		△		☽		
7月						☽		
8月	☽			☽	◎			
9月	☽			☽	☆			
10月		☆				☽		
11月		☆				△		
12月	△							

2025年

方位	北	北東	東	東南	南	南西	西	北西
1月	△	◎		△	◎			
2月	◎		△		◎		◎	
3月			△					
4月			☽				☆	
5月	◎				◎			
6月					☆			
7月			☽				☆	
8月			☽				◎	
9月	☆				☆		◎	
10月	☆				◎			
11月	◎		△		◎		◎	
12月			△				◎	

2026年

方位	北	北東	東	東南	南	南西	西	北西
1月			☽				☆	
2月				☽				△
3月				☽				△
4月		☆	☽			◎	☆	
5月		☆	☽	☽		☆	◎	
6月			△				◎	
7月				△		☆		☽
8月			△				◎	
9月		◎		△		◎	◎	△
10月		◎	☽			◎	☆	
11月								△
12月				☽				△

二黒土星の吉方位

2024年

方位	北	北東	東	東南	南	南西	西	北西
1月		◎						
2月	☆				◎			
3月	◎	◎			◎	☆		
4月	◎	◎			◎	◎		
5月	◎				◎			
6月		☆				◎		
7月						◎		
8月	☆				☆			
9月		☆				☆		
10月		◎				☆		
11月	☆				◎			
12月	◎	◎				☆		

2025年

方位	北	北東	東	東南	南	南西	西	北西
1月	◎	◎			◎			
2月	◎		◎	△	◎		△	
3月			◎					
4月				☽				
5月	☆		◎	☽	☆		△	
6月				☽				
7月			☆				☽	
8月	☆		☆	△	◎		☽	
9月	◎				◎			
10月	◎				◎			
11月	◎		◎		◎		△	
12月			◎				△	

2026年

方位	北	北東	東	東南	南	南西	西	北西
1月				☽				
2月			◎				△	
3月		△				☆		
4月		☽	☆			☆	☽	
5月			☆				☽	
6月		☽				☆		
7月						◎		
8月			◎				△	
9月		△				◎	△	
10月		△				◎		
11月			◎				△	
12月		△				☆		

2027年

方位	北	北東	東	東南	南	南西	西	北西
1月		☽	☆				☽	
2月				☆				☽
3月						☆		
4月						◎		
5月				☆				
6月						◎		
7月				◎		◎		△
8月				◎				☽
9月				◎		☆		☽
10月						☆		
11月								☽
12月						☆		

2028年

方位	北	北東	東	東南	南	南西	西	北西
1月								
2月	☽		◎	☆	☽		△	☆
3月			◎					
4月				◎				
5月	△		◎	◎	△		△	
6月				◎				◎
7月			☆				☽	
8月	△		☆	☆	☽		☽	◎
9月	☽				☽			
10月	☽				☽			
11月	☽		◎		☽		△	☆
12月			◎				△	

2029年

方位	北	北東	東	東南	南	南西	西	北西
1月				◎				☆
2月				◎				◎
3月		△		◎		△		◎
4月		☽				△		
5月				☆				
6月		☽				△		
7月						☽		
8月				☆				☆
9月		△				☽		
10月		△				☽		☆
11月								◎
12月		△		◎		△		◎

三碧木星の吉方位

2027年

方位	北	北東	東	東南	南	南西	西	北西
1月								
2月				☽				☆
3月			△					
4月				△				
5月			☽				☽	
6月				☽				☆
7月			△	△			△	◎
8月			△	△			☽	◎
9月				△				☆
10月			☽				△	
11月								☆
12月			△				△	

2028年

方位	北	北東	東	東南	南	南西	西	北西
1月				△				◎
2月			☽				◎	
3月				☽				☆
4月			△	△			☆	
5月			△	△			◎	
6月				△				☆
7月			☽				☆	
8月				☽				☆
9月							☆	
10月								◎
11月			☽				◎	
12月				☽				☆

2029年

方位	北	北東	東	東南	南	南西	西	北西
1月			△	△			☆	◎
2月				△				☽
3月		◎		△		◎		△
4月								
5月		☆		☽		☆		
6月		☆				◎		
7月				△		◎		☽
8月								
9月		◎		☽		☆		△
10月								☽
11月								☽
12月		◎		△		◎		△

2024年

方位	北	北東	東	東南	南	南西	西	北西
1月	☆		☽		☽			
2月	☽	△		☽	☽			
3月	☽	△			△	◎		
4月	△	△		△	△	◎		
5月	△				△			
6月		☽		☽		☆		
7月				△				
8月				△				
9月		☽		△		◎		
10月	△				☽			
11月	☽	△			☽	☆		
12月	☽	△				◎		

2025年

方位	北	北東	東	東南	南	南西	西	北西
1月	△	△		△	△			
2月	△		◎		△		◎	
3月								
4月			☆				☆	
5月			☆				◎	
6月								
7月	△		◎		☽		☆	
8月	☽				☽			
9月	☽				△		☆	
10月	△				△			
11月	△		◎		△		◎	
12月								

2026年

方位	北	北東	東	東南	南	南西	西	北西
1月			☆				☆	
2月				☆				☽
3月		◎		☆		☽		△
4月								
5月		☆		◎		△		
6月		☆				☽		
7月				☆		☽		☽
8月								
9月		◎		◎		△		△
10月								☽
11月								☽
12月		◎		☆		☽		△

2027年

方位	北	北東	東	東南	南	南西	西	北西
1月								
2月			☽				△	
3月			△			☽		
4月						☽		
5月				☽				
6月			△	☽			☽	☆
7月			△	△		△	△	◎
8月			△	△			☽	◎
9月				△				☆
10月						☽		
11月			☽			△	△	
12月			△			☽	△	

2028年

方位	北	北東	東	東南	南	南西	西	北西
1月								
2月				☽				◎
3月			△	☽				☆
4月			△	△			☆	
5月			△	△			◎	
6月				△				☆
7月								
8月			☽				☆	
9月							☆	
10月								
11月								◎
12月			△	☽			◎	☆

2029年

方位	北	北東	東	東南	南	南西	西	北西
1月			△	△			☆	◎
2月				△				☽
3月	◎			△	△			△
4月	☆				☽			
5月	◎				☽			
6月					△			
7月	☆				△			
8月	☆			☽	△			☽
9月				☽				△
10月								☽
11月								☽
12月	◎			△				△

2024年

方位	北	北東	東	東南	南	南西	西	北西
1月	☆	☽			☽			
2月	☽	△			☽			
3月	☽	△			△	◎		
4月	△	△			△	◎		
5月	△				△			
6月								
7月						☆		
8月								
9月	☽				△			
10月	△	☽			☽	◎		
11月	☽	△			☽	☆		
12月	☽	△				◎		

2025年

方位	北	北東	東	東南	南	南西	西	北西
1月	△	△			△			
2月	△			◎	△			
3月				◎				
4月				☆				
5月				☆				
6月				☆	△			
7月	△				☽			
8月	☽				☽			
9月	☽				△			
10月	△				△			
11月	△				△			
12月				◎				

2026年

方位	北	北東	東	東南	南	南西	西	北西
1月				☆				
2月			△	☆			◎	☽
3月				☆				△
4月								
5月			☽				☆	
6月			△				☆	
7月								
8月				◎				☽
9月				◎			◎	△
10月			△				☆	☽
11月			△				◎	☽
12月				☆				△

五黄土星の吉方位

2027年

方位	北	北東	東	東南	南	南西	西	北西
1月		☽	☆				☽	
2月			☆	☆			◎	☽
3月			◎			☆		
4月				◎		◎		
5月			◎	☆			☆	
6月			◎	◎		◎	☆	☽
7月			◎	◎		◎	◎	△
8月			◎	◎			☆	☽
9月				◎		☆		☽
10月			☆			☆	◎	
11月			☆			◎	◎	☽
12月			◎			☆	◎	

2028年

方位	北	北東	東	東南	南	南西	西	北西
1月				◎				△
2月	☽		◎	☆	☽		△	☆
3月			◎	◎				◎
4月			◎	◎			☽	
5月	△		◎	◎	△		△	
6月				◎	☽			◎
7月	☽		☆		△		☽	
8月	△		☆	☆	☽		☽	◎
9月	☽				☽		☽	
10月	☽				☽			☆
11月	☽		◎		☽		△	☆
12月			◎	◎			△	◎

2029年

方位	北	北東	東	東南	南	南西	西	北西
1月			◎	◎			☽	☆
2月	△			◎	☆			◎
3月	△	△		◎	◎	△		◎
4月	☽	☽			☆	△		
5月	△	☽		☆	◎	☽		
6月		☽			◎	△		
7月	☽			◎	◎	☽		☆
8月	☽			☆	◎			☆
9月		△		◎		☽		◎
10月		△				☽		☆
11月	△				☆			◎
12月	△	△		◎		△		◎

2024年

方位	北	北東	東	東南	南	南西	西	北西
1月	◎	◎	☆		☆			
2月	☆	◎		☆	◎			
3月	◎	◎			◎	☆		
4月	◎	◎		◎	◎	◎		
5月	◎			☆	◎			
6月		☆		◎		◎		
7月				◎		◎		
8月	☆			◎	☆			
9月	☆	☆		◎	◎	☆		
10月	◎	◎			☆	☆		
11月	☆	◎			◎	◎		
12月	◎	◎				☆		

2025年

方位	北	北東	東	東南	南	南西	西	北西
1月	◎	◎		◎	◎			
2月	◎		◎	△	◎		△	
3月			◎	☽				
4月			◎	☽			☽	
5月	☆		◎	☽	☆		△	
6月				☽	◎			
7月	◎		☆		☆		☽	
8月	☆		☆	△	◎		☽	
9月	◎				◎		☽	
10月	◎				◎			
11月	◎		◎		◎		△	
12月			◎	☽			△	

2026年

方位	北	北東	東	東南	南	南西	西	北西
1月			◎	☽			☽	
2月			◎	◎			△	◎
3月		△		◎		☆		◎
4月		☽	☆			☆	☽	
5月		☽	☆	☆		◎	☽	
6月		☽	◎			☆	☽	
7月				◎		◎		☆
8月			◎	☆			△	☆
9月		△		◎		◎	△	◎
10月		△	◎			◎	☽	☆
11月			◎				△	◎
12月		△		◎		☆		◎

六白金星の吉方位

2027年

方位	北	北東	東	東南	南	南西	西	北西
1月		△	☆				☽	
2月			☆				◎	
3月								
4月				◎				
5月			☆	◎			☆	
6月			◎	☆			☆	◎
7月			◎	◎			◎	◎
8月				◎				☆
9月								
10月			☆				◎	
11月			☆				◎	
12月								

2028年

方位	北	北東	東	東南	南	南西	西	北西
1月				◎				☆
2月				◎				△
3月				☆				☽
4月				◎				
5月	△			◎	△			
6月					☽			
7月	☽				☽			
8月	☽				△			
9月	△				☽			
10月	☽				☽			△
11月								△
12月				☆				☽

2029年

方位	北	北東	東	東南	南	南西	西	北西
1月				◎				☽
2月	△				☆			
3月	△	◎			◎	△		
4月	☽	☆			◎	△		
5月	☽	◎			☆	☽		
6月		◎			◎	☽		
7月	☽				◎			
8月								
9月		☆				☽		
10月								
11月	△				☆			
12月	△	◎				△		

2024年

方位	北	北東	東	東南	南	南西	西	北西
1月	☽	☆			◎			
2月	◎				☆			
3月	☆				◎			
4月	◎			◎	◎			
5月				◎				
6月				☆				
7月				◎				
8月	☆			◎	☆			
9月	☆				◎			
10月	◎				◎			
11月	◎				☆			
12月	☆							

2025年

方位	北	北東	東	東南	南	南西	西	北西
1月	◎			◎	◎			
2月			△	◎			△	
3月			☽	☆				
4月			☽	◎			☽	
5月				◎				
6月								
7月			△				☽	
8月			△				☽	
9月								
10月								
11月			△				△	
12月			☽	☆			△	

2026年

方位	北	北東	東	東南	南	南西	西	北西
1月			☽	◎			☽	
2月				☽				☆
3月		☽				☆		
4月		△	☆			☆	☽	
5月		☽	☆			◎	☽	
6月		☽				◎		
7月				☽				☆
8月			☆	☽			△	☆
9月		△		△		◎	△	◎
10月			◎				☽	◎
11月								☆
12月		☽				☆		

七赤金星の吉方位

2024年

方位	北	北東	東	東南	南	南西	西	北西
1月	☽		☆		◎			
2月		◎		☆				
3月								
4月		◎		◎		△		
5月				◎				
6月				☆				
7月				◎		☽		
8月								
9月		◎		◎		△		
10月		☆				△		
11月		◎				☽		
12月								

2025年

方位	北	北東	東	東南	南	南西	西	北西
1月		◎		◎				
2月			△	◎			△	
3月			☽	☆				
4月				◎				
5月			☽				☽	
6月				◎				
7月			△				☽	
8月				☆				
9月							☽	
10月								
11月			△				△	
12月			☽	☆			△	

2026年

方位	北	北東	東	東南	南	南西	西	北西
1月				◎				
2月			◎				☽	
3月				☽				◎
4月			☆				☽	
5月				△				
6月			◎				☽	
7月				☽				☆
8月			☆	☽			△	☆
9月				△			△	◎
10月								◎
11月			◎				☽	
12月				☽				◎

2027年

方位	北	北東	東	東南	南	南西	西	北西
1月			☆				☽	
2月				☆				◎
3月								
4月				◎		☆		
5月				◎				
6月				☆				◎
7月				◎		◎		◎
8月								
9月				◎		☆		◎
10月						☆		
11月						◎		◎
12月								

2028年

方位	北	北	東	東南	南	南西	西	北西
1月				◎				☆
2月			☆				☆	
3月			◎					
4月								
5月	△		◎		△		◎	
6月					☽			
7月	☽		☆		☽		◎	
8月	☽				△			
9月	△				☽		◎	
10月								
11月			☆				☆	
12月			◎				☆	

2029年

方位	北	北東	東	東南	南	南西	西	北西
1月								
2月	△				☆			
3月	△	◎		◎	◎	△		◎
4月	☽	☆			◎	△		
5月	☽	◎		☆	☆	☽		
6月					◎			
7月				◎		△		☆
8月				◎				☆
9月				☆				◎
10月		☆				☽		◎
11月	△				☆			
12月	△	◎		◎		△		◎

2024年

方位	北	北東	東	東南	南	南西	西	北西
1月		◎						
2月				☆				
3月		◎				☆		
4月		◎		◎		◎		
5月				☆				
6月		☆		◎		◎		
7月						◎		
8月				◎				
9月		☆				☆		
10月		◎				☆		
11月								
12月		◎				☆		

2025年

方位	北	北東	東	東南	南	南西	西	北西
1月		◎		◎				
2月	◎		◎	△	◎		△	
3月				☽				
4月			◎				☽	
5月	☆		◎	☽	☆		△	
6月					◎			
7月	◎				☆			
8月	☆		☆	△	◎		☽	
9月							☽	
10月								
11月	◎		◎		◎		△	
12月				☽				

2026年

方位	北	北東	東	東南	南	南西	西	北西
1月			◎				☽	
2月				◎				◎
3月		△				☆		
4月		☽				☆		
5月				☆				
6月		☽				☆		
7月				◎		◎		☆
8月				☆				☆
9月		△		◎		◎		◎
10月		△				◎		
11月								◎
12月		△				☆		

2027年

方位	北	北東	東	東南	南	南西	西	北西
1月		☽						
2月			☆				◎	
3月			◎			☆		
4月						◎		
5月			◎				☆	
6月						◎		
7月			◎			◎	◎	
8月			◎				☆	
9月						☆		
10月						☆		
11月			☆				◎	
12月			◎			☆	◎	

2028年

方位	北	北東	東	東南	南	南西	西	北西
1月								
2月	☽		◎	☆	☽		△	☆
3月				◎				◎
4月			◎				☽	
5月	△		◎	◎	△		△	
6月					☽			
7月	☽				△			
8月	△		☆	☆	☽		☽	◎
9月							☽	
10月								☆
11月	☽		◎		☽		△	☆
12月				◎				◎

2029年

方位	北	北東	東	東南	南	南西	西	北西
1月			◎				☽	
2月	△				☆			
3月	△	△			◎	△		
4月	☽	☽			☆	△		
5月	△				◎			
6月		☽				△		
7月						☽		
8月	☽				◎			
9月		△				☽		
10月		△				☽		
11月	△				☆			
12月	△	△				△		

九紫火星の吉方位

2027年

方位	北	北東	東	東南	南	南西	西	北西
1月			◎				◎	
2月			☽	◎			☆	△
3月			☽			△		
4月				◎				
5月				☆				
6月			☽			△	◎	
7月			△	◎		△	◎	△
8月			△				☆	
9月				☆		☽		☽
10月			☽				◎	
11月			☽			☽	☆	△
12月			☽			△	☆	

2028年

方位	北	北東	東	東南	南	南西	西	北西
1月				◎				☽
2月	☆				☆			
3月			☽					
4月			△				☽	
5月	◎		△		◎		△	
6月					◎			
7月	◎		☽		☆		☽	
8月			☽				△	
9月							△	
10月	◎				☆			
11月	☆				☆			
12月			☽				☽	

2029年

方位	北	北東	東	東南	南	南西	西	北西
1月			△				☽	
2月	◎				◎			
3月	◎	△		△	◎	◎		◎
4月	◎				☆			
5月		☽		☽		◎		
6月		△				☆		
7月	◎			☽	☆			◎
8月	☆			△	☆			◎
9月		☽				☆		
10月		☽				☆		☆
11月	◎				◎			
12月	◎	△		△		◎		◎

2024年

方位	北	北東	東	東南	南	南西	西	北西
1月			◎					
2月				◎				
3月								
4月	◎			◎	△			
5月	☆			☆	△			
6月								
7月				◎				
8月	◎				☽			
9月	◎			☆	☽			
10月	◎				△			
11月								
12月								

2025年

方位	北	北東	東	東南	南	南西	西	北西
1月	◎			◎	△			
2月	△			△	△			
3月								
4月				☽				
5月	☽				☽			
6月				△	☽			
7月	☽				△			
8月				☽				
9月								
10月	☽				△			
11月	△				△			
12月								

2026年

方位	北	北東	東	東南	南	南西	西	北西
1月				☽				
2月			☆				☆	
3月		☆				☽		
4月			◎				◎	
5月		◎	◎			☽	☆	
6月		☆	◎			△	☆	
7月								
8月								
9月		◎				△	◎	
10月		◎	☆			△	◎	
11月			☆				☆	
12月		☆				☽		

李家幽竹 りのいえ ゆうちく

韓国・李王朝の流れをくむ、ただ一人の風水師。
一般社団法人 李家幽竹 空間風水学会理事長。
「風水は環境をととのえることで運を呼ぶ環境学」という考えのもと、さまざまなアドバイスを行ないながら、テレビ、雑誌、セミナーなど幅広く活躍。また、主宰する空間風水学会では風水アドバイザーの育成に尽力している。これまでに出版した書籍は200冊を超え、累計700万部数以上。『最強龍穴パワースポット 新版』『パワースポット温泉』(小社)など。
Official Web Site　https://yuchiku.com
空間風水学会Official Web Site　https://www.kukan-fengshui.com
李家幽竹 風水ひみつクラブ　https://lounge.dmm.com/detail/5035

李家幽竹 **最強龍穴パワースポット 増補決定版**

2024年4月20日　初版第1刷発行

著者　李家 幽竹
発行人　川崎 深雪
発行所　株式会社 山と溪谷社
〒101-0051 東京都千代田区神保町1丁目105番地
https://www.yamakei.co.jp/
編集　高倉 眞
編集協力　深谷 美智子／木村 涼子／宮坂 敦子+la maison du citron／宗像 練
装幀　小野寺 哲浩
イラスト　伊達 智美
写真　本橋 昂明／新海 良夫／山梨 勝弘／河野 達郎／五島 健司／李家 幽竹
校正　中井 しのぶ
印刷・製本　大日本印刷株式会社

◆乱丁・落丁、及び内容に関するお問合せ先
山と溪谷社自動応答サービス TEL.03-6744-1900 受付時間／11:00〜16:00(土日、祝日を除く)
メールもご利用ください。【乱丁・落丁】service@yamakei.co.jp 【内容】info@yamakei.co.jp
◆書店・取次様からのご注文先　山と溪谷社受注センター
TEL 048-458-3455　FAX 048-421-0513
◆書店・取次様からのご注文以外のお問合せ先　eigyo@yamakei.co.jp
乱丁・落丁は小社送料負担でお取り換えいたします。

ISBN978-4-635-03554-6